SAVOIR TOUT FAIRE

168 bis - 170 rue Raymond Losserand
75014 Paris
Tél. : 01 44 78 98 38
Fax. : 01 44 78 97 70

Éditrice Sylvie Valentin
Directrice de collection Stéphanie Guillaume
Auteur Collectif
Graphisme Clotilde Chevalier
Maquettistes Vincent Lever, Charles Yo & Julien Collin
Révision Emmanuelle Raux-Roterberg & Jean-Marie Lorin

ISBN : 978-2-36145-000-7
ISSN : 1775-5670

SAVOIR TOUT FAIRE avec
PHOTOSHOP®
Tutoriels VOLUME 1

COLLECTIF

Oracom Éditions

SOMMAIRE

PRÉSENTATION DE L'OUVRAGE

1. Image du tutoriel

Au début de chaque tutoriel, vous trouverez l'image finale en grande taille afin d'apprécier le résultat auquel vous parviendrez.

2. Titre et introduction

Le titre, le chapeau et l'introduction ont pour but de vous présenter le tutoriel qui suit pour vous mettre dans les conditions de sa réalisation.

3. Sur le CD

Lorsque les éléments du tutoriel se trouvent sur le CD qui accompagne ce livre, ils sont détaillés ici.

4. Auteur

Vous trouverez à cet emplacement des informations sur l'auteur du tutoriel.

1. Titre de l'étape

Le titre de chaque étape vous indique ce que vous allez précisément entreprendre.

2. Texte de l'étape

Le texte est concis afin de contenir une nouvelle avancée stratégique dans la réalisation du tutoriel complet.

182

12 LE FAMILIER

Il est impératif de don[…] l'illusion au spectateur que le corbeau a toujours été présent sur cette photo. Activez la sélection du corbeau, faites Calque› Nouveau calque de réglage› Luminosité/Contraste. Réglez la Luminosité sur 25 et le Contraste sur 33. Créez un calque et placez-le derrière le corbeau. Prenez un pinceau à bord doux et la couleur blanche. Peignez un halo lumineux puis, avec le Doigt, étirez la forme de chaque côté.

13 EFFETS DE LUMIÈRE

Munissez-vous d'un pinceau à bord doux de taille moyenne et de couleur blanche. Repérez les zones exposées à la lumière sur notre modèle et amplifiez-les en peignant dessus. Plus la pression est forte, plus le motif que v[…] créerez sera imposant. Soyez délicat et léger pour l'ajout de ces points lumineux, le rendu n'en sera que meilleur.

14 DÉTAILS ET FIGURES

Ajoutez quelques détails sur Athéna. Ici, j'ai ajouté deux papillons pour donner plus de vie au visuel. Sur un nouveau calque, tracez un cercle à l'aide de l'outil Ellipse de sélection dans la barre de gauche sans oublier d'appuyer sur la touche Maj pour obtenir un cercle parfait. Prenez l'outil Dégradé linéaire allant de la couleur de premier plan au transparent et tracez-le dans votre sélection en partant du haut vers le bas. Répétez l'opération plusieurs fois, variez l'échelle du motif, changez la couleur et placez-les derrière le modèle au niveau des éléments sur lesquels nous voulons attirer l'attention, comme le corbeau, le visage d'Athéna ou encore les taches d'encre.

183

Nettoyer un détourage

Il se peut parfois que, malgré un détourage propre et pr[…] les contours de votre sujet ne soient pas parfaits. Pour régler ce problème, allez dans Calque› Cache› Supprimer la frange. Cette fonction nettoiera les contours de votre modèle et les rendra plus nets. Attention cependant, cette manipulation ne marche pas à chaque fois, il se peut qu'elle fasse l'effet inverse et altère fortement les contours.

15 LE CORBEAU ENSORCELÉ

Téléchargez l'image d'un corbeau en vol, détourez-le à la Plume comme précédemment et copiez/collez-le dans votre document. Placez-le sur la deuxième ligne de repère verticale, celle de droite. Augmentez le contraste de façon à ce qu'il ait la même intensité que l'autre corbeau.

16 EFFETS CRAYONNÉS

Pour créer les effets de gribouillages noirs, prenez un stylo Bic noir et gribouillez sur une feuille, en variant la pression de votre poignet. Faites comme si vous étiez en train de dessiner une toile d'araignée. Scannez ensuite la feuille à 250 dpi puis importez le dessin dans votre document en réglant son mode de fusion sur Produit. Dupliquez votre dessin et appliquez-lui une rotation dans le but de donner au motif une forme d'étoile.

17 EFFETS D'ÉCLABOUSSURES

Reprenez les photos d'éclaboussures que vous avez utilisées pour le modèle et placez-les sous le corbeau en vol, au niveau des ailes et de la queue. N'hésitez surtout pas à dupliquer les taches ou à en fusionner plusieurs pour obtenir un motif inédit. L'illustration deviendrait moins intéressante si un seul et même motif était répété à plusieurs endroits sur le visuel. Pensez à la source d'où proviennent ces éclats de peinture, ici ils viennent de la droite. Vous pouvez aussi changer la couleur d'une tache en faisant Image› Réglages› Négatif et ainsi la passer en blanc et la placer sur le corbeau.

3. Capture d'écran

La capture d'écran est là en support du texte et vous montre où cliquer et comment agir.

4. Encadré et exergues

Certains tutoriels sont ponctués d'encadrés et d'exergues qui vous fournissent des astuces.

L'INTERFACE DE PHOTOSHOP

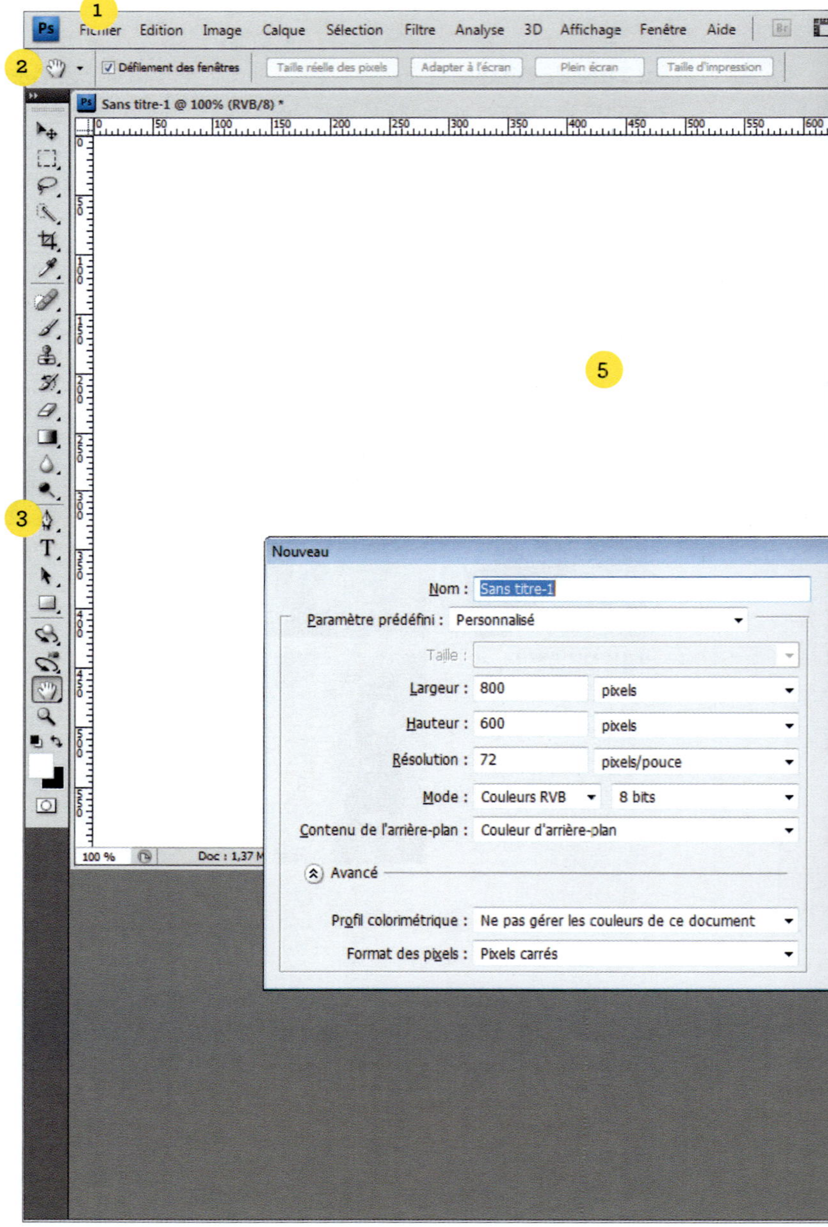

Qu'il s'agisse des menus ou du placement des panneaux et barres, Photoshop vous permet à tout moment de sauvegarder l'espace de travail tel que vous l'avez configuré, ou de revenir à un placement par défaut ou paramétré en passant par le menu Fenêtre> Espace de travail. Vous trouverez dans l'aide du logiciel plus de détails sur la gestion de l'interface.

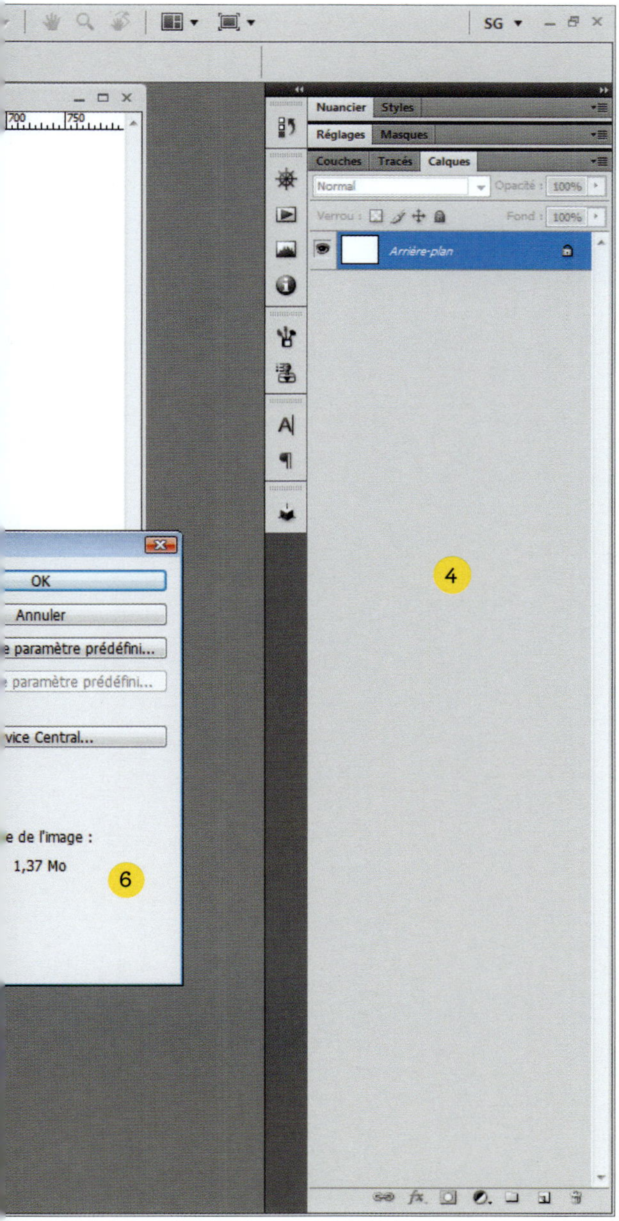

1. Le menu

Le menu se trouve en haut de l'interface, au-dessus de la barre d'options et contient tous les menus de l'application.

2. La barre d'options

Cette barre, placée en haut de l'écran, contient les options de l'outil sélectionné. Elle permet de le paramétrer plus précisément.

3. La barre d'outils

Cette barre contient tous les outils de Photoshop. Vous pouvez la réduire sur une colonne ou la laisser sur deux selon vos préférences.

4. Les panneaux

Les panneaux de Photoshop se trouvent par défaut à droite de l'interface, mais peuvent être détachés, empilés, réduits et développés à souhait.

5. Les documents

Les documents de Photoshop peuvent être ouverts côte à côte, les uns à côté des autres ou encore les uns sous les autres selon les besoins.

6. Les boîtes de dialogue

Lorsque vous sélectionnez une fonction dans un menu, souvent une boîte de dialogue s'ouvre pour vous permettre d'entrer des réglages.

REMERCIEMENTS

Tous les artistes pour leur disponibilité,
leur professionnalisme et leur gentillesse :

Alexandre Bourlet
Alexandre Fumeron
Altiery Rutil
Antoine Duchêne
Aurélien Bidaud
David Delin
Eric Massaro
Factusse - Antoine Defarges
Ismaël Pommaz
Jerry-Lee Bernard
Joe Vains
Kévin Hébuterne
Ludovic Cordelières
Ludovic Jacqz
Maral Sabbagh
Marc Fanelli
Marcellin Piguet
Mathieu Schatzler
Michael Mugnier
Mr.Xerty aka Brice Chaplet
Richard Hérout
Thibaut Hofer
Thierry Rougeaux
Thomas Muselet
Yvan Isnard

Dylan Cole

Adobe et Ketchum
Fotolia

Et tous nos proches pour leur soutien.

INTRODUCTION

Depuis des années maintenant, Photoshop est devenu un outil incontournable dans de nombreux domaines de la création, qu'il s'agisse de la publicité, la communication, l'illustration, le Webdesign, le packaging, la vidéo et même la 3D. À tel point que la soif d'apprendre des graphistes ne s'étanche jamais ! Pour cette raison, nous avons décidé d'aller plus loin encore qu'avec notre magazine Advanced Creation et nos hors-séries en vous offrant un véritable ouvrage qui ne contient que des tutoriels et des astuces pour avancer dans l'utilisation de cet outil magique et addictif.

Vous trouverez ici des exercices qui vous permettront d'aborder un maximum d'outils et fonctionnalités de Photoshop à travers des exemples concrets, nombreux et variés. Maintenant que vous avez cet ouvrage entre les mains, n'hésitez pas à tout lire, même s'il arrive qu'un sujet vous intéresse moins qu'un autre. Pourquoi ? Parce qu'il y a toujours une astuce à apprendre, et qu'elle pourra toujours s'intégrer dans votre workflow pour vous faire gagner du temps.

Et justement, plus de temps à perdre, tournez cette page et entrez dans le monde merveilleux que des artistes de renom et de talent vous ont préparé...

STÉPHANIE GUILLAUME

VILLE EN RUINE

Marcellin Piguet vous donne toutes les clés pour détruire une ville avec beauté sans pour autant blesser vraiment les habitants...

Qui n'a jamais rêvé de modifier une image de façon réaliste et invisible ? On se demande souvent comment font les studios d'effets spéciaux pour détruire une ville connue ou la recouvrir de glace, d'eau, etc. Photoshop est un outil souvent utilisé pour ce genre d'effets, en combinaison avec d'autres logiciels de 3D et de vidéo. Les possibilités de Photoshop sont pour ainsi dire illimitées si nous, créateurs d'images, avons le temps, la patience et la technique de créer ce que l'on désire. Je vous propose ce mois-ci de vous dévoiler quelques techniques pour détruire un bâtiment de façon réaliste en utilisant plusieurs photos. L'image en ouverture est le fruit d'un nombre d'heures de travail important, c'est pourquoi je vous propose les étapes de la destruction d'un bâtiment dans un premier temps, le reste de l'image étant réalisable selon les mêmes schémas.

J'espère que vous aurez du plaisir à suivre les étapes qui vont suivre et que vous en tirerez une base de progression dans votre démarche.

Sur le CD : Vous trouverez sur le CD le fichier avec les calques du bâtiment retouché dans ce tutoriel. N'hésitez pas à utiliser les bâtiments se trouvent dans les photos offertes ce mois-ci sur le CD.

NOTRE EXPERT
Marcellin Piguet
Marcellin est un concepteur multimédia jeune et créatif, codirecteur de la société suisse Ways, une agence de communication qui propose toutes sortes de services dans le domaine multimédia permettant de créer une communication dans sa globalité. www.ways-production.ch.

« Il est impensable de commencer un projet en tâtonnant sur Photoshop. »

01 PENSER À CE QUE L'ON VEUT

Avant tout, il est important d'avoir l'idée générale de ce que l'on va faire. Cela peut vous paraître logique mais ça ne l'est pas toujours ! Il est impensable de commencer un projet en tâtonnant sur Photoshop. C'est une perte de temps : il est préférable de visualiser son projet mentalement ou sur papier avant de le commencer.

02 FAIRE UNE RECHERCHE D'IMAGES

Une fois que vous savez ce à quoi vous voulez arriver, faites une recherche d'images sur Internet du sujet que vous voulez traiter. Dans notre cas, cherchez des images de destruction urbaine, représentations de villes bombardées, de catastrophes naturelles, etc. pour vous imprégner du sujet et, de cette manière, être plus crédible dans votre rendu visuel.

03 CHOISIR L'IMAGE

Le choix de l'image de base est primordial. Privilégiez une photo de très grande résolution, même si votre final est de plus petite taille. Cela vous laissera plus de liberté dans sa modification. En outre, une photo bien exposée est conseillée, cela facilitera les diverses modifications.

Bibliothèque d'images

Une bonne technique pour la création de ce type d'image consiste à se créer une bibliothèque d'images en tout genre, classées par thèmes. N'hésitez pas à prendre beaucoup de photos, les images du Net sont souvent inadaptées, de mauvaise qualité et protégées par les droits d'auteur. Plus vous avez d'images classées et prêtes à l'emploi, plus vous gagnerez de temps à l'étape de la recherche d'éléments à ajouter qui peut souvent prendre quelques jours.

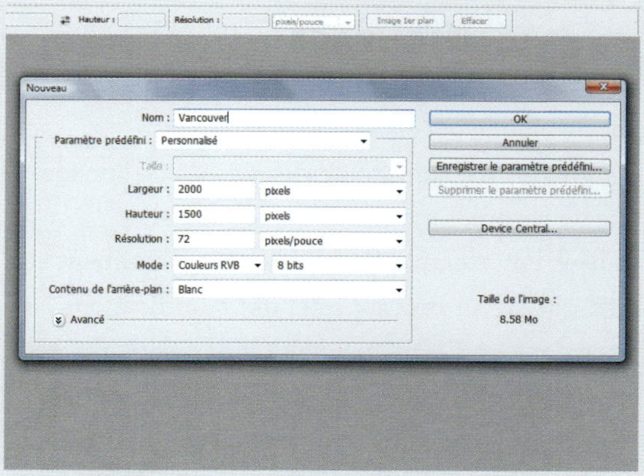

04 PRÉPARER VOTRE DOCUMENT

Choisissez la taille de votre document de façon assez large (Image> Taille de l'image). Un document de 2000 x 1500 pixels est un minimum pour un format 4/3, même si vous comptez le réduire ou le recadrer. Restez à 72 dpi si vous ne comptez pas l'imprimer, vous gagnerez un peu de poids. Ensuite, pour le système colorimétrique, travaillez en 16 bits, et plus, seulement si vous avez de quoi prendre vos photos dans ce format.

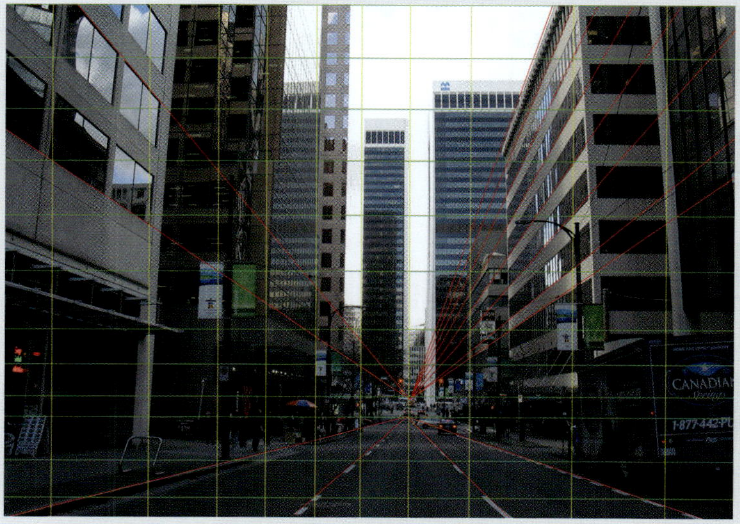

05 LES PERSPECTIVES

Dans la création d'une image réaliste, l'aspect impératif et incontournable est la justesse des perspectives. L'œil perçoit très vite les erreurs liées à ce genre de problèmes. Si les perspectives sont fausses, l'image n'est pas crédible. Il est donc important de les tracer sur l'image de base, comme repères, pour intégrer plus facilement des éléments juxtaposés.

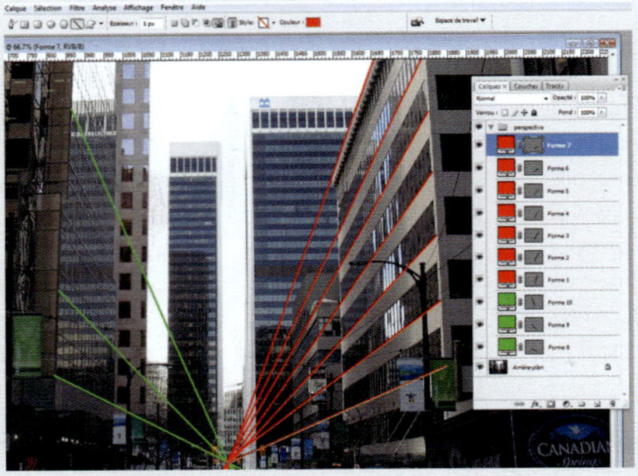

06 OUI, MAIS COMMENT ?

Tirez des droites de couleur contrastée, par exemple rouge. Créez un nouveau groupe nommé Perspectives et remplissez-le de lignes (outil Trait : U) qui suivent les droites principales de l'image ; après quelques traits, le croisement vous donnera le point de fuite… pour autant que votre perspective ne soit pas déformée par l'objectif de l'appareil photo ! Le principal est d'avoir quelques traits pour intégrer plus facilement des éléments sur les façades des bâtiments.

07 RECHERCHE D'IMAGES À INTÉGRER

Maintenant, cherchez sur Internet, ou mieux faites des photos d'éléments détruits, comme des vitres cassées, des murs en morceaux, des fissures, enfin tout ce qui pourrait vous être utile pour détruire un bâtiment. Essayez de les prendre dans les mêmes conditions d'éclairage, sous le même angle de vue, et aussi élément important, en haute résolution. Même si vous les réduisez, cela évitera que vous ayez plusieurs qualités d'images sur le final.

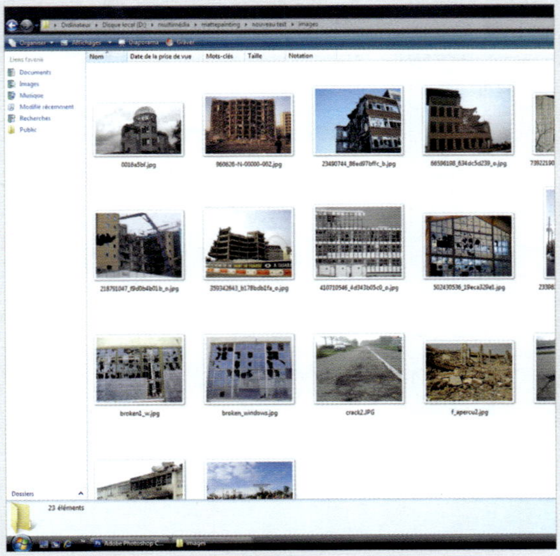

08 LE DÉTOURAGE

La tâche fastidieuse (si l'on ne possède pas de plug-in spécialisé, et encore), est le détourage ! Détourez toutes les parties de l'image que vous voulez modifier ou que vous allez utiliser. Par exemple, il faut détourer le bâtiment de droite si l'on veut apporter des modifications à son contour. Ou même intégrer des éléments entre le bâtiment et le ciel, ou juste appliquer des changements de lumière uniquement à ce bâtiment.

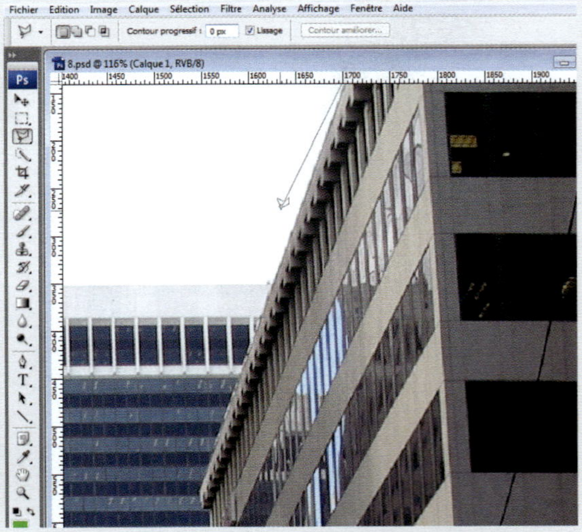

« Dans la création d'une image réaliste, l'aspect impératif et incontournable est la justesse des perspectives. »

09 DÉTOURAGE EFFICACE

Pour ce faire, utilisez le Lasso polygonal (L) pour détourer le bâtiment (les contours sont droits). Lorsque vous avez effectué votre sélection, faites un contour progressif de 1 pixel pour adoucir la coupe. (Sélection> Modifier> Contour progressif) ou définissez-le dans les options d'outils avant de faire votre sélection. Il n'y a pas vraiment de solution miracle pour le détourage, plus on y passe de temps plus la coupe sera précise (n'oubliez pas de zoomer suffisamment).

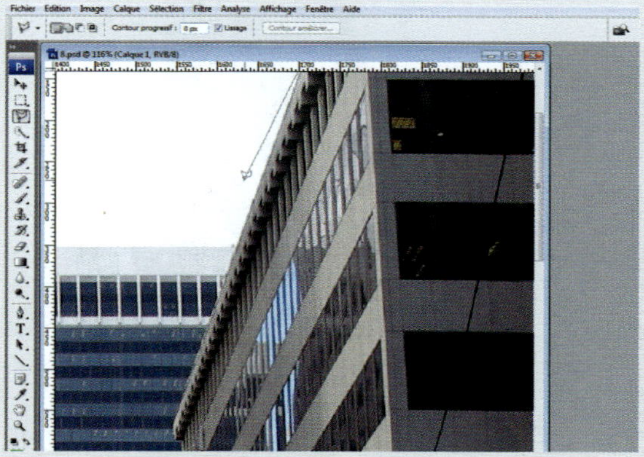

10 LES MASQUES DE FUSION

Une fois la sélection faite, cliquez sur Ajouter un masque de fusion dans le panneau Calques. Cela ajoutera un masque sur votre calque. Les masques sont très utiles pour ne pas endommager votre image. À tout moment, on peut peindre sur le masque en sélectionnant le masque de fusion et en peignant en noir (pour masquer) et en blanc (pour rendre visible). Vous pouvez aussi afficher votre masque dans le panneau Couches.

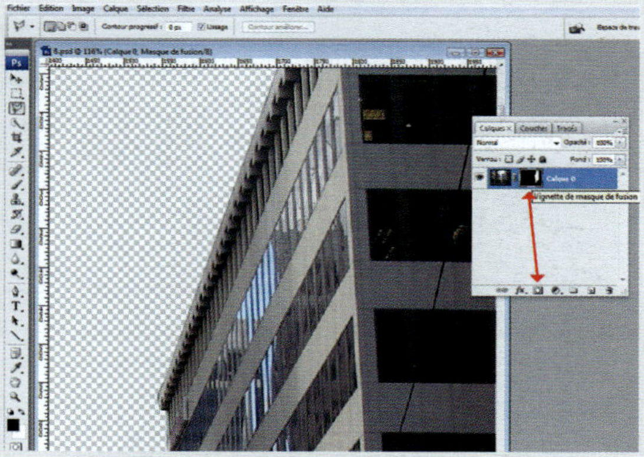

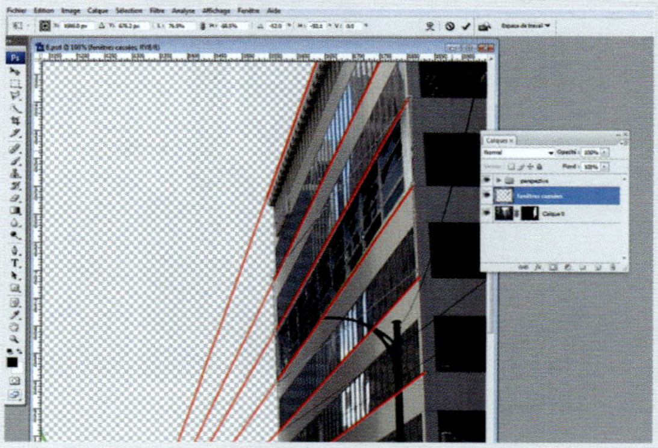

11 INTÉGRATION DES ÉLÉMENTS DÉTRUITS

Après avoir détouré chaque élément, y compris les éléments à intégrer, vous allez placer les éléments "détruits" sur la façade du bâtiment. C'est maintenant que les perspectives précédemment tracées vont vous être utiles. Utilisez l'outil de torsion (Édition> Transformation> Torsion) pour intégrer l'objet dans les perspectives du bâtiment.

12 MODIFICATION DE LA COULEUR

Une partie très importante dans l'intégration d'éléments sur une photo de base est la concordance des couleurs et des contrastes. Cela demande beaucoup de patience et d'essais. Les photos que vous avez trouvées n'ont sûrement pas été prises dans les mêmes conditions d'éclairage et avec la même balance des blancs que la photo à laquelle vous voulez l'intégrer, c'est pourquoi il va falloir les retravailler dans ce sens et en faire quelque chose de convaincant.

13 ANALYSER LA COULEUR

Nous allons commencer par modifier la couleur de l'image à intégrer. Prenez la Pipette (I), ouvrez le panneau Informations, survolez l'image de base, dans les ombres et les zones éclairées (les blancs et les noirs) et observez les valeurs RVB dans le panneau Informations. Vous remarquerez tout de suite la couleur dominante. En l'occurrence, l'image de base du bâtiment fournie est assez équilibrée. Répétez cette opération sur l'image que vous voulez intégrer pour savoir quelle valeur il faudra baisser pour l'intégrer.

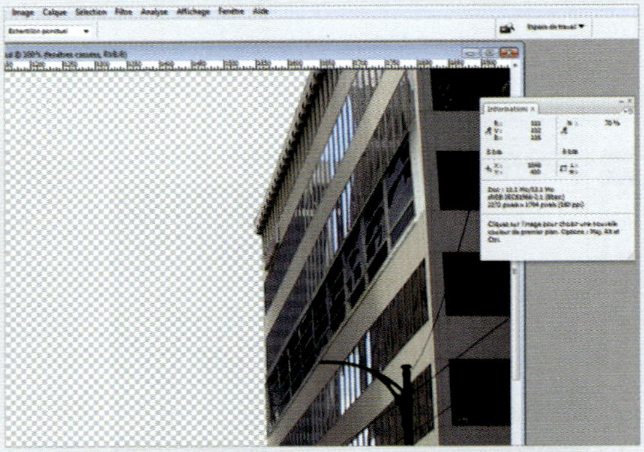

14 MODIFIER LA COULEUR DE L'ÉLÉMENT À INTÉGRER

Maintenant que vous connaissez les valeurs RVB des extrêmes de l'image, vous allez appliquer un calque de réglage à l'élément à intégrer. Sélectionnez le calque de l'élément détruit et ajoutez un calque de réglage Balance des couleurs en bas du panneau Calques. Ensuite, faites un clic droit sur le calque de réglage et choisissez Créer un masque d'écrêtage pour appliquer le calque de réglage uniquement sur le calque qui précède. Modifiez les tons foncés à clairs pour adapter les couleurs de l'élément aux valeurs RVB de l'image de base.

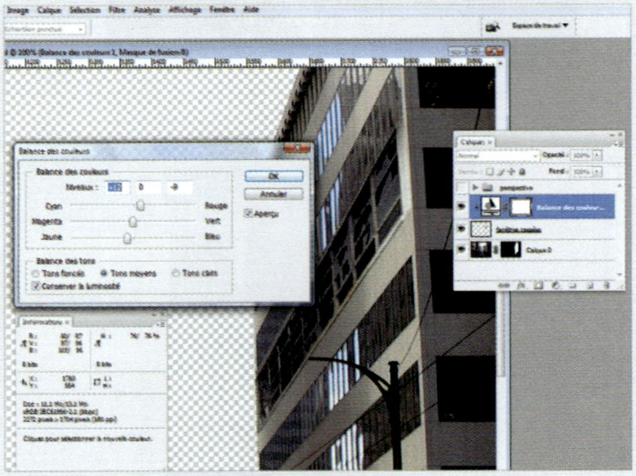

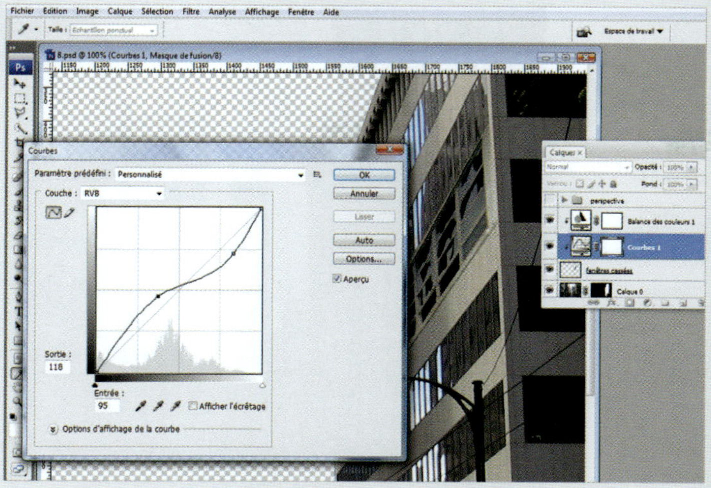

15 MODIFIER LA COURBE

Une fois que vos couleurs concordent techniquement, vous allez vous intéresser à la courbe. Ajoutez un calque de réglage Courbes en écrêtage. Le feeling est très important pour ce réglage, le but étant d'avoir la même saturation et la même luminosité générale. Si votre image est très claire, foncez-la pour qu'elle ait la même exposition que la photo à laquelle vous voulez l'intégrer.

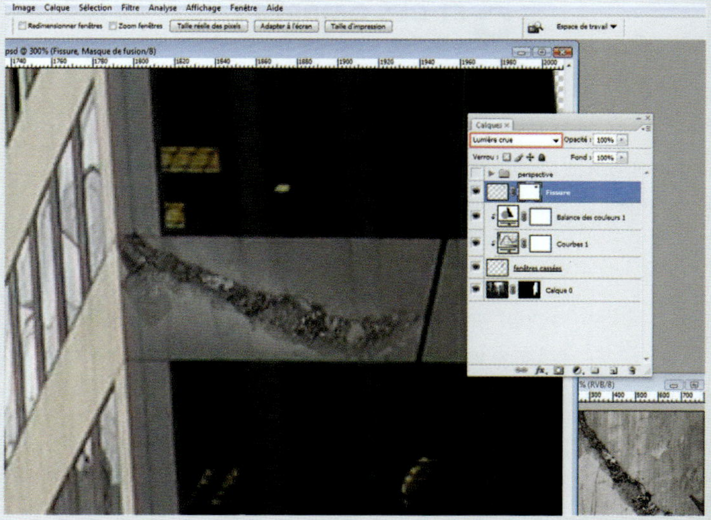

16 LES MODES DE FUSION

Pour intégrer de façon réaliste une fissure sur le bâtiment, rien de vaut, conjointement avec les techniques utilisée ci-dessus, les modes de fusion. Vous arriverez souvent à un très bon résultat uniquement en mettant le calque en mode Incrustation ou Lumière tamisée. À vous de trouver celui qui vous convient. Ensuite, jouez avec la courbe précédemment créée pour en modifier l'aspect.

La bonne exposition

La meilleure exposition pour ce genre de travail est une exposition neutre, cela vous permet d'ajouter vous-même plus facilement les ombres et les lumières à l'aide d'un calque de réglage. Il n'y a rien de pire que de devoir gommer une ombre franche pour adapter l'exposition d'une photo, ou que de devoir recréer une partie brûlée. Prenez vos photos par temps nuageux et gris, tout pourra être modifié plus facilement.

17 L'AMBIANCE GÉNÉRALE

Une fois que vous êtes satisfait du résultat de votre montage photo, que tout semble concorder aux niveaux des perspectives, de la couleur, de la luminosité et du contraste, vous pouvez vous consacrer à la luminosité et à l'ambiance générale de la scène. Il est important de s'y atteler à la fin car sinon le résultat en pâtira. Ajoutez des calques de réglage sur l'ensemble de vos calques si vous voulez changer toute la luminosité et la couleur. Vous pouvez également jouer avec les calques de réglage et peindre dans leurs masques de fusion pour obtenir des modifications dans de petites zones.

18 AJOUTER DE LA LUMIÈRE

Créez un calque de réglage des Courbes au-dessus de tous vos calques, réglez la courbe de façon à ce que le résultat corresponde à un éclairage fort de votre image. Ensuite, remplissez de noir le masque de fusion du calque de réglage et peignez en blanc sur le masque de fusion avec un pinceau à faible pression les zones que vous voulez éclairer. De cette manière, vous pourrez modifier à tout moment l'intensité de la lumière et les zones de lumière voulues.

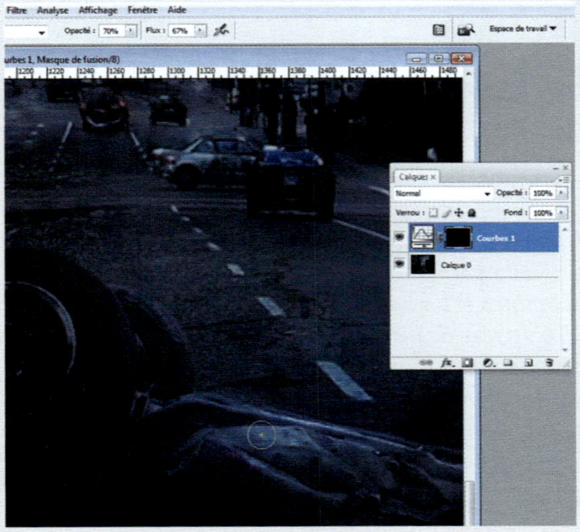

19 ET DES OMBRES !

Pour les ombres, procédez de la même manière que pour la lumière mais dans le sens inverse. N'hésitez pas à faire des sélections pour remplir des zones d'ombre ou de lumière ou peignez-les aux endroits délicats qui demandent une sélection plus poussée. Vous serez peut-être amené à supprimer des ombres franches existantes pour garder une cohérence au niveau de la lumière. Là, je vous conseille d'utiliser l'outil Tampon (S) pour recréer les parties qui devraient être éclairées à partir de celles de la zone qui le sont déjà. N'oubliez pas de le régler sur Actif et Inférieur et de peindre sur un nouveau calque. Travaillez ce calque avec son opacité et ses modes de fusion pour ne pas trop perdre la texture qui se trouve dans l'ombre.

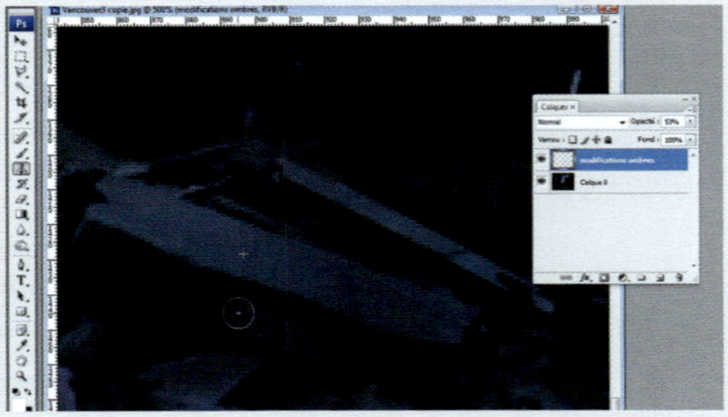

Groupe de calques

Une notion importante dans un montage photo complexe est de bien classer ses calques en groupes, par exemple un groupe Fenêtres cassées comportant tous les calques et calques de réglage qui s'y rapportent. Il n'est pas rare d'avoir une cinquantaine de calques différents, voire plus, et sans cette logique de classement les modifications s'avèrent par la suite quasi impossibles.

« Une partie très importante dans l'intégration d'éléments est la concordance des couleurs et des contrastes. »

20 ET VOILÀ !

Nous arrivons au terme de ce tutoriel. Ce genre de montage nécessite beaucoup de temps, surtout en recherche d'images et en ajustement des calques de réglage, et également de la motivation. Il est rare d'arriver du premier coup à l'effet désiré.

CRÉEZ DES ICÔNES

Un style très à la mode en quelques clics grâce à notre artiste.

Lequel de vous travaille-t-il encore avec le fond d'écran par défaut ? Généralement, le premier élément que l'on change, c'est l'image du bureau. Et les icônes des applications ! Avez-vous pensé à les remplacer ? Eh bien je vous propose de réaliser une icône d'application type qui va vous permettre de remplacer avec harmonie les icônes de la suite CS d'Adobe.
À travers la réalisation d'une icône graphique, je vais vous expliquer quelques techniques de graphiste, les pièges à éviter, et à l'aide d'un script installer un flux de production.

SUR LE CD : Les deux fichiers psd et les brosses personnalisées "bulles PS Advanced.abr" se trouvent sur le CD.

NOTRE EXPERT
Thierry Rougeaux
Thierry est illustrateur, coloriste et auteur de BD. Il est égalemetn formateur sur Photoshop et Mac OS X. www.tierr.fr

01 UNE FEUILLE, UN CRAYON…

Avant de vous jeter sur votre machine et de faire chauffer Photoshop, je vous conseille de vous installer avec un crayon devant une feuille blanche et de faire quelques dessins en fonction de vos idées. Pour avoir une harmonie entre les icônes, il est préférable d'équilibrer votre créa dans un carré. Il n'est pas nécessaire de savoir dessiner, un dessin simple suffit, l'essentiel étant d'appréhender les phases de travail. Vous verrez les formes principales à réaliser ainsi que les éléments qui seront au premier plan et ceux à l'arrière-plan. N'ayez pas peur de sortir des sentiers battus, soyez original. Il n'y a pas d'idées mauvaises, seules leurs mises en œuvre peuvent l'être.

02 POURQUOI, POUR QUI ?

Une fois que vous savez où vous allez, il ne vous reste plus qu'à vous poser la bonne question : quelle est la destination de ma création ? Dans notre cas, c'est un écran d'ordinateur. Donc une résolution de 72 pixels en RVB et des dimensions de 512 x 512 pixels sont suffisantes, ce sont les valeurs maxi des icônes actuelles que l'on trouve sur le système Leopard d'Apple. Mais pour une meilleure fluidité graphique, nous allons créer un fichier plus grand (1700 x 1200) avec une résolution de 150 pixels qui vous permettra ainsi de préparer un visuel pour la distribution de vos icônes. Il sera toujours temps de recadrer à la fin.

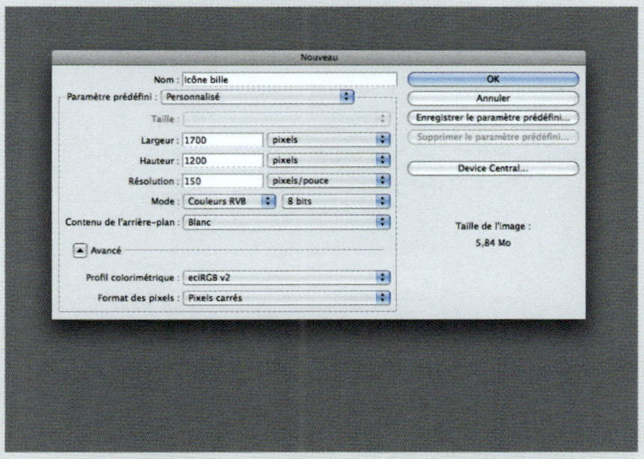

03 UNE BOULE GLACÉE

J'ai porté mon attention sur une icône en forme de boule de verre renfermant un liquide dans lequel flotteront les icônes de la Suite CS. La forme du cercle est forte de symbole, la texture du verre nous donne un style "aqua" s'harmonisant avec la tendance actuelle, le liquide apporte la vie et le mouvement, et pour donner une aura à l'ensemble la boule flottera au-dessus du sol, marqué par une ombre légère.

« Pour réussir vos objets transparents, utilisez toujours un arrière-plan rempli à 50 % de gris. »

04 GRIS NEUTRE

Lorsque je travaille sur des éléments transparents, j'utilise toujours un arrière-plan rempli de 50 % de gris. Si l'effet fonctionne sur un ton neutre, il fonctionnera sur n'importe quelle couleur. Ensuite, sur un nouveau calque que je nomme "Boule", avec l'outil Ellipse de sélection (M) et la touche Maj enfoncée je trace au centre un cercle que je remplis de blanc. J'ajoute un style de calque, je coche Ombre interne : Opacité 75, Angle 90, Taille 96, et les autres valeurs à 0. Je passe le mode de fusion général sur Produit et l'opacité du fond à 0.

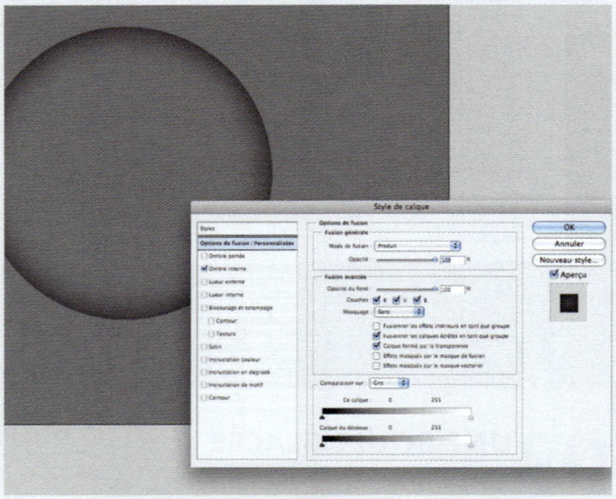

05 TOUT EN TRANSPARENCE

J'ajoute en dessous un nouveau calque que je nomme "Fond", il va servir à créer l'opacité du fond du verre. Je récupère la sélection du calque "Boule" (Ctrl/Cmd+clic) sur la vignette du calque. Je réalise une transformation de la sélection tout en réduisant légèrement le diamètre, ce qui donne l'effet d'épaisseur du verre. Je remplis la sélection avec une couleur quelconque, cela n'a pas d'importance. J'ouvre le style du calque. Je mets l'opacité du fond sur zéro et je coche Incrustation en dégradé. Je choisis un dégradé linéaire en noir et blanc, Opacité à 25, la lumière en haut, Angle 90, Échelle 53.

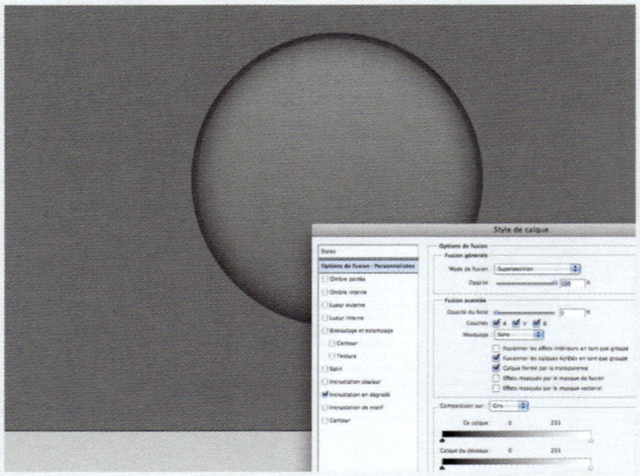

06 À MOITIÉ PLEIN OU À MOITIÉ VIDE ?

Je crée un nouveau calque au-dessus du calque boule et je le nomme "Liquide". Je récupère la sélection du calque "Fond" comme précédemment et je le remplis en noir. Avec l'outil Plume (P), je trace sur la moitié supérieure du cercle ce que je vais effacer pour simuler mon liquide.

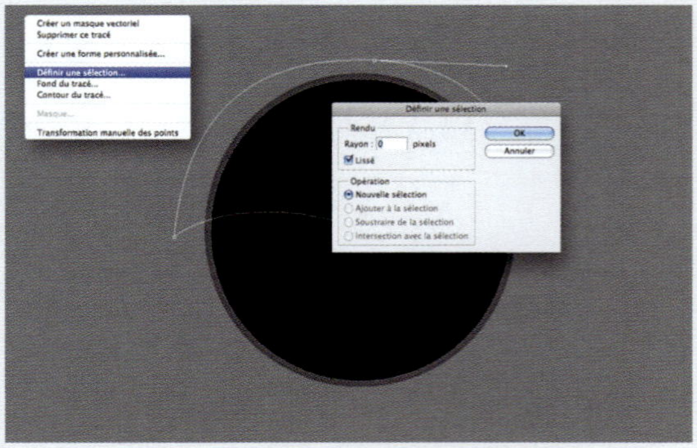

07 LE YIN ET LE YANG

Une fois mon tracé effectué, je choisis dans les options Définir une sélection. Ma sélection étant active, j'efface la partie supérieure. Nous avons à ce stade un cercle divisé en son centre par une courbe en S. Cela ne vous rappelle pas un certain symbole d'harmonie ?...

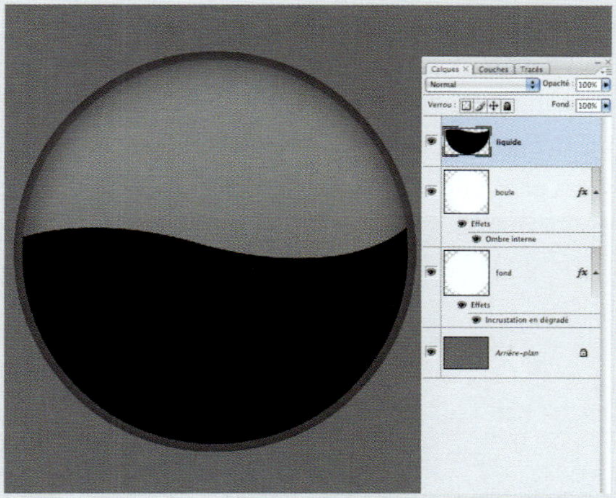

08 UNE TOUCHE DE COULEUR

En restant sur ce calque, j'ouvre les options de style de calque et je règle comme suit : Mode de fusion sur Produit, Opacité du fond à 0, Incrustation couleur sur Produit (# 6595CC), cet effet est le seul qui fasse appel à de la couleur pour être harmonisé avec l'icône de Photoshop. Pour intégrer ensuite les autres icônes de la Suite CS, il nous faudra simplement changer les valeurs de ce réglage, rouge pour Flash, vert pour Dreamweaver, etc.

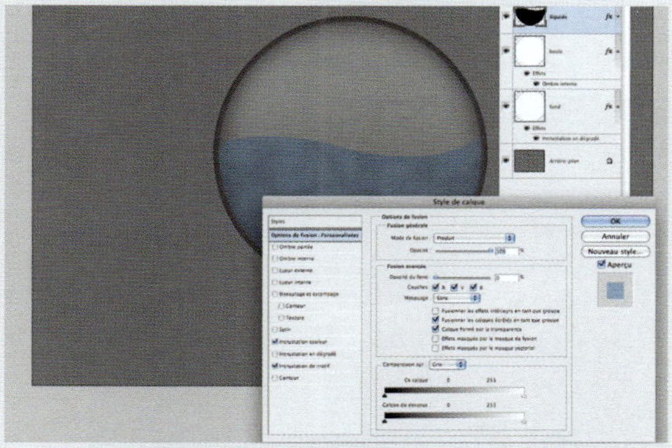

09 CELLULES GRISES

Pour terminer l'effet du liquide, pour lui donner de la consistance, j'applique une Incrustation de motif avec le mode de fusion sur Superposition et une opacité de 30 %, je choisis le motif Cellules, avec une échelle de 523. Si vous ne le trouvez pas, chargez dans les paramètres prédéfinis le dossier Motifs, vous y avez accès en cliquant sur le petit triangle de la fenêtre des motifs.

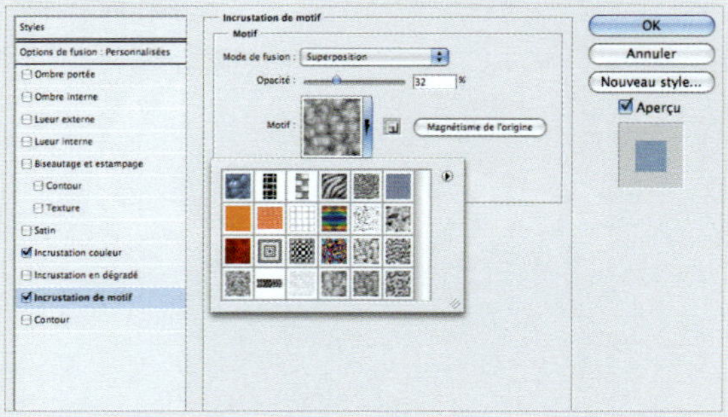

10 UN PINCEAU À BULLES

Au-dessus du calque liquide, je crée un nouveau calque que je nomme "Bulles inf". Nous voulons des bulles en surface, et pour cela nous allons créer une forme personnalisée. Je ne vais pas vous décrire toutes les étapes de cette réalisation, prenez exemple sur la capture d'écran pour la réaliser, sinon chargez-la depuis le CD.

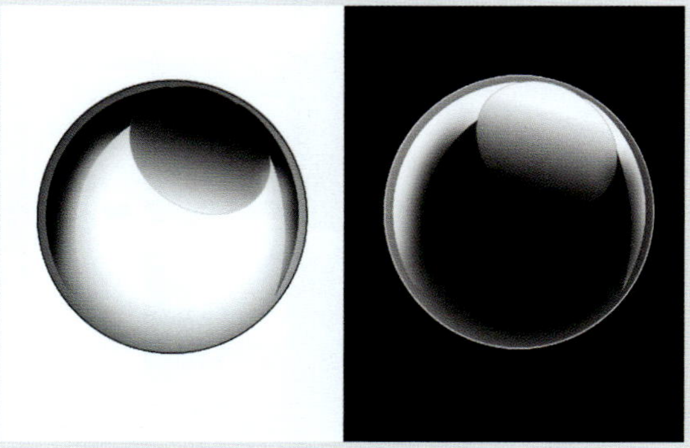

11 ENCORE DES BULLES

Toujours sur le calque “Bulles inf”, je récupère la sélection du calque “Liquide” et j’ajoute un masque de fusion pour ne pas déborder, avec l’outil Pinceau (B) et du blanc je peins les bulles sur la ligne de surface, en faisant attention à être sur le calque et non sur le masque. Je reste à cheval sur la ligne de surface pour peindre des demi-bulles. Je n’hésite pas à changer les valeurs du pinceau pour réaliser des bulles de tailles différentes. Cela fait, je baisse l’opacité du calque à 75 %, dans le panneau Calques.

12 TOUJOURS DES BULLES

Je crée un calque au dessus que je nomme “bulles sup”, cette fois je récupère la sélection du calque “Fond” et avec (Ctrl/Cmd+Alt) en cliquant sur le masque du calque “Bulles inf” j’intervertis ma sélection, comme précédemment j’ajoute un masque de fusion. Je peins de la même manière que pour le calque inférieur en faisant des moitiés de bulles. Cette méthode permet de garder en visuel la ligne de surface. À cette étape, il est important de se rappeler que nous faisons une icône. Alors, mollo sur les détails que l’on ne verra plus, une fois l’image réduite.

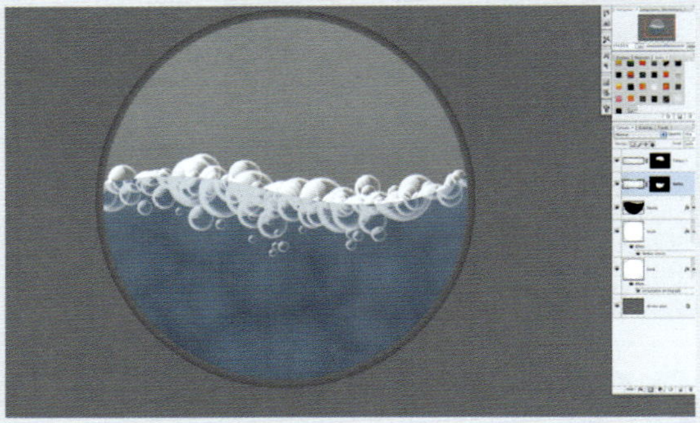

13 ENFIN DU RELIEF

Nous voilà presque arrivé. Nous allons réaliser les reflets qui vont donner du volume à notre boule de verre. Sur un nouveau calque nommé “reflet fenêtre”, avec l’outil Rectangle de sélection (M) je réalise une fenêtre comme sur la capture.

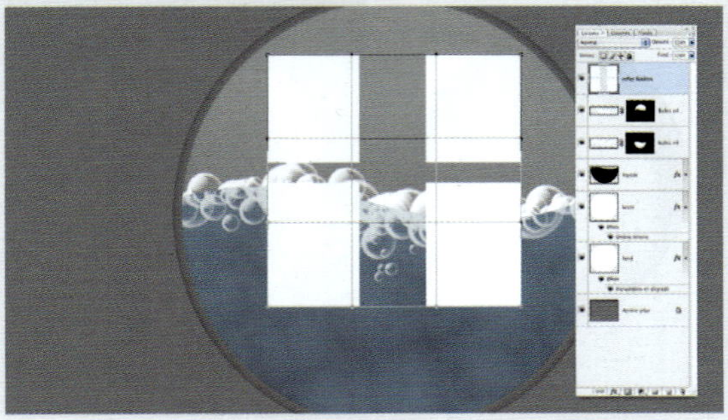

14 TRANSFORMATION !

Avec l’outil Transformation (Ctrl/Cmd+T) et l’option déformation, je place mon reflet sur le côté droit de la boule. J’applique avec un style de calque un dégradé blanc vers transparent, mode de fusion Superposition, pour que le reflet s’estompe vers le bas. Et je mets l’opacité du fond à 0.

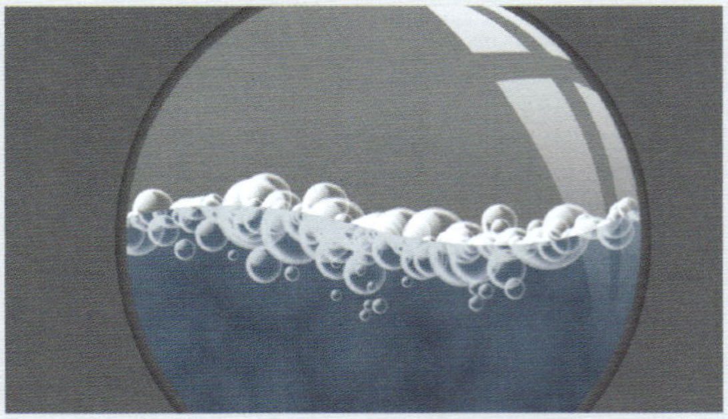

15 QUE DE RÉFLEXION !

Sur le même principe, je réalise sur trois autres calques un reflet à gauche, un au centre et un en bas, en appliquant à chaque fois les mêmes réglages. Aidez-vous de la capture d'écran que j'ai faite sur fond noir pour bien visualiser l'équilibre et le sens des dégradés. Ne vous laissez pas gagner par des effets trop réalistes, n'oubliez pas qu'au final l'icône est une petite image, trop de détails nuirait à sa lisibilité. Voilà, notre icône générique est finie, il ne reste plus qu'à la personnaliser.

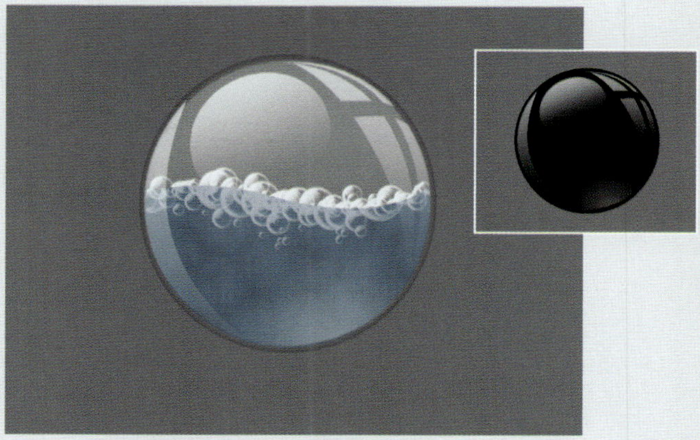

16 NOUVEAU DOCUMENT

Pour réaliser les images de la suite CS, je crée un nouveau document de 600 x 600 pixels avec une résolution de 72 pixels en RVB. Un simple dégradé radial fait office de fond. Sur un autre calque, je réalise deux lettres en blanc qui représentent l'application, et j'applique une Ombre interne en mode Produit, Opacité 54 %, Angle 130, Distance 4 et Taille 9. Cette étape de personnalisation réalisée, tout ce qui va suivre sera répétitif sur toutes les autres icônes de la suite Adobe, alors autant se simplifier la tâche en réalisant un script.

17 AUTOMATISATION

Dans le panneau des scripts, je crée un nouveau script que je nomme "icône 3D". Si ce n'est déjà fait, je lance l'enregistrement. Je fusionne tous les calques visibles (Ctrl/Cmd+Maj+E), je renomme le calque "icône", ensuite je fais Ctrl/Cmd+T pour transformer le calque avec ces valeurs-ci : X600, Y 600, L 550, H 550. Puis je copie ce calque en dessous. Je le sélectionne et j'applique la transformation suivante : X 324, Y 325, L 550 et H 548.

18 TRANSFORMATION

J'ai appliqué une réduction de la hauteur de 2 pixels et un déplacement de 1 pixel vers la gauche. Tout en restant sélectionné, je vais répéter cette transformation en faisant Ctrl/Cmd+Alt+Maj+T une vingtaine de fois. Je viens de donner du relief à mon carré. J'ajoute à ce calque une Lueur interne d'une taille maxi, Opacité 40 % et le mode de fusion sur Superposition. Sur le calque du dessus, j'ajoute un style Biseau interne réglé comme suit : Profondeur 90, Taille 1, Flou 0, Angle 135, Élévation 37, Opacité des tons clairs 100 % et tons foncés 60 %. Je termine en fusionnant les deux calques. Je recadre l'image, j'arrête l'enregistrement du script, j'enregistre mon document.

« Lorsque vous répétez une transformation, n'oubliez pas de sélectionner votre élément, pour ne pas multiplier les calques. »

19 SPHÉRISATION

Je répète les étapes 14 à 16, d'où l'intérêt du script, pour chaque icône de la Suite CS que j'enregistre dans un dossier commun. Il ne me reste plus qu'à revenir sur mon document d'icône générique et importer mon premier fichier, dans notre exemple ce sera Photoshop. Je centre mon carré Photoshop sur la boule, ensuite dans le menu Filtres> Déformation je choisis Sphérisation avec une valeur de 100 % en mode Normal.

20 ÇA FLOTTE

Il ne me reste plus qu'à redimensionner et orienter (Ctrl/Cmd+T) mon icône Photoshop pour la faire tenir dans la boule. Je déplace ce calque juste en dessous du calque "Liquide", de cette manière il est intégré dans le liquide. Il reste à réaliser l'ombre en dessous pour donner l'illusion de lévitation.

21 QUI DIT LUMIÈRE, DIT OMBRE

Pour réaliser l'ombre, je crée un calque que je nomme "Ombre" et que je place au-dessus de l'arrière-plan. Je récupère la sélection du calque "Boule". Je remplis d'une couleur quelconque, avec un style de calque, Opacité du fond 0, j'applique une Ombre interne (mode fusion Produit, Opacité 100 %, Distance 0, Maigri 0, Taille 40). Cela permet d'avoir une ombre débouchée au centre, ce qui renforce la transparence de la boule.

22 TOUT EN DOUCEUR

Je transforme et déplace (Ctrl/Cmd+T) mon cercle en dessous de la boule en réduisant sa taille. Ne la faites pas trop basse, n'oubliez pas qu'il faut dans la mesure du possible que l'illustration tienne dans un carré. Je termine en appliquant un Flou gaussien d'une valeur de 8 pixels (Filtres> Atténuation> Flou gaussien). Et je règle l'opacité du calque sur 40 %. Toute cette dernière partie peut aussi être réalisée par un script.

23 POUR CONCLURE

Il ne reste plus qu'à supprimer l'arrière-plan, fusionner les calques restants, cliquer sur la vignette du calque pour récupérer la sélection et faire recadrer dans le menu image. Ensuite, redimensionnez votre document (Image> Taille de l'image) avec une résolution de 72 pixels et une hauteur de 500 pixels. Enregistrez au format PNG pour garder la transparence. Ensuite, utilisez une des nombreuses applications gratuites pour convertir votre fichier PNG au format "icône". Pour modifier l'icône de l'application, l'opération pouvant être dangereuse, allez sur les forums spécialisés pour trouver les outils et les conseils nécessaires. De nombreux sites parlent de la customisation des systèmes.

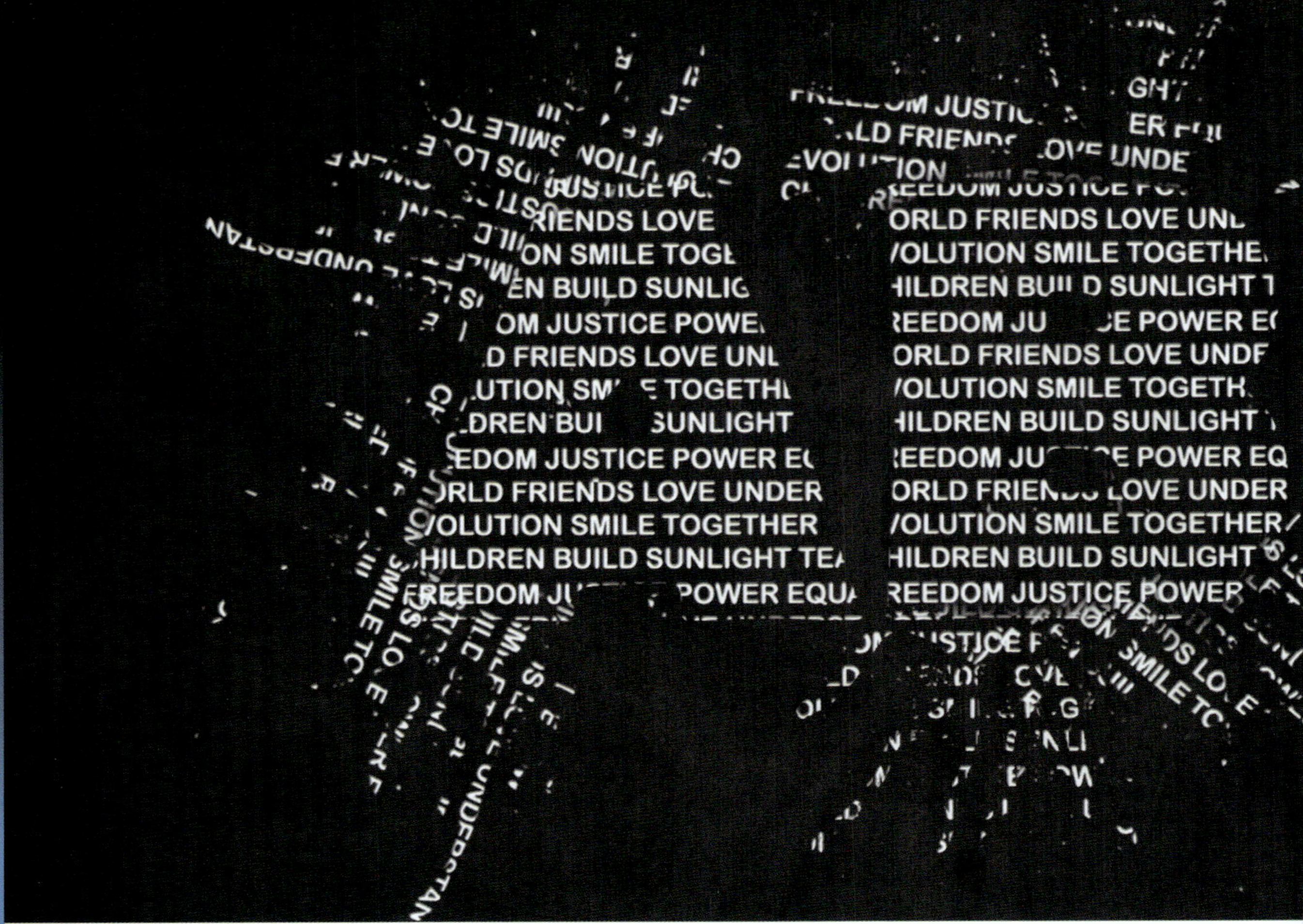

TYPO ARTISTIQUE

L'artiste Jerry-Lee Bernard partage ses astuces avec nous pour vous apprendre à recréer cette illustration.

Dans ce tutoriel, il n'est pas question de photomontage ou autre manipulation difficile. En effet, le but aujourd'hui est de découvrir un type de création qui au premier abord en rebute plus d'un alors que l'on peut obtenir un rendu plus que satisfaisant sans grandes compétences. Non, la typographie comme source principale d'une création n'est pas réservée aux professionnels du genre. Il faut prendre conscience que la typo peut donner une tout autre dimension à une image. Elle peut donner un sens, faire passer un message clair et même avoir un rendu plus qu'agréable. L'élément typo doit être traité comme tout autre élément graphique, ce qui au final nous donne une multitude de possibilités. J'espère que ce tutoriel vous sera accessible et vous démontrera les charmes de la typo dans une création numérique.

Sur le CD : Vous trouverez sur le CD le fichier au format PSD avec tous les calques pour un usage personnel uniquement.

NOTRE EXPERT
Jerry-Lee Bernard
Diplômé en marketing et communication, Jerry-Lee conjugue sport de haut niveau et création numérique. Freelance depuis peu, il a déjà à son actif la création d'identités visuelles pour plusieurs entreprises. Son site Internet ouvrira bientôt ses portes : www.jerrydesign.com. En attendant, ses créations sont visibles sur www.flickr.com/jerryleebernard/mesphotos.

« La typo n'est pas réservée aux professionnels du genre. »

01 UN FOND ADÉQUAT

Commencez par ouvrir un nouveau document de 1500 x 1000 pixels en 300 dpi. Avant tout, il va falloir trouver un fond qui se marie bien avec la création que vous avez en tête. Dans le cas présent, j'ai choisi une teinte plutôt foncée car je souhaite que ma typo soit d'une couleur blanche. Libre à vous d'utiliser la couleur que vous souhaitez. N'oubliez surtout pas qu'il faut que la typo ressorte.

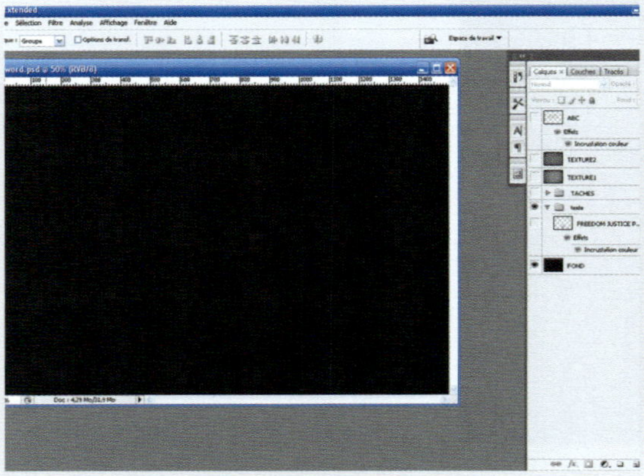

02 LA BONNE TEXTURE

Bien sûr, le fond ne va pas rester comme cela. À vous de trouver une texture qui le mette en valeur. J'ai choisi pour cet exemple une texture de papier froissé trouvée sur le site de banque d'images Stock.XCHNG. Vous pouvez tout aussi bien la réaliser vous-même en froissant une feuille et en la prenant en photo. Placez ensuite le calque de texture au-dessus du calque de fond et passez-le en mode Incrustation. Baissez légèrement l'opacité pour rendre l'image plus agréable à regarder.

03 UN BLOC DE TEXTE

C'est maintenant que nous allons commencer à utiliser la typographie. Vous constatez sur le rendu final que l'intérieur des élément s est constitué de mots divers. Vous allez donc créer un bloc de texte à l'aide de l'outil Texte (T). Un bloc d'une vingtaine de lignes suffit. Veillez à ce que la taille de la police ne soit ni trop grande ni trop petite. Dans notre exemple, j'ai choisi de taper des mots qui me paraissaient proches. Faites-en de même, cela personnalise la création et reflète un peu le caractère du créateur.

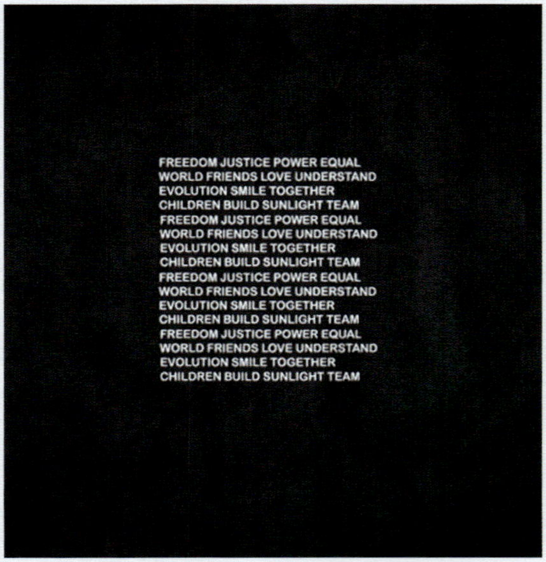

Astuce

Pour un rendu plus fun vous pouvez aussi jouer sur la taille des caractères dans le bloc texte. Des lettres de tailles différentes cela donnera une certaine dynamique à votre création.

04 LETTRES PRINCIPALES

Nous attaquons maintenant le “gros” de la création. Tout en laissant votre bloc de texte visible au milieu, vous allez, à l’aide encore une fois de l’outil Texte, taper une lettre en très gros caractère. Choisissez de préférence une police assez large. Vous en trouverez en grande quantité sur dafont.com. Placez votre grosse lettre de façon à ce que le bloc texte recouvre la totalité de la lettre. Une fois cela fait, nous allons réaliser la seule manipulation “difficile” de l’exercice. Sélectionnez votre calque avec le bloc de texte et faites Ctrl/Cmd+clic sur le calque de la grosse lettre. Vous devez alors avoir comme sélection la forme de la lettre dans le bloc texte. Faites Sélection> Intervertir et appuyez sur la touche Suppr. Masquez le calque bloc texte, et voilà, vous avez votre lettre constituée de lettres. Il ne vous reste plus qu’à dupliquer ou recommencer avec d’autres lettres pour constituer un mot.

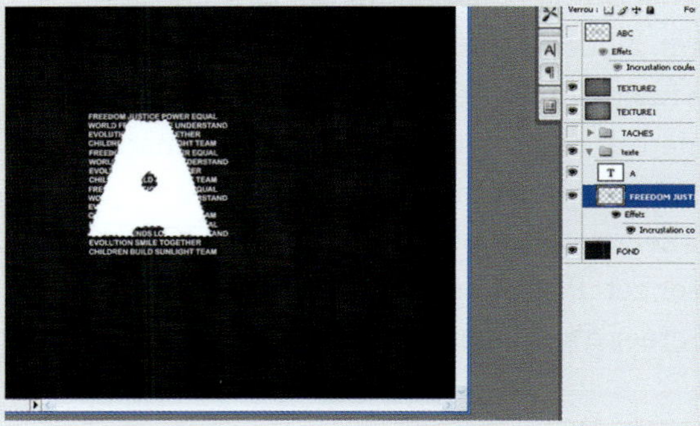

05 ÉCLABOUSSURES

Pour réaliser les éclaboussures autour des lettres, nous allons utiliser le même principe qu’à l’étape précédente. J’ai choisi une forme de pinceau téléchargée sur le site deviantART. Cela peut être des éclaboussures de peinture, de sang, peu importe, le rendu final sera le même. Une fois la forme de pinceau installée, démasquez le calque “bloc texte” et réalisez la même opération qu’à l’étape 4.

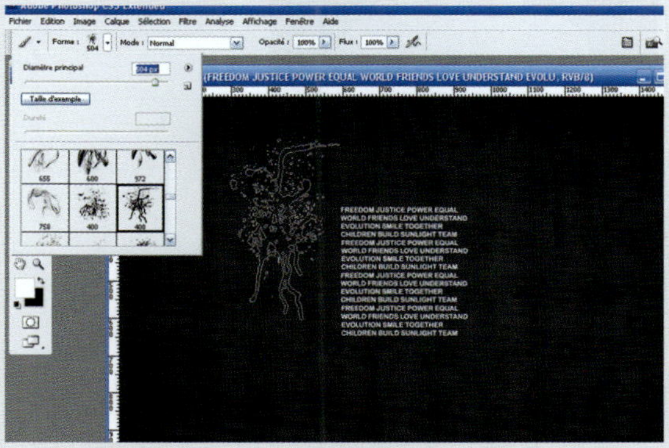

06 RENDU FINAL

Maintenant, il ne vous reste plus qu’à dupliquer les éclaboussures et à modifier leur taille (Ctrl/Cmd+T) afin d’obtenir un rendu agréable et stylé. Rien ne vous oblige à utiliser des éclaboussures, ceci n’est qu’une trame de travail pour vous montrer que l’on peut obtenir un bon résultat en peu de temps en utilisant de la typo.

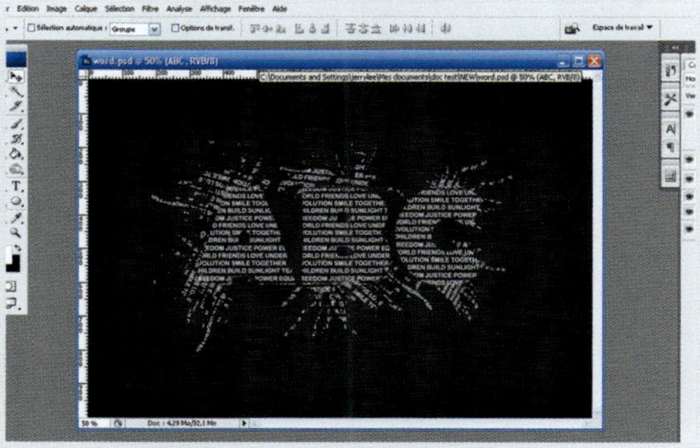

RÉALISEZ UN IPOD

Voyons comment réaliser un iPod avec un style Web 2.0.

Parmi les styles populaires du moment se trouve la création d'un objet high-tech le plus réaliste possible tout en gardant son effet ou son style Web 2.0, par exemple avec les reflets ou les jeux de lumière.

Sur le Web, on peut trouver beaucoup de petits bijoux, des créations, des reproductions ou toutes sortes de choses réalistes. Ce tutoriel va vous apprendre à reproduire un iPod de chez Apple, comme si vous en aviez tiré une photo. On a choisi pour vous l'iPod Chromatic car sa simplicité, son design mais aussi sa beauté ne pouvaient pas nous laisser indifférents. Tout au long de ce tutoriel, vous allez apprendre à faire naître, étape par étape, ce visuel de façon très simple mais pas pour autant irréaliste !

Vous découvrirez comment, avec de simples clics et quelques fonctions de Photoshop, on peut obtenir quelque chose de très satisfaisant. Nous allons nous servir de la Plume et des options de fusion pour créer des dégradés afin d'ajouter des effets de lumière et de profondeur, des transformations, des effets de flou, et découvrir différentes manières de jouer avec vos sélections et bien d'autres outils. Ce tutoriel vous aidera à créer cet iPod mais aussi à apprendre les techniques pour créer d'autres images du même genre !

SUR LE CD : Vous trouverez sur le CD le fichier final avec tous les calques.

NOTRE EXPERT
Alexandre Bourlet
Notre expert est un jeune graphiste - Webdesigner qui nous fait part de ses connaissances et de ses capacités dans ce nouveau tutoriel exclusif qu'il a pu ainsi réaliser avec aisance.
http://flaky.carbonmade.com

01 LE MODÈLE

Pour ce tutoriel, vous pouvez vous aider de l'image "réelle" du MP3 que vous pouvez trouver soit sur le site d'Apple, soit sur Google Images. Même si le but est d'être fier d'avoir fait ce tutoriel sans modèle ! Commencez avec un document sur fond blanc de taille 1280 x 1024. Créez un nouveau calque : Calque> Nouveau> Calque (ou Cmd/Ctrl+Maj+N). Nommez le calque "Base" puis validez par OK.

02 LA BASE

Commencez par faire un tracé à l'aide de l'outil Plume sans oublier que les bords de l'iPod en haut sont légèrement arrondis. Faites un clic droit puis Définir une sélection. Validez par OK. Remplissez la sélection de noir et appliquez un style de calque Incrustation en dégradé avec les couleurs respectives #15375C, #1AA6DB et #15375C. N'oubliez pas de pousser les petites poignées de la couleur centrale à 30 % et à 70 %. Orientez l'angle du dégradé à 0°.

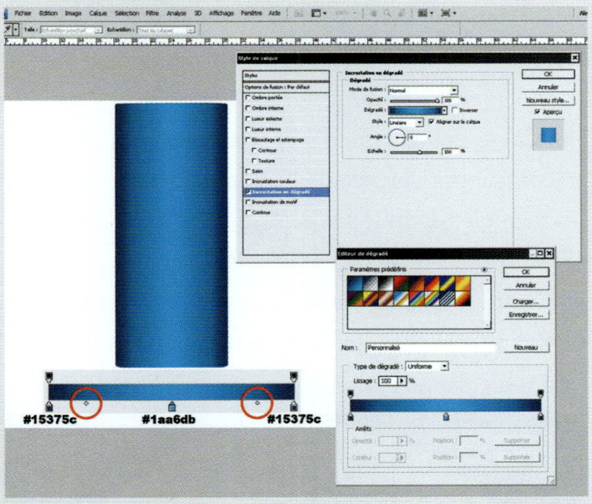

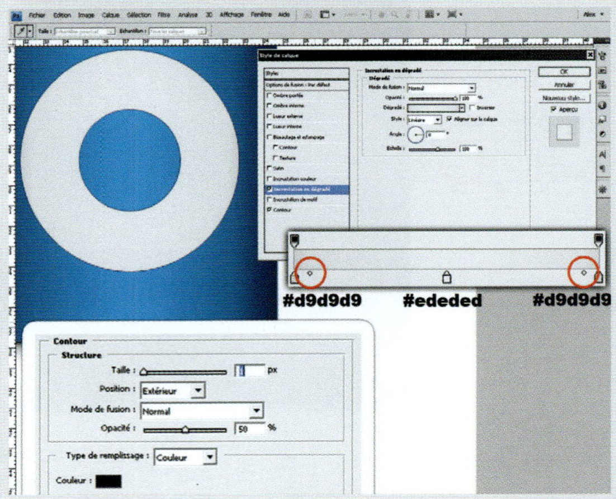

03 BOUTON

Créez un nouveau calque nommé "Bouton". Prenez l'outil Ellipse de sélection et tracez un rond parfait en enfonçant la touche Maj durant le tracé. Remplissez de noir. Faites un autre cercle parfait, plus petit que le précédent, placez-le au milieu de celui-ci et appuyez sur la touche Suppr. Appliquez une Incrustation en dégradé comme ci-dessous (#D9D9D9 et #EDEDED). N'oubliez pas de pousser les petites poignées de la couleur centrale à 10 % et à 90 %. Orientez l'angle à 0°. Ajoutez enfin un autre style de calque Contour de 1 pixel de couleur #060734 à 50 % d'opacité.

« On a choisi l'iPod Chromatique car sa simplicité, son design mais aussi sa beauté ne pouvaient pas nous laisser indifférents. »

04 STYLE DE BOUTON

La police utilisée pour ce tutoriel est du Negotiate, téléchargeable sur www.dafont.com. Prenez l'outil texte, écrivez "MENU" en Negotiate, 26 points, de couleur #9BA3AB. Placez-le correctement. Créez un nouveau calque nommé "Flèche droite". Avec l'outil Polygone, mettez-lui trois côtés dans la barre d'outils, tracez deux triangles collés comme sur la photo.
Puis, avec l'outil Trait d'une épaisseur de 4 pixels, tracez un trait vertical de la même hauteur que les triangles. Dupliquez ce calque, renommez-le "Flèche gauche" et placez les deux calques de part et d'autre. Créez de nouveau un calque, faites de même que pour la flèche mais en créant une seule flèche et deux traits écartés l'un de l'autre.

05 ÉCRAN

Prenez l'outil Rectangle arrondi avec un rayon de 10 pixels et vérifiez qu'il est bien en mode Pixel de remplissage. Tracez le rectangle voulu. Avec la Plume, épousez l'arrondi du haut de l'iPod, sur le haut de votre rectangle. Faites un clic droit> Définir une sélection et validez.
Faites un Ctrl/Cmd+clic sur la vignette de votre calque et remplissez votre sélection de la couleur #111214. Maintenant, créez un nouveau calque nommé "Cadre", reprenez l'outil Rectangle arrondi mais, cette fois-ci, avec un rayon de 2 pixels.
Tracez un second rectangle dans le cadre noir de couleur #434750. Faites un Ctrl/Cmd+clic sur la vignette, allez dans Sélection> Modifier> Contracter. Dans la fenêtre, entrez 2px et validez. Appuyez sur la touche Suppr de votre clavier.

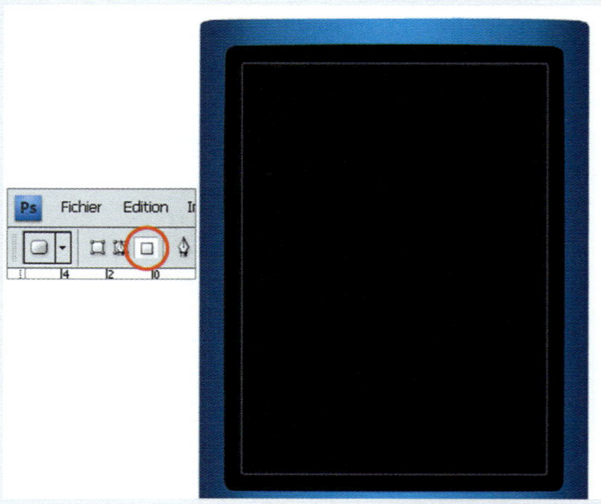

06 EN TÊTE

À présent, sur un nouveau calque, créez un rectangle de couleur noire avec un arrondi de 2 pixels collé sur le haut et sur les côtés du cadre gris. Appliquez un dégradé du haut vers le bas avec les couleurs #84878C à #6A6F73 à 90°. Prenez l'outil Polygone et tracez un triangle de couleur #D9DADC pour le "Play".

07 BATTERIE

Créez un nouveau calque. À l'aide de l'outil Rectangle, tracez un rectangle de couleur #D9DADC. Faites un Ctrl/Cmd+clic sur la vignette du calque puis contractez la sélection de 2 pixels. Supprimez l'intérieur de la sélection. Recontractez-la de 1 pixel puis remplissez de nouveau de la couleur précédente. Faites de même pour le bout de la batterie jusqu'à supprimer l'intérieur.

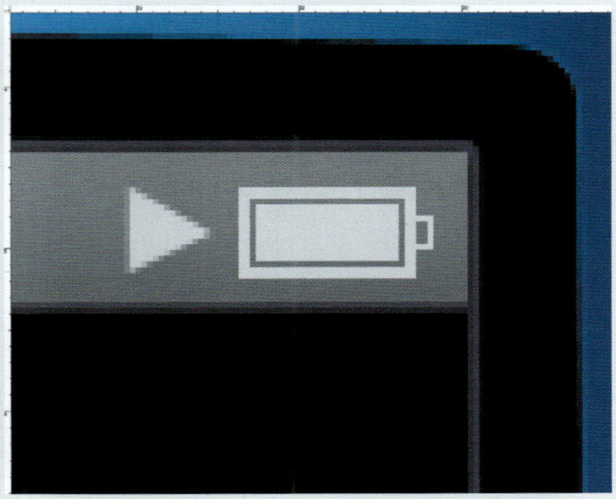

08 PHOTO

Importez votre photo, validez par OK. Faites un Ctrl/Cmd+clic sur la vignette du calque puis Ctrl/Cmd+C et supprimez votre calque. Créez un nouveau calque, opérez la sélection voulue pour la taille de la photo avec l'outil Rectangle de sélection et faites Ctrl/Cmd+Maj+V pour coller votre photo dans votre sélection. Vous pouvez maintenant faire un Ctrl/Cmd+T pour ajuster votre photo à la taille souhaitée.

09 REFLET

Pour créer le reflet de votre photo, sélectionnez son calque et faites Ctrl/Cmd+J pour le dupliquer. Allez dans Calque> Objet Dynamique> Convertir en objet dynamique. Appuyez sur Ctrl/Cmd+T, faites un clic droit puis sélectionnez Symétrie axe vertical. Placez ce calque en dessous de votre photo. Appuyez sur le bouton Masque de fusion, prenez l'outil dégradé du blanc vers le noir et tracez un dégradé vers le bas.

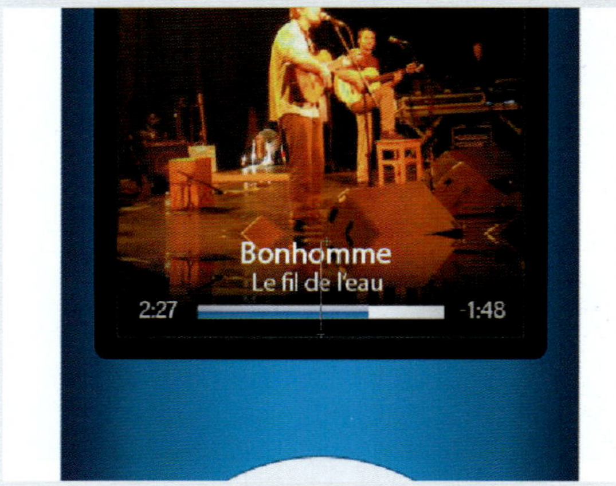

10 BARRE DE TEMPS

Sur un nouveau calque nommé "Barre de temps blanche", à l'aide de l'outil Rectangle, tracez un rectangle blanc. Tracez le même rectangle mais moins large sur un autre calque (veillez à ne pas faire des rectangles trop hauts). Sur ce second rectangle, appliquez un dégradé de couleurs : #6AAAD4, #487DB1, #A0BBD6 puis #E5E5E5 à 90°.

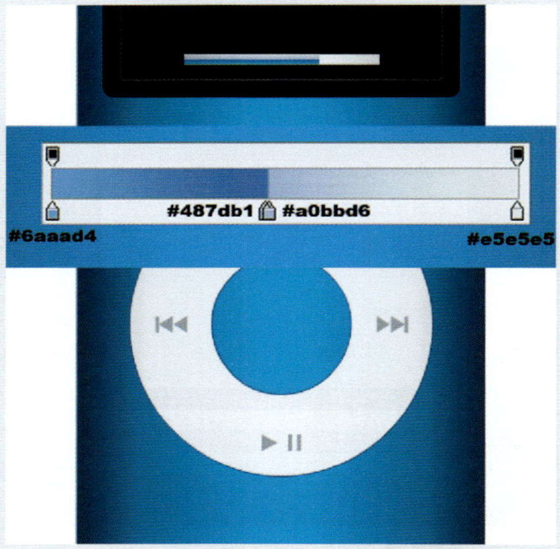

11 TEXTES

Les textes qui vont suivre sont en Negotiate et de couleur blanche. Créez un cadre de texte et tapez le titre d'une chanson. Ex. : "Bonhomme" en 24 points. Maintenant, faites un autre cadre texte avec le nom de l'interprète. Ex. : "Le filde l'eau" en 20 points. Bien entendu, ces informations doivent être en rapport avec la photo ! Centrez-les par rapport à la photo du dessus. Ensuite, créez deux autres cadres de texte puis entrez des chiffres cohérents, ex. : "2:27" et "- 1:48". Placez-les de part et d'autre de la barre de temps.

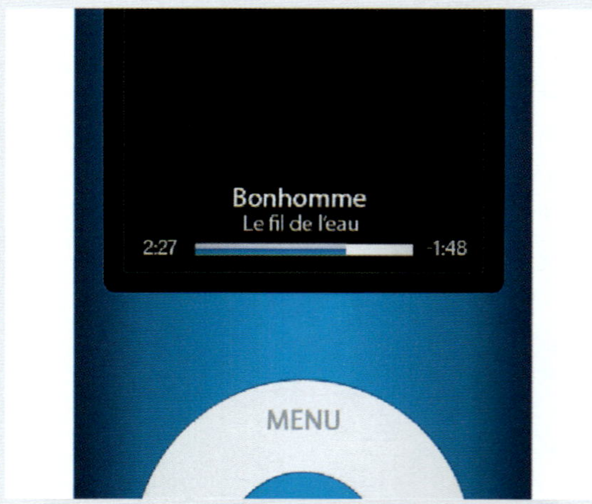

« Pour donner de la profondeur à notre écran, ajoutez une ombre sous les calques actifs. »

12 HOLD

Comme sur tous les lecteurs MP3, nous avons un bouton “Hold”. Pour le réaliser, créez un nouveau calque, prenez l’outil Rectangle arrondi avec un rayon de 50 pixels et tracez un rectangle de façon à ce qu’il ressemble à un bouton. Appliquez-lui un dégradé de couleurs #666666, #E5E5E5 puis de nouveau #666666 à 0°.

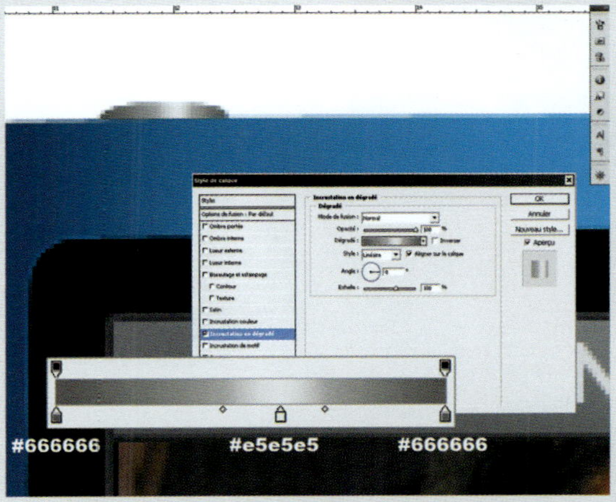

13 OMBRE SUR L’ÉCRAN

Pour donner de la profondeur à notre écran, nous allons mettre une ombre au-dessus de tous les calques actifs. Créez un nouveau calque et prenez l’outil Pinceau de diamètre 100 (selon votre image) dureté 0 et de couleur noire. Tracez grossièrement un trait le long de l’écran puis appliquez un Filtre> Atténuation> Flou gaussien... avec un rayon de 50 pixels. Maintenant, faites un Ctrl/Cmd+clic sur le calque de votre écran noir (sans le sélectionner), pressez Maj+Ctrl/Cmd+I pour intervertir la sélection et supprimez. Passez le calque à 50 % d’opacité.de couleurs #666666, #E5E5E5 puis de nouveau #666666 à 0°.

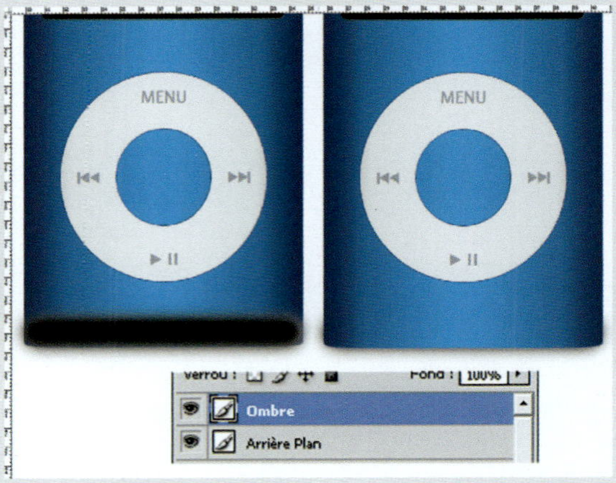

14 OMBRE

Désormais, il ne nous reste plus qu’à mettre une ombre sous l’iPod pour donner plus de réalisme. Pour cela, prenez l’outil Pinceau avec un diamètre de 60 pixels (selon votre image) avec une dureté de 0. Sur un nouveau calque, tracez un trait le long du bas de l’iPod, comme sur l’illustration. Placez ce calque en dessous de tous les autres (sauf bien sûr au-dessus de l’arrière-plan blanc).

OSEZ LE ROMANTISME

Le romantisme, complété de diverses techniques modernes et de Photoshop, donne un résultat étonnant !

Êtes-vous déjà tombé amoureux d'une photo ? Je ne parle pas du personnage ou du sujet qui est sur la photo, mais de l'émotion que le photographe a pu tirer de sa prise de vue. De là, toutes vos pensées se tournent vers elle. Vous ne mangez plus, vous ne dormez plus, bref il faut par tous les moyens vous exprimer à travers elle ! Lorsque mon client me donne assez d'espace créatif et que je peux disposer de belles photos, je suis comme un enfant à Noël déballant ses cadeaux. Débute alors une fabuleuse histoire qui je l'espère va vous plaire ! Et mieux que cela... vous en serez un des principaux acteurs, à savoir l'artiste !

SUR LE CD : Sur le CD, vous trouverez l'image (flying_girl.jpg) d'Alexander Yakovlev, un photographe connu pour ses photos de danseurs et dont le travail est visible sur http://www.ayakovlev.com. Le reste des images proviennent du site http://www.sxc.hu.

NOTRE EXPERT
Ismaël Pommaz

Ismaël est freelance depuis 2005 mais son travail en tant que graphiste a commencé en 1999 comme Webdesigner dans une agence suisse. S'inspirant de divers styles graphiques tels que la peinture traditionnelle, l'aérographie des années 70 et les comics, Ismaël crée un univers graphique décalé du style très "typographique" de son pays... « Certains de mes amis graphistes passent 80 % de leur temps sur la typo et moi j'essaye de l'utiliser le moins possible ! » www.ismael.ch

01 L'IDÉE

Cette superbe photo m'a fait penser à une peinture de Guérin : L'Aurore enlevant Céphale. La danseuse paraît attirée par une source en haut à droite de l'image, comme si c'était un ange aspirée par les cieux. Aussitôt je me mets à gribouiller quelques idées sur papier en définissant la lumière et les divers éléments qu'il faudra ajouter par la suite. Ensuite je colorie les éléments du croquis afin de me donner un aperçu plus profond.

02 DÉTOURAGE

Pour le détourage, je pourrais essayer diverses techniques mais la Plume m'a l'air la plus adaptée aux courbes franches de cette photo. Je ne pense pas garder les cheveux car j'ai envie de lui mettre une chevelure plus volumineuse, donc inutile de les détourer. Vous trouverez la photo de la danseuse déjà détourée avec sa couche alpha sur le CD. Je mets en général un fond vert derrière pour contrôler que j'ai bien fait mon travail.

03 PINCEAUX EN FORME DE NUAGE

Nous allons créer quatre formes de pinceaux à partir d'une photo de ciel nuageux. J'ai passé la photo de ciel en niveau de gris. Ensuite, j'ai découpé quelques bouts de nuages qui sont bien contrastés et je les ai séparés dans un nouveau document. Ouvrez les quatre fichiers “nuage.psd” depuis le CD. Sélectionnez toute l'image et faites Édition> Définir une forme prédéfinie... Répétez cela pour les trois autres fichiers nuages.psd. Prenez le Pinceau (B) et allez dans la fenêtre Formes. Vous devriez voir en fin de liste vos quatre formes prédéfinies. Sélectionnez la première et réglez-la : Dynamique de forme> Variation de la taille : 20 %, Diamètre minimal : 25 %, Variation de l'angle : 20 %, Diffusion> Diffusion : 50 % et recréez ainsi chaque forme afin de garder vos réglages.

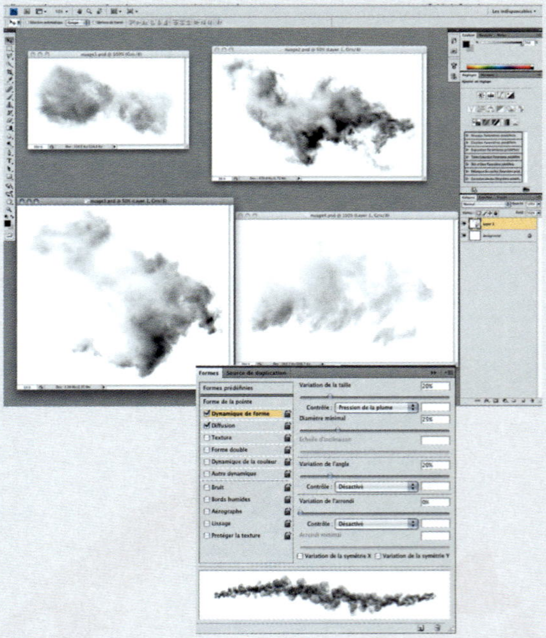

« Un bon détourage qui respecte la lumière et les transparences est une des conditions de base. »

04 ESPACE DE TRAVAIL

Créons un nouveau document au format A4 avec une résolution de 300 dpi en RVB avec l'arrière-plan en blanc. Certaines fois, il m'arrive de scanner mon croquis de base et de le glisser dans le document de façon à avoir des repères fixes si j'ai beaucoup d'éléments à introduire.

Tablette graphique

Je ne me sépare pas de ma petite tablette graphique A6 acheté pour moins de 100 euros. Elle me permet de détourer plus facilement des cheveux, dessiner des tracés rapidement et de réaliser des textures plus réalistes.

05 CRÉATION DU CIEL

Dans le nouveau document, je vais commencer à peindre mes nuages avec les formes prédéfinies que j'ai configurées en faisant varier leur opacité et leur taille. Pas besoin encore de couleurs, partez du noir et allez au blanc en superposant les couches (vous pouvez utiliser plusieurs calques si vous le désirez). Lorsque vous êtes satisfait de vos nuages, créez un calque de réglage Teinte/Saturation, réglez la Teinte sur 270 et la Saturation sur 30 et veillez à avoir coché l'option Redéfinir. Au-dessus du calque de réglage, ajoutez-en un autre avec des petits nuages dans une teinte plus flashy afin de donner un peu plus de profondeur et mettez-le en mode de fusion Éclaircir.

06 SOURCE DE LUMIÈRE

Sur un nouveau calque, créez un rond de couleur bleu ciel au centre de votre espace de travail et appliquez-lui un Flou gaussien (Filtre> Atténuation> Flou gaussien) avec un rayon de 160 pixels et un Flou directionnel de 999 pixels avec un angle de 60°. Positionnez-le en haut à droite de votre document en mode de fusion Incrustation. Dupliquez ce calque et positionnez la copie au centre de votre composition avec une opacité de 30 %.

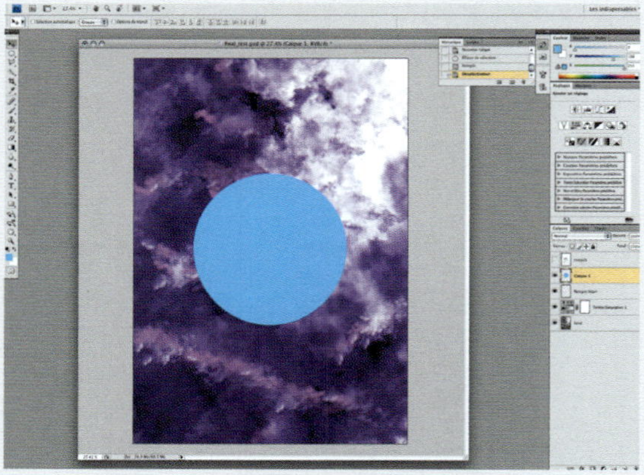

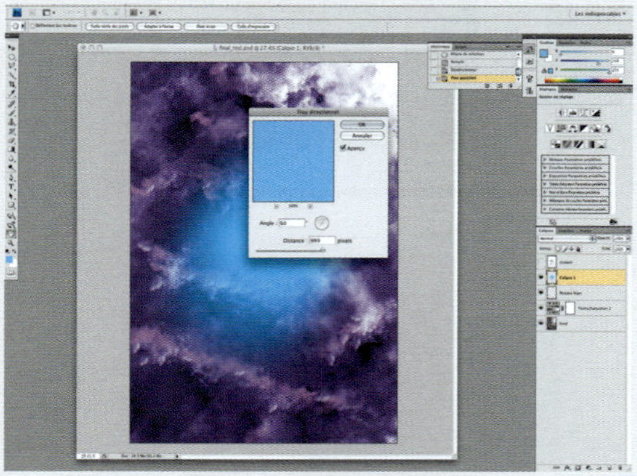

07 RAYONS DE SOLEIL

Dessinez avec la Plume des rayons traversant l'image de haut en bas suivant une légère diagonale. N'hésitez pas à les faire plus grands que votre espace de travail. Récupérez le tracé et remplissez un nouveau calque avec du blanc. Appliquez-lui un Flou gaussien de 40 pixels et mettez-le en mode Incrustation à 50 % d'opacité. Répétez la même chose avec cette fois des rayons de couleur noire à des positions différentes sur un autre calque d'une opacité de 30 %. Le bas de votre image devrait être plus foncé que le haut, alors créez un nouveau calque et appliquez-lui un Dégradé (G) du noir au transparent partant du bas au centre de l'image. Réglez le mode de fusion sur Produit à 70 % d'opacité.

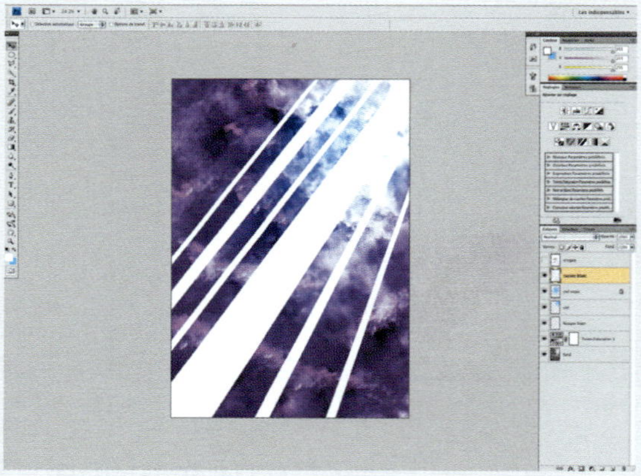

08 DESSINE-MOI UN ANGE !

Ouvrez la photo de la danseuse qui se trouve sur le CD “Flying_girl_détourée.psd” et glissez-la dans votre composition. Aidez-vous du croquis de base pour redimensionner à la bonne taille et positionner votre sujet comme vous l’aviez défini au début de votre travail.

09 LES CHEVEUX

Ouvrez le fichier sur le CD “Cheveux.jpg”. Faites Sélection> Plage de couleurs et, avec la Pipette, sélectionnez le fond vert à trois endroits en appuyant sur Maj, avec une tolérance de 120. Ensuite, à partir de la sélection, créez un masque de fusion et retouchez les zones qui doivent être opaques. Enlevez ce qui n’est pas des cheveux et appliquez le masque de fusion (Calque> Masque de fusion> Appliquer). Glissez les cheveux sur la composition et redimensionnez-les à votre guise (Édition> Transformation manuelle). Prenez l’outil Doigt et réglez-le comme suit : prenez une forme douce avec un diamètre de 100 pixels et réglez l’Intensité à 50 %. À l’aide de cet outil, étirez les mèches de cheveux vers l’extérieur. Récupérez la sélection du masque de fusion de la danseuse (Ctrl /Cmd+clic) et créez un masque de fusion sur vos cheveux. Attention à bien faire passer le bras gauche de la danseuse derrière les cheveux ! Avec un pinceau fin, retouchez le masque de fusion des cheveux pour avoir l’impression que ce sont bien les siens. Si vous le désirez, vous pouvez ajouter un calque de réglage pour changer la couleur des cheveux. N’oubliez pas de l’associer au calque des cheveux (Calque> Associer les calques) pour qu’il n’affecte que celui-ci.

10 LES AILES

J'ai trouvé un oiseau sur le site http://www.sxc.hu. Pour détourer cette image, faites Sélection> Plage de couleurs et, avec la Pipette, sélectionnez le fond bleu avec une tolérance de 110. Ensuite, contractez de 1 pixel votre sélection (Sélection> Modifier> Contracter). Double-cliquez sur votre calque pour qu'il ne soit plus l'Arrière-plan et ajoutez un masque de fusion avec votre sélection. Recadrez votre image et retouchez votre calque de fusion. Ensuite, glissez/déposez votre aile dans votre document principal. Ajustez les ailes aux dos de la danseuse en veillant à bien faire correspondre la jointure dos/ailes.

11 TEINTE ET MOUVEMENT

Associez un calque de réglage (Ctrl/Cmd +G) Teinte/Saturation aux deux ailes et un calque supplémentaire de Niveaux pour la deuxième aile qui, elle, se trouve derrière la plus grande, afin de lui donner un aspect plus foncé. Ensuite, dupliquez le calque de la première aile ainsi que son calque de réglage. Fusionnez ces deux calques (Calque> Fusionner les calques ou Ctrl/Cmd+E) et appliquez un Flou directionnel de 90 pixels avec un Angle de 27°.

12 UN COUP DE PINCEAU

C'est le moment de sortir vos pinceaux, de la peinture et beaucoup de feuilles blanches ! Prenez deux feuilles et barbouillez-en une à l'aide d'une peinture à l'eau de couleur claire de préférence. Ensuite, tamponnez-la avec une deuxième afin d'obtenir des "splash" de couleurs comme sur mon exemple. N'hésitez pas à en faire plusieurs, elles composeront votre banque de textures pour ce travail et les suivants. Une fois vos œuvres sèches, scannez-les en haute définition. Pour ceux qui n'auraient pas envie de se salir les doigts, je vous ai mis quelques scans sur le CD.

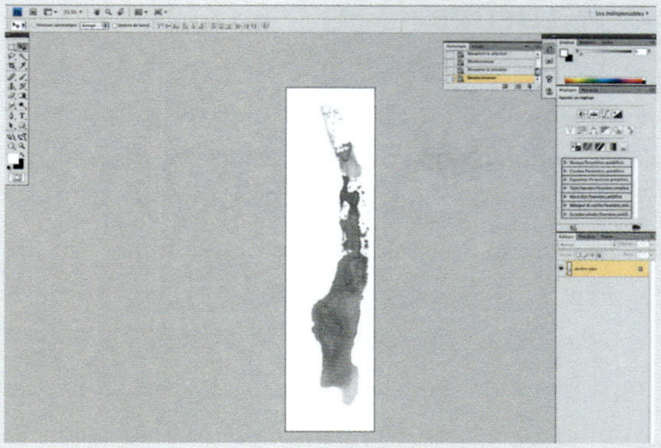

13 BARBOUILLEZ VOTRE IMAGE

Ouvrez votre premier “splash” et passez-le en Niveaux de gris (Image> Mode> Niveaux de gris). Au besoin, contrastez votre image en augmentant les Niveaux (Ctrl/Cmd+L) pour que le fond soit blanc. Ensuite, allez dans les couches, récupérez la sélection (Ctrl/Cmd+clic) et inversez-la (Sélection> Intervertir ou Maj+Ctrl/Cmd+I). Copiez votre sélection et collez-la dans votre composition. Verrouillez les pixels transparents de votre calque depuis le panneau des calques et remplissez-la d’une couleur rose : #CD3E61 (Édition> Remplir ou Maj+F5). Réglez ensuite le mode de fusion de votre calque sur Densité couleur - et positionnez ce calque sur votre personnage au niveau des jambes. Répétez plusieurs fois cette opération pour donner à votre composition l’impression que ces “splash” parcourent tout son corps. Vous pouvez appliquer un masque sur vos calques pour cacher certaines parties ou créer un léger fondu avec un pinceau flou. Un calque avec de minuscules “splash” de couleur jaune en mode Superposition donnera à votre composition une couleur supplémentaire.

14 EFFETS DE LUMIÈRE

Créez un nouveau calque et sélectionnez le Pinceau (B) d’un diamètre de 100 pixels flou. Ensuite, allez dans le panneau des formes et réglez-le de la manière suivante : Dynamique de forme> Variation de la taille : 30 %, Diffusion> diffusion : 90 % Autre dynamique> Variation de l’opacité : 35 % et le mode Bruit coché. Avec ce pinceau, dessinez des traits partant du cœur du personnage vers l’extérieur et mettez ce calque en mode Incrustation.

15 LES OMBRES

Nous avons de la chance avec notre modèle car ses ombres sont presque justes. Le seul problème est la cohérence entre ses ailes et ses bras. Les jambes sont aussi trop éclairées. Créez un nouveau calque juste sous celui du modèle et, avec un pinceau flou dans une couleur foncée récupérée de votre fond nuageux, dessinez une ombre sous la paume de la main, dans le dos et sur les jambes. Ensuite, mettez votre calque en mode Produit avec une opacité de 60 %. Associez ce calque à votre personnage (Calque> Associer les calques).

Divers fonds de couleur

Ajoutez un dégradé de couleurs que propose par défaut Photoshop au-dessus de vos calques d'arrière-plan et testez quelques modes de fusion. Vous pourriez être très surpris du résultat !

16 LUEURS

Sélectionnez le calque de votre personnage et appliquez-lui un effet de Lueur externe en mode Incrustation à 60 %. Créez un calque avec cet effet (Calque> Style de calque> Créer un calque) et peignez en noir certaines parties comme le menton, le dessous de la paume et des jambes afin de renforcer le contour de votre photo. Zoomez à 100 % sur votre image et corrigez quelques erreurs d'ombres avec un pinceau de couleur noire sur un second calque en mode Produit.

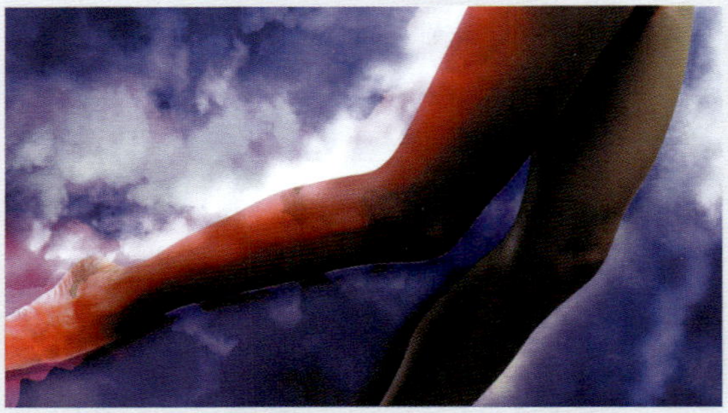

17 OUTIL PLUME

Avec l'outil Plume (P), dessinez un tracé qui commence par le haut à droite de votre image et qui descend sur votre personnage en le parcourant. Sélectionnez un pinceau flou avec une taille de 17 pixels et définissez votre couleur de premier plan dans un jaune clair. Ensuite, créez un nouveau calque et avec l'outil de Sélection de tracé (A) faites un clic droit sur le tracé et sélectionnez Contour du tracé. Dans cette fenêtre d'options, sélectionnez Forme et cochez l'option Simuler la pression puis validez. Ajoutez un masque de fusion à votre calque et cachez les parties du tracé qui passent derrière votre personnage pour que ce soit cohérent. Passez ce calque en mode Superposition et dupliquez-le. Sur la copie, ajoutez un flou directionnel de 45° et déplacez-le légèrement. Répétez plusieurs fois cette opération en faisant varier les tracés, couleurs et positions.

18 RONDS FLOUS

Avec l'outil Pinceau, ajoutez quelques ronds flous en faisant varier la taille, l'opacité et les couleurs blanc et rose.

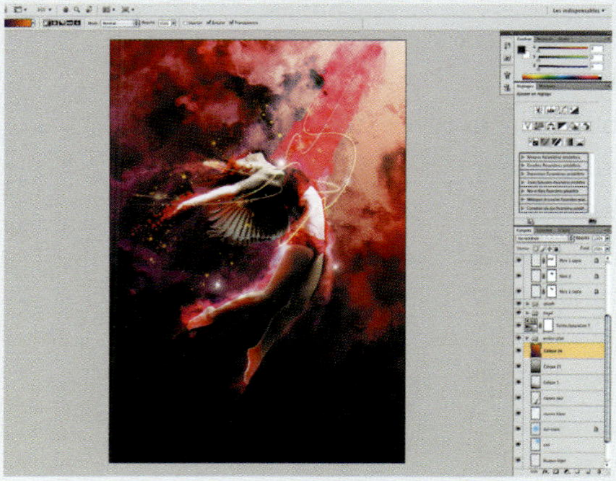

19 QUELQUES FIGNOLAGES

Je trouve que mon personnage ne ressort pas assez avec le fond. Pour remédier à cela, je vais ajouter un dégradé du noir au transparent sur mes premiers calques de fond. Je peux aussi m'amuser à essayer quelques variantes de couleurs de fond en appliquant un dégradé de couleurs et en faisant varier les modes de fusion. On peut avoir souvent de bonnes surprises en testant divers modes.

LES SIGNES DU TEMPS

Voici comment vieillir cette image pas à pas.

Avant de créer une illustration, il peut être judicieux de se demander : « Qu'est-ce que je veux raconter ? » Dans le cas de cette image, je m'étais fixé comme but d'illustrer un sujet vaste : "Les signes du temps qui passe". Dans le cas présent, j'ai trouvé intéressant d'aborder le vieillissement humain de façon paradoxale ; aucun humain n'est représenté ! Il aurait été trop facile de représenter un homme vieillissant. L'idée a de l'impact car elle exclut la représentation de l'homme, tout en mettant le doigt sur sa condition de mortel : ici, toute la population semble disparue, morte...

NOTRE EXPERT
Factusse
Antoine Defarges

À 22 ans, Factusse a travaillé dans l'imprimerie, le Webdesign et en agence de communication. Expert en matière de mise en page, de montage et retouche photo, et surtout d'illustration, il a intégré la rédaction d'Advanced Creation en 2009. Il est également scénariste, dessinateur et coloriste de BD à ses heures perdues. www.factusse.com. grobbmineur@hotmail.com.

01 CHOIX DE LA PHOTO

Inspiré par le matte painting, je veux représenter un plan d'ensemble. Mais n'ayant jamais fait de matte, je décide de m'orienter vers un photomontage afin de ne pas faire avorter mon idée. Je choisis cette photo pour plusieurs raisons : pas de vie apparente, des plans assez distincts, un peu de verdure au premier plan dont je peux m'inspirer. Vous la trouverez sur iStock. 1709 x 1123 pixels, suffisant pour une grande illustration, vous pouvez prendre plus petit si vous ne voulez pas 40 cm de large, comme moi.

02 DÉFINIR UNE AMBIANCE

J'ai déjà une idée de l'ambiance souhaitée : une photo personnelle de ciel coloré. Pour coller à l'orientation lumineuse de mon ciel, je fais Image> Rotation de l'image> Symétrie horizontale.
Je détoure le ciel de la photo de base avec l'outil Plume. Je prends l'outil Sélection de tracé puis je fais clic droit> Définir une sélection. Choisissez 0,4 et lissé comme nouvelle sélection.

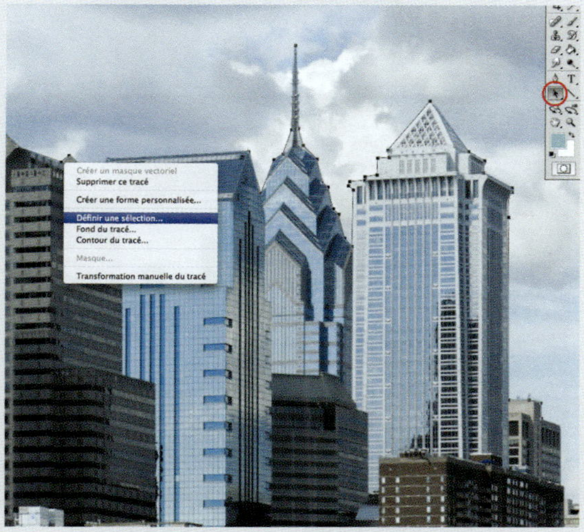

Définir la qualité de l'image

Pensez à vous adapter à votre commande. Ici, je crée un fichier de 40 cm de large à 1200 dpi. L'image finale, même aplatie, pèsera 1 Go... Il ne s'agit pas de folie pure et dure, mon image est destinée à l'impression grand format. Avec cette qualité, je peux facilement aller jusqu'à 3 m pour la partie la moins large de l'image... J'ai 4 Go de Ram, donc pas de problème. Pensez toujours à vos capacités matérielles, ne surchargez pas votre mémoire inutilement, bossez avec la résolution qui convient à l'utilisation finale.

03 REMPLACEMENT DU CIEL

Mémorisez cette sélection : Sélection> Mémoriser la sélection et nommez-la Ciel.
Je supprime le ciel du fond et place un calque sous celui-ci, où je colle et ajuste mon image de ciel.

04 ZONAGE

Étape primordiale : je sépare les zones de mon image. Je sélectionne, comme pour le ciel avec la Plume, le premier plan de mon image, c'est-à-dire les immeubles les plus proches. Je mémorise la sélection (voir étape 3) sous le nom “Premier plan”. Je fais de même pour le deuxième plan et l'arrière plan, avec un nom bien distinct à chaque fois. Je recommande de couper-coller chaque zone sur un calque différent afin de faciliter le travail par la suite.

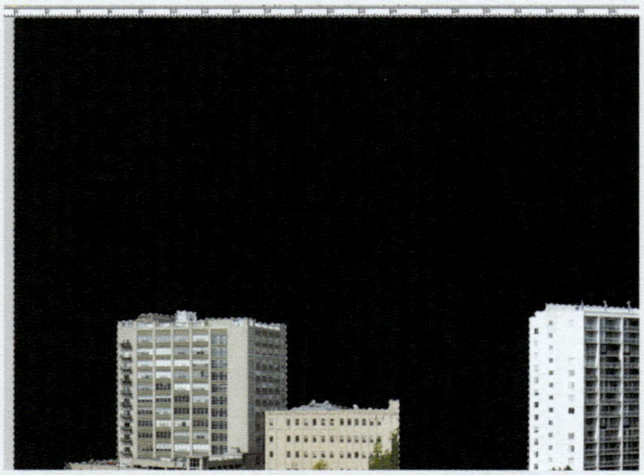

05 DÉSATURER L'IMAGE

Je désature mes trois plans en faisant Image> Réglages> Teinte/Saturation. Astuce : commencez à penser aux effets de profondeur ; les bâtiments les plus éloignés doivent être moins saturés et plus clairs que ceux du premier plan. Je veux un effet d'illustration, de dessin manuel, cette désaturation va me permettre d'y parvenir en passant à l'étape suivante...

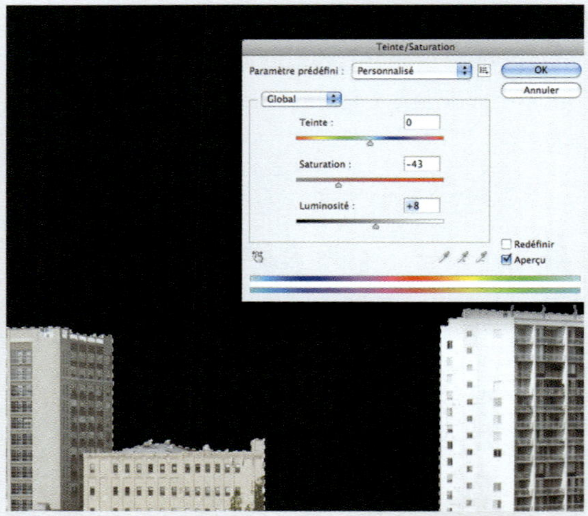

06 PEINDRE LA LUMIÈRE

Je place un calque en mode Incrustation sur le dessus de ma pile. J'échantillonne quelques couleurs dominantes de mon ciel coloré avec la Pipette. Enfin je peins ces couleurs avec un Pinceau doux, sur toute mon image, pour sculpter une ambiance générale, assez vague. Une fois satisfait je verrouille mon calque. Je n'y toucherai pratiquement plus. L'essentiel de l'ambiance est là, pensez à toujours laisser ce calque au-dessus de la pile.

« Je peins ces couleurs avec un Pinceau doux, sur toute mon image, pour sculpter une ambiance générale. »

07 CRÉATION DE PINCEAUX

Je vais créer différentes formes de pinceaux pour la végétation. Voici comment je procède pour la première. Je trouve une photo de lierre dans ma banque d'images personnelle. Je détoure quelques feuilles à la Plume, je fais clic droit> Définir une sélection. Je coupe (Cmd/Ctrl+X).

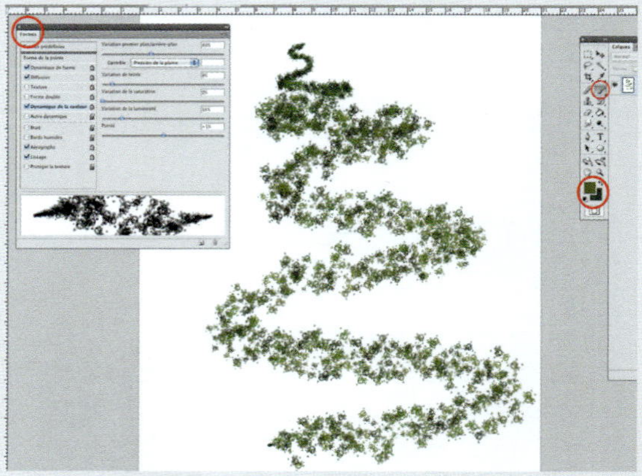

08 CRÉATION DE PINCEAUX (SUITE)

Je crée un nouveau document (Cmd/Ctrl+N) et colle (Cmd/Ctrl+V). Je sélectionne Presse-papier dans format. Je désature l'image comme à l'étape 5, la redimensionne : 5 x 5 cm à 300 dpi (Image> Taille de l'image...). Je fais Édition> Définir une forme prédéfinie et nomme ma forme “lierre”. Il suffit de procéder de la même façon pour créer mousse, arbustes, rouille, saleté, etc. Expérimentez à partir de vos photos personnelles.

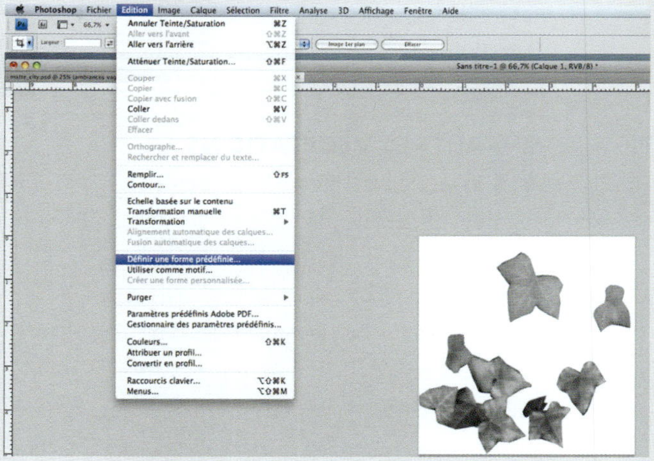

09 RÉGLER LES PINCEAUX

Pour que les formes soient pratiques à utiliser avec la tablette graphique, il faut les régler. Voici des indications mais là encore, expérimentez. Faites Fenêtres> Formes. Voici mes paramètres pour le lierre : Variation taille 100 %, Diamètre mini 20, Variation angle 88 %, Diffusion 300 % et Variation num. 72 %. Mes variations sont toujours accompagnées d'un contrôle par pression du stylet. Var. lum. 16 %, 1er/2e plan 40 % (cela permet de peindre plusieurs couleurs avec seulement deux de sélectionnées).

10 PEINDRE LE LIERRE

Pour peindre le lierre, il suffit d'utiliser ce pinceau. Je procède plan par plan, avec des couleurs plus claires au fur et à mesure que je recule. Le lierre sera plus rare au fond ; à cette distance un tel degré de détail serait douteux. Les sélections mémorisées peuvent être utiles pour "poser" la végétation sur les toits et les arêtes... Faites Sélection> Récupérer la sélection autant de fois que vous le désirez. Vous pouvez les soustraire et les ajouter, les intervertir (Ctrl/Cmd +Maj+I)...

11 AUTRES VÉGÉTATIONS

En utilisant d'autres formes créées auparavant, j'ajoute des calques "feuilles" puis "buissons" – toujours un calque de chaque par plan – correctement placés dans les groupes correspondants. Le placement des buissons se fait de façon à bien délimiter certaines arêtes de bâtiments, parfois trop peu contrastées par rapport au ciel. Faites travailler votre sens de la composition et de l'équilibre. Utilisez les sélections mémorisées.

12 INTÉGRATION DE LA VÉGÉTATION

Le résultat n'est pas forcément bien intégré à la luminosité ambiante. Pour y remédier, ajoutez un calque au-dessus de chaque calque de végétation en Incrustation à 30 % d'opacité. Avec un pinceau doux, peignez des ombres avec un bleu très sombre, et des lumières en blanc. L'effet est très subtil, vous le verrez plus facilement à l'écran que sur cette capture. Prenez du recul, observez le comportement de la lumière dans votre ciel et vos ambiances peintes.

13 ET LA SALETÉ FUT...

Il est temps d'aborder un autre visage du temps qui passe : la détérioration. Je procède exactement comme pour le lierre, en réglant mes formes "rouille", "saleté" et "mousse" selon l'aspect voulu (faites des essais). Un calque par plan (en mode Produit à 65 %). La mousse sert à accentuer certains coins de bâtiments et zones sombres ou humides. La rouille, pour salir les métaux. La saleté est à utiliser avec parcimonie. Pensez aux couleurs et à la luminosité pour suggérer la profondeur.

14 HAUT LES MASQUES

Je mets des masques de fusion sur de nombreux calques : les effets de saleté, les végétaux, partout où je veux nuancer sans détruire. Sélectionnez un calque, puis cliquez sur l'icône du masque de fusion. Avec un pinceau doux dont vous faites varier l'opacité avec la pression du stylet, peignez en noir sur le masque, ainsi vous pouvez effacer plus ou moins les zones voulues.

Organisation

Pensez à organiser clairement votre panneau des calques. C'est vital, dès le départ. Mon fichier final comporte soixante-cinq calques et une vingtaine de masques, pourtant je peux me repérer sans problème grâce aux groupes de calques (exemple : végétation 1er plan, saleté 2e plan, etc.). Soyez logique dans l'ordre d'empilement. Vous pouvez fusionner certains éléments. Je préfère toutefois garder absolument tous mes calques afin de modifier à volonté, parfois des mois plus tard... Vous verrez la capture de mon panneau des calques à la fin du tutoriel.

15 DESTRUCTION DE LA TOUR

Pour détruire la grande tour à droite de l'image, je pars d'une image d'immeuble détruit que je détoure très grossièrement, puis je coupe la sélection et colle sur un nouveau calque au-dessus de celui où se trouve le bâtiment à casser. Je fais correspondre la taille en faisant Ctrl/Cmd+T. Le calque est passé en mode lumière linéaire à 58 %. À l'aide d'un masque de fusion (voir étape précédente), je "sculpte" l'ajout en effaçant certaines parties. Je repeins un peu de lierre par-dessus.

17 EFFET DE PROFONDEUR

Floutez légèrement les éléments de l'arrière-plan (Flou gaussien très léger), et accentuez le premier plan. Pour ce faire, je duplique le calque et passe la copie en Incrustation. Ensuite je fais Filtre> Divers> Passe haut à 2 ou 2,5 puis je fusionne ces calques. La netteté est accentuée. Vous pouvez aussi jouer sur les couleurs et saturer légèrement le premier plan (Teinte/Saturation), éclaircir l'arrière-plan. Le deuxième plan sert de transition, n'y touchez pas.

16 UN PEU DE RECUL

Si vous prenez le temps d'expérimenter, vous devriez travailler sur l'image depuis un moment maintenant. Faites une pause, puis avec le maximum de recul, peaufinez le travail, par touches : clair/obscur sur la végétation, nuances plus fines de la salissure, grâce aux masques... Reprenez tout ce qui a été fait et corrigez-vous. Le mieux à faire ensuite est de reprendre un autre jour, tout en réfléchissant à la façon dont vous allez aborder la lumière, une fois de retour...

18 LUMIÈRES DIFFUSES

Les lumières diffuses sont reflétées par les murs et baignent l'ensemble dans une ambiance lumineuse, il faut placer le groupe en haut de la pile, un calque par lumière. Avec un pinceau doux et blanc d'environ la moitié de la scène, je clique une fois sur l'image. Je fais ensuite Ctrl/Cmd+T, je redimensionne et place la lumière créée. Les calques doivent être en Lumière vive, Incrustation ou Normal, de 30 à 70 % d'opacité (ajustez à l'œil).

19 LUMIÈRES FORTES

Je place deux ou trois lumières intenses. Ces lumières sont une façon de rendre l'ensemble moins homogène, de créer des disparités dans les réflexions lumineuses. Elles sont faites de la même façon, mais déformées librement (elles ne restent pas "rondes") et placées en Incrustation à 78 % d'opacité.

« L'image devient très lumineuse et gagne en profondeur. Ajoutez un masque si vous voulez nuancer. »

20 FLOU LUMINEUX

J'accentue encore l'effet de "flou atmosphérique" sur l'arrière-plan. Pour ce faire, je duplique le calque d'arrière-plan où se trouvent mes immeubles "propres" (Calque> Dupliquer le calque...) et j'y applique un Flou gaussien très fort (25 environ). Je passe ce calque en mode Lumière tamisée à 70 % d'opacité. Je procède de la même manière avec le deuxième plan, mais avec une opacité réduite. L'image devient très lumineuse et gagne en profondeur. Ajoutez un masque si vous voulez nuancer.

21 LE SOLEIL TAPE À SON TOUR

Assoiffé de lumière et de la grâce qu'elle suscite, je décide d'ajouter un énorme point de lumière en haut à gauche de l'image (au maximum du pinceau)... Mode Incrustation autour de 24 %. Sur la capture vous ne le verrez qu'à peine mais il a son importance : celle de donner une direction aux lueurs du soleil, liant les ombres de la photo originale avec la luminosité peinte.

« Je décide d'ajouter un énorme point de lumière en haut à gauche de l'image. »

22 CALQUES DE RÉGLAGE : CIEL

Votre ciel ne dégage certainement pas la même luminosité que le mien au niveau de l'horizon lointain... J'ai triché au moment de l'incorporer dans mon image, mais aucune importance, vous pouvez le faire aussi bien en fin de travail. Ajoutez un calque de réglage (voir icône sur la capture) Teinte/Saturation réglé comme ceci : Teinte + 77, Saturation + 12 et Luminosité + 52, le résultat est beaucoup trop clair, passez à l'étape suivante...

23 MASQUER LE CALQUE DE RÉGLAGE

Pour calmer le jeu, nous allons ajouter un masque de fusion au calque de réglage, sur lequel nous allons créer un dégradé linéaire allant du noir au blanc, le blanc devant se trouver vers le fond de l'image. Ainsi, le calque de réglage n'affectera que la partie éloignée du ciel, l'effet est plutôt saisissant. La capture d'écran présente l'image avant et après le calque de réglage.

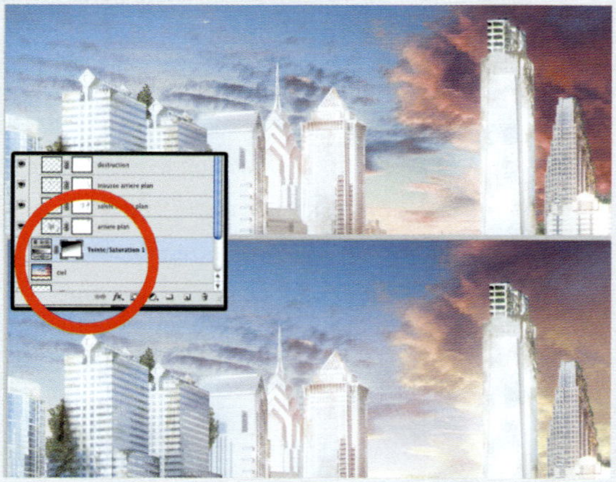

24 UN PEU D'ESBROUFE

Avec toute cette lumière, je n'arrive pas à croire qu'il n'y ait aucune aberration optique, j'en crée donc quelques-unes. J'ajoute un groupe nommé "esbroufe". Une fois n'est pas coutume, les calques seront en mode Normal à 100 % d'opacité. Je trace des lignes blanches avec l'outil Trait, une par calque. Sur chaque calque, j'applique ensuite un Flou directionnel ou gaussien, réglé à l'œil grâce à l'aperçu.

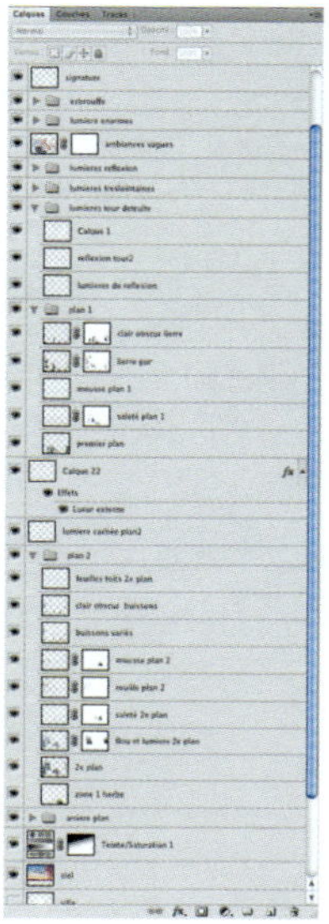

Les calques

Voici en gros l'organisation de mon panneau des calques. Je n'ai pas ouvert tous les groupes, sinon il serait impossible d'afficher le panneau entier (il y a par exemple une vingtaine de calques rien que pour les lumières diffuses). Les calques sont nommés à la va-vite mais c'est suffisant pour que je puisse me repérer correctement… Travaillez dans votre propre conception du confort !

25 RÉGLAGES FINAUX

J'applique un calque de réglage Teinte/Saturation en haut de la pile réglé comme suit : Saturation - 10. Et un calque de réglage Filtre photo juste au-dessus réglé ainsi : Filtre réchauffant (85), Densité 36 % avec Conserver la luminosité coché. Je suis persuadé que votre image n'est pas tout à fait comme la mienne. Vous pourrez donc régler différemment selon l'ambiance souhaitée, c'est très subtil et très subjectif, à ce stade. Mon image est terminée. J'enregistre, j'aplatis et je réenregistre tout de suite sous un autre nom afin de conserver une version "tous-calques" modifiable plus tard.
Merci pour votre lecture, allez donc voir mes autres créations sur www.factusse.com !

egetal
009-La Grande Ombre

DISPERSION DE TEXTURE

La beauté d'un portrait passe parfois par la destruction qu'on peut lui apporter à l'aide de quelques textures et de Photoshop...

Le but de ce tutoriel est de vous apprendre le placage de textures et vous allez vous rendre compte que beaucoup d'éléments inhabituels peuvent servir à habiller une image. Nous utiliserons pour ce tutoriel un nu assez simple sur fond blanc pour en faire une sorte de tableau végétal. Le modèle provient de mmb-stock de chez DeviantART (art/Nude-Stock-2-110235677" http://mmb-stock.deviantart.com/art/Nude-Stock-2-110235677) et le filtre Dispersion a été utilisé avec une texture provenant également de DeviantART, appartenant à dholms (http://dholms.deviantart.com/). Les différentes textures viennent de StockXCHNG (http://www.sxc.hu/index.phtml), un site de photos qui ne nécessite qu'une inscription gratuite pour avoir accès à des milliers de photos (les références des photos vous sont transmises ci-dessous). Vous allez également vous familiariser avec le filtre Dispersion et voir que, comme pour les textures, les possibilités sont elles aussi infinies. Une dernière chose avant de commencer : n'hésitez pas à utiliser vos propres photos, votre travail n'en sera que plus personnel !

SUR LE CD : Allez sur le site XCHNG et téléchargez les fichiers suivants : 957763, 188220, 692279 et 1097167

NOTRE EXPERT
Eric Massaro
Eric Massaro habite en Bretagne et travaille pour une centrale d'achats de la grande distribution. Passionné de Photoshop, il a voulu partager cette technique avec vous. Autoentrepreneur depuis peu, il travaille actuellement sur ela pochette CD d'un groupe américain connu...

01 NOUVEAU DOCUMENT

J'ai pour habitude de travailler sur des formats carrés, simplement parce que je les trouve plus agréables à l'œil. Commencez par créer un document de 3000 x 3000 pixels avec une résolution de 300 dpi. Peu importe sa couleur puisque ce document ne vous servira que de support photo (pour mon cas, je choisis souvent le blanc pour vérifier le détourage de certains de mes personnages).

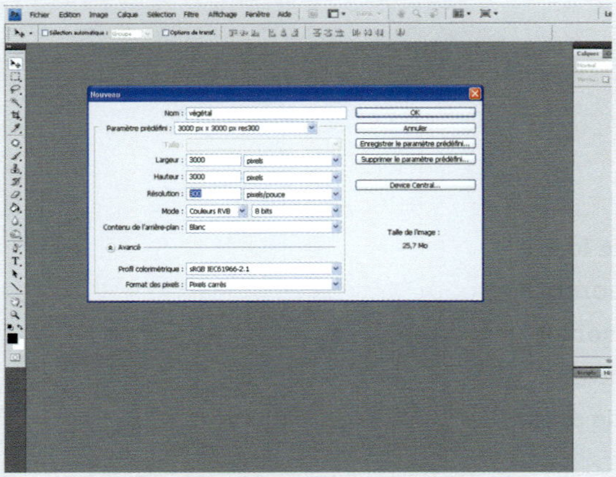

02 PLACER LA PHOTO

Ouvrez le fichier de la jeune femme, dupliquez-le et placez-le sur le fichier blanc que vous venez de créer. Le fichier est plus petit que le document mais peu importe, vous allez le recadrer. Étirez l'image jusqu'à n'avoir qu'une partie du visage et le buste. Prenez l'outil Recadrage et ne gardez que le cadre qui vous intéresse. Nommez ce calque "Original" et dupliquez-le.

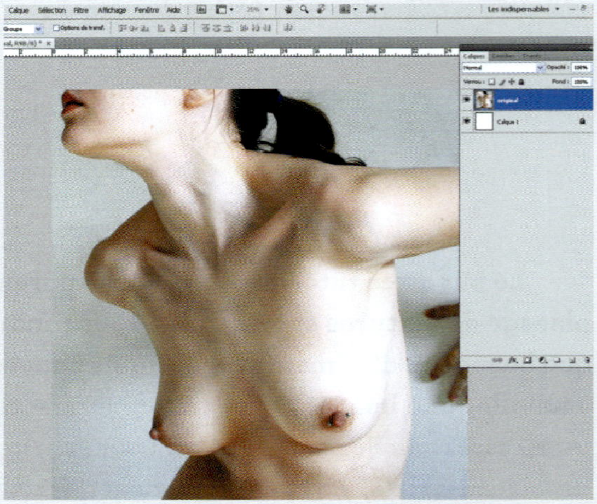

03 DÉSATURATION ET COURBES

Désaturez ce calque en allant dans le menu Image> Réglage> Désaturation. Nommez ce calque "Noir et blanc". L'image manque un peu de contraste. Allez dans le menu Calque et créez un calque de réglage des courbes en entrant les valeurs suivantes : Sortie 38 et Entrée 72.

« Le filtre Dispersion a pour particularité de pouvoir déformer une image suivant un modèle donné. »

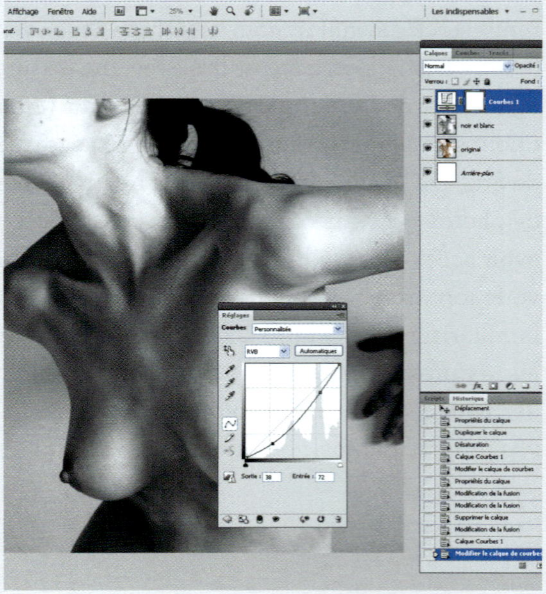

04 MÉLANGE DE COULEURS

Replacez votre curseur sur le calque Noir et blanc et mettez-le en mode Obscurcir. Vous allez obtenir un mélange de couleurs pas vraiment joli mais, pas d'inquiétude, l'aspect changera par la suite...

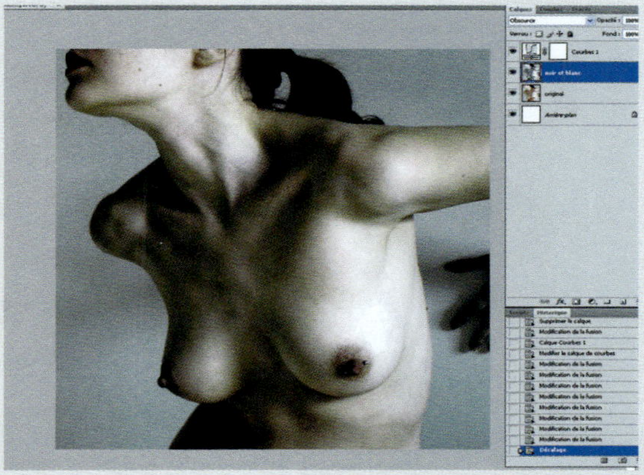

Filtre dispersion

Le filtre Dispersion a pour particularité de pouvoir déformer une image suivant un modèle donné. Pour ce montage, j'ai voulu donner un aspect végétal au buste, j'ai donc utilisé pour modèle une photo de fleur. En théorie, tout peut servir de filtre de dispersion à moins que la forme ne soit vraiment très complexe...

05 LA FLEUR

Dupliquez le calque Noir et blanc et repassez-le en mode Normal. Nommez-le "Fleur" (vous allez comprendre pourquoi tout de suite). La métamorphose va pouvoir commencer ! Je me suis servi d'une photo de fleur d'hortensia. Libre à vous de choisir les fleurs que vous souhaitez. Avant tout chose, cette photo de fleur devra être réenregistrée en format PSD. Dans le cas où vous n'auriez ni jardin ni fleurs, faites un petit tour sur Google images et tapez "fleur hortensia", vous n'aurez alors que l'embarras du choix !

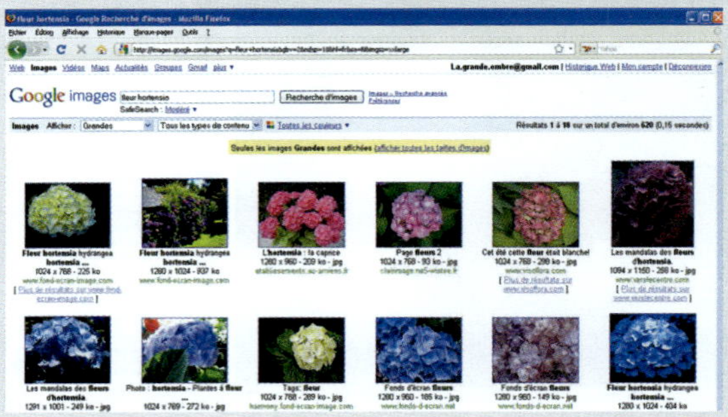

06 DISPERSION

Une fois cela fait, revenez à votre travail sur le buste. Faites Filtre> Déformation> Dispersion. Entrez 160 pour les valeurs d'échelle horizontale et verticale et ne touchez à rien d'autre. Faites OK et allez chercher votre photo de fleur en format PSD. Vous allez obtenir ce résultat.

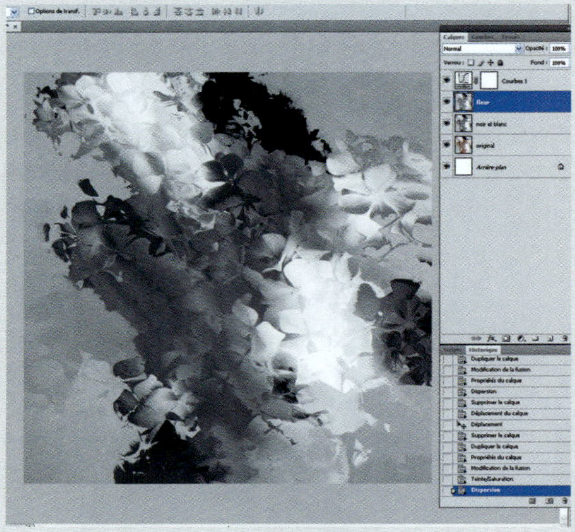

07 LUMIÈRE TAMISÉE

Réglez ce calque sur le mode Lumière tamisée sans toucher à son opacité afin d'obtenir ceci.

08 UTILISER LA TEXTURE

Dupliquez de nouveau le calque Noir et blanc, mode Normal, et placez-le en dessous du calque de réglage des courbes. Nommez le “Dispersion”. Prenez le fichier “texture”, éliminez les adresses puis recadrez l'image en essayant de garder le plus de ramifications possible. Enregistrez-le en fichier PSD. Revenez maintenant au calque Dispersion. Faites Filtre> Déformation> Dispersion. Entrez les mêmes valeurs que précédemment et validez.

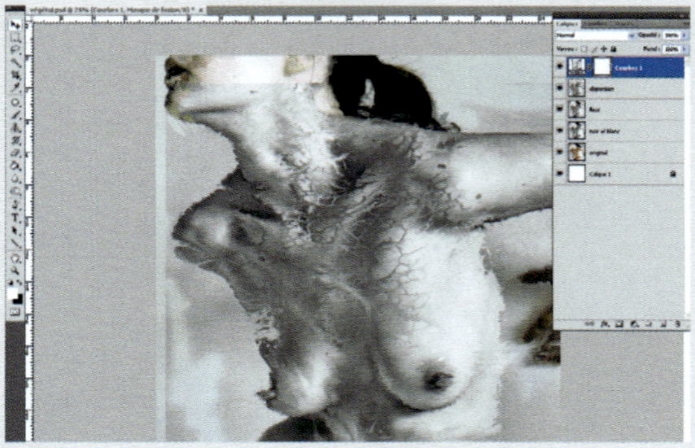

09 COULEURS PLUS CLAIRES

Déplacez ce calque de façon à ce qu'il corresponde aux contours du calque précédent. N'hésitez pas à gommer par-ci par-là afin d'éliminer les bordures du calque. Passez l'image en mode Couleurs plus claires.

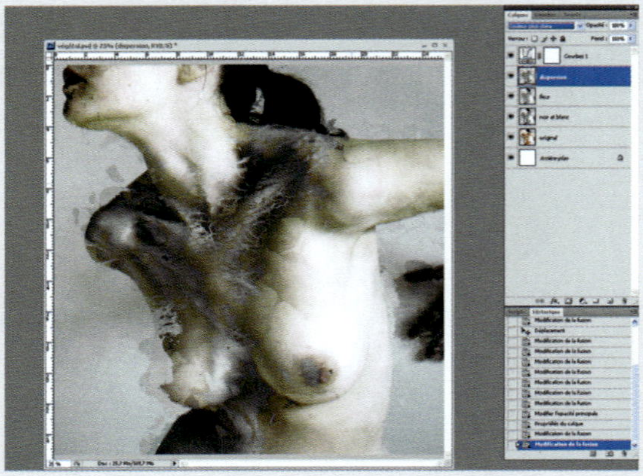

10 TEXTURE VERTE

Ouvrez le fichier “texture verte” et placez-le au-dessus des autres calques (y compris celui des courbes). Modifiez-le en optant pour le mode Incrustation.

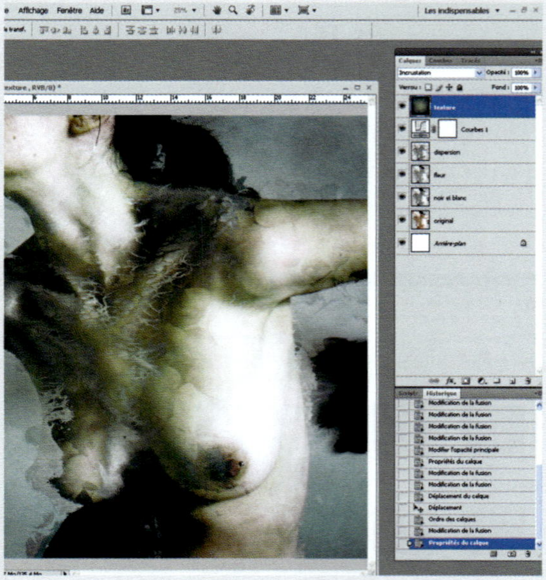

« N'hésitez pas à gommer par-ci par-là afin d'éliminer les bordures du calque. »

11 NOUVELLE TEXTURE

Ouvrez le fichier n° 957763. Bougez le calque et essayez de trouver l'endroit où les racines se placent le mieux sur le corps. Puis, à l'aide de la Gomme, effacez les parties inutiles. Revenez également sur chaque calque afin d'éclaircir la main. J'ai laissé le calque en mode Normal afin que vous puissiez voir où placer la texture.

12 LUMIÈRE TAMISÉE

Placez-le en mode Lumière tamisée sur le modèle.

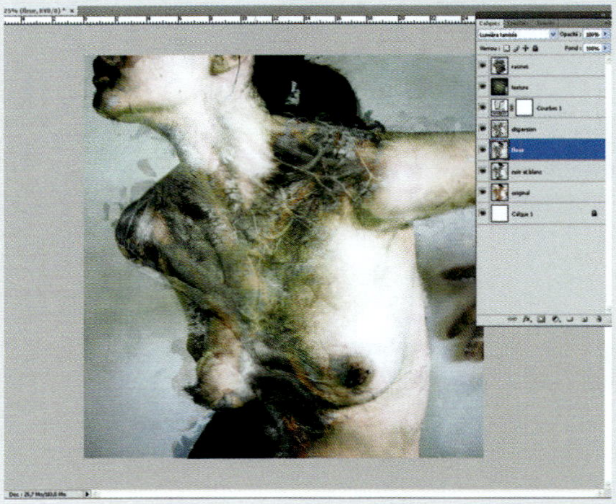

13 NOUVELLE TEXTURE

Ouvrez l'image n° 188220. Ne gardez qu'une petite partie jaune et placez-la sur le sein de droite.

14 UN PEU DE COULEUR

Passez ce calque en mode Lumière tamisée. Du coup, l'image a un côté organique et colorise un peu plus l'ensemble.

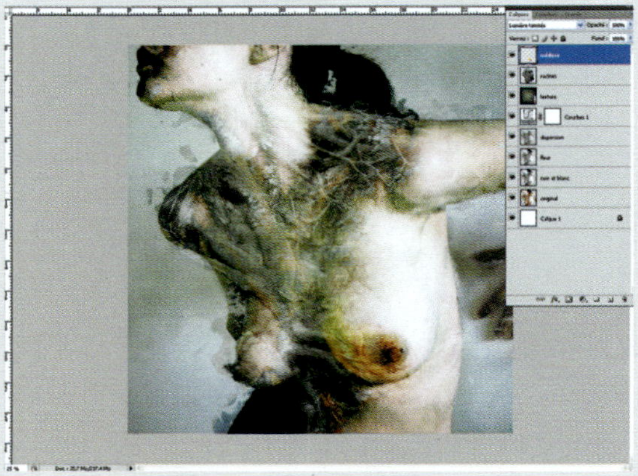

15 TEXTURE DE MUR

Ouvrez l'image n° 692279 et placez-la en mode Lumière tamisée sur la pile de calques. Cette texture de mur a pour but non seulement d'ajouter quelques détails dans l'image mais également d'adoucir les couleurs. Nous arrivons bientôt à la fin de notre création...

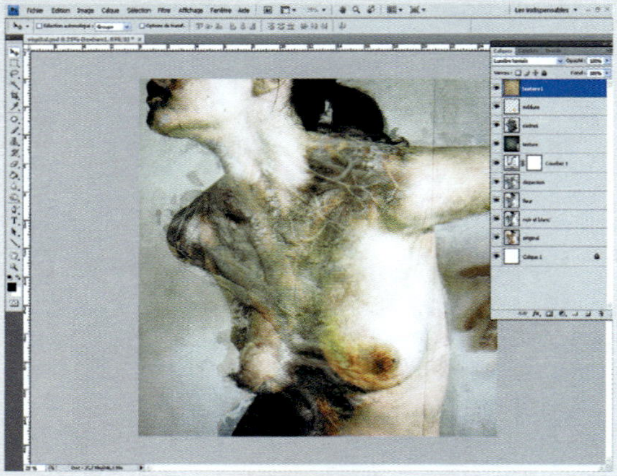

16 IRRÉEL

Ouvrez le fichier n° 1097167. Cette image va nous donner cette impression d'irréel. J'ai laissé le calque en mode Normal afin de vous montrer ce qu'il faut garder...

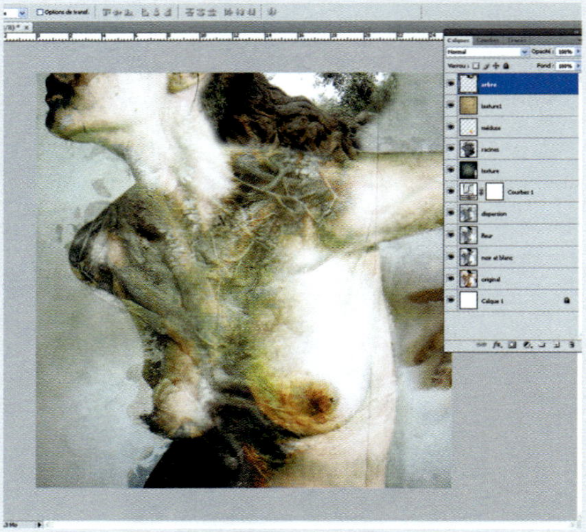

17 LES RACINES

Placez l'image en mode Éclaircir et tâchez de placer les grosses racines au niveau des cheveux. Effacez tout ce qui est inutile. Gardez cependant un peu de ciel et d'herbe.

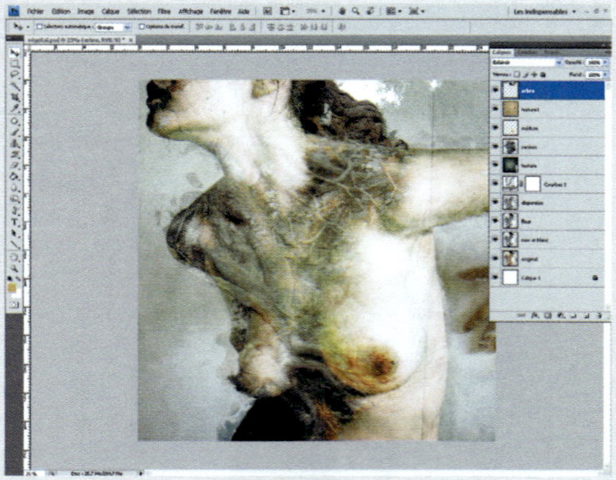

18 PLUS DE RELIEF

C'est presque terminé mais j'ai trouvé que le sujet manquait un peu de relief... Créez un calque et nommez-le "relief". Choisissez une couleur orange avec les valeurs indiquées sur la capture d'écran.

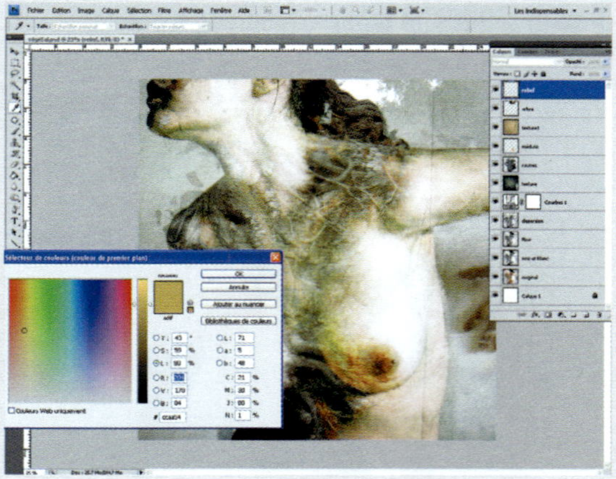

« Il est préférable pour cette dernière étape que ce soit vous qui ajoutiez vos propres détails. »

19 PEINTURE

Peignez au niveau des épaules, de la gorge et du sein.

20 PRODUIT

Mettez ce calque en mode Produit avec une opacité de 50 %. Le travail est quasiment terminé !

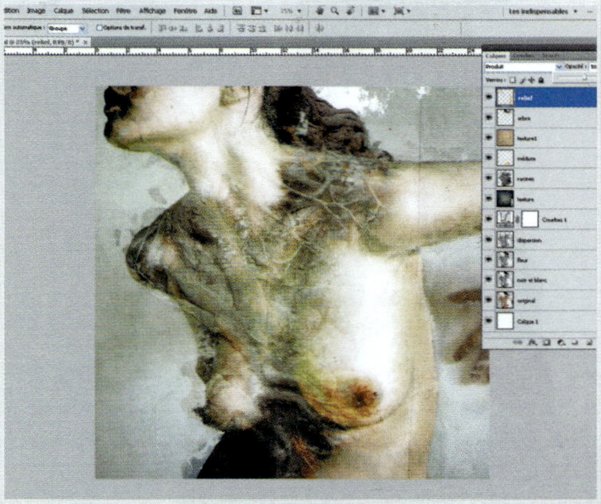

21 LES DÉTAILS

Maintenant, à vous de jouer ! Laissez libre cours à votre imagination ! Pour mon cas, j'ai ajouté une rose dans les cheveux, une silhouette de feuille morte, etc. Je pense qu'il est préférable pour cette dernière étape que ce soit vous qui ajoutiez vos propres détails. Amusez-vous bien ! J'espère que vous prendrez autant de plaisir que j'ai eu à faire ce tutoriel !

REDONNEZ VIE À VOS CROQUIS

Il existe plusieurs techniques pour passer d'un croquis à une image colorée. Voici celle de Factusse.

Sur le CD : Vous trouverez sur le CD le croquis de départ pour vous entraîner, mais pour un usage privé uniquement.

NOTRE EXPERT
Factusse (Antoine Defarges)

À 22 ans, Factusse a travaillé dans l'imprimerie, le Webdesign et en agence de communication. Expert en matière de mise en page, de montage et retouche photo, et surtout d'illustration, il a intégré la rédaction d'Advanced Creation en 2009. Il est également scénariste, dessinateur et coloriste de BD à ses heures perdues.
www.factusse.com.
grobbmineur@hotmail.com

Je vais vous présenter une technique que j'apprécie particulièrement, pour plusieurs raisons. Il s'agit d'utiliser un croquis, aussi imparfait soit-il, pour créer une illustration. Cette façon de faire n'aboutit pas à une image parfaite mais permet d'effectuer des recherches sur la couleur, l'ambiance, le tout très rapidement et pour un résultat assez sympathique. Que vous vouliez présenter plusieurs versions d'un même projet avec une prévisualisation évocatrice sans pour autant passer des heures sur vos dessins, que vous désiriez simplement réutiliser un brouillon égaré, par simple curiosité, ou que vous disposiez déjà d'un dessin très poussé à coloriser, vous pouvez vous appuyer sur cette méthode. Je me suis largement inspiré de mon travail de colorisation de BD, en y apportant quelques nuances, dans le but d'obtenir une illustration "peinte" et pas seulement en aplats et dégradés. Au travail !

01 DÉJÀ DES CORRECTIONS ?

Si votre croquis est splendide, passez cette étape. Pour ma part, je suis forcé de reconnaître que mes croquis sont très souvent perfectibles, je dois donc remédier aux points les plus gênants.
J'applique une symétrie horizontale (Édition> Transformation> Symétrie horizontale) ; les erreurs me sautent aux yeux. Pas le temps de m'apitoyer ; je sélectionne le haut du corps et le redresse, je copie le pied droit et colle son "miroir" à la place du gauche ; idem pour l'épaule droite.

02 CONTRÔLE

Une fois satisfait de l'allure de mon personnage, je compare mes deux croquis pour vérifier les retouches. Puis je règle les Niveaux de l'image, toujours très grossièrement, afin d'accentuer le noir, le blanc, et d'atténuer au maximum le gris ; j'essaye d'obtenir un dessin "au trait". Je passe le calque "traits" en mode Produit.

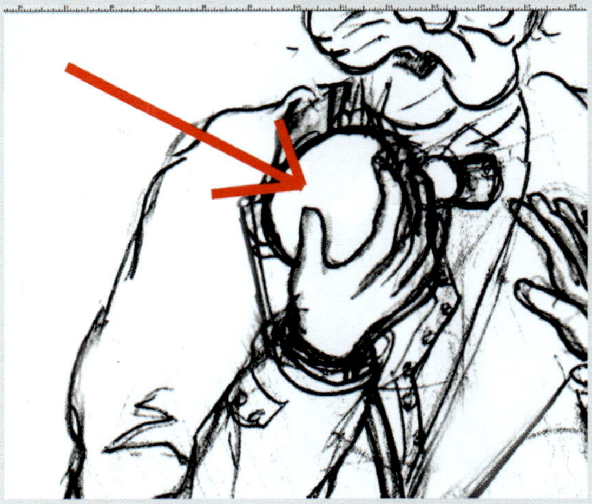

03 PRÉPARER LE FICHIER

Avec la Gomme, j'efface les gros défauts (zones trop noires, salissures majeures...).
Je place un calque "fond" sous le dessin, le remplis d'une couleur neutre (gris). J'enregistre le fichier en .psd à 300 dpi en CMJN, sous un autre nom.

Le choix des couleurs

C'est une étape souvent sous-estimée et complexe. Voici les précautions à prendre. Vérifiez le pourcentage de noir de chaque couleur échantillonnée (fenêtre Informations), au-delà de 20 % votre couleur risque la détérioration à l'impression. Pour le noir, gardez toujours le même (pas d'échantillonnage variable : tout doit rester homogène à l'impression). Choisissez le minimum de couleurs, juste l'essentiel. Enfin, basez-vous sur vos travaux passés, analysez vos erreurs, vos choix. En matière d'impression, l'expérience fait souvent la différence, mais l'erreur reste courante… Ouvrez l'œil !

04 PALETTE DE COULEURS

Pour les illustrations simples comme celle-ci, j'aime bloquer les couleurs dès le départ, en pensant bien à tous les paramètres (voir encadré "Le choix des couleurs"). J'agrandis la taille de la zone de travail (Image> Taille de la zone de travail) puis j'étale les couleurs de base sur le côté droit de l'image, comme une palette "naturelle". Ceci me permet de ne plus chercher mes couleurs par la suite, je les sélectionnerai simplement avec l'outil Pipette. (raccourci clavier I).

05 LES APLATS

J'ajoute un calque "aplat" entre les calques "fond" et "traits", que j'ai verrouillés. En BD, j'aurais créé un calque pour chaque élément (vêtements, peau, etc.), mais l'illustration étant relativement simple, je me contente d'étaler les tons de base avec un pinceau dur sur un seul calque. Restez logique : d'abord la peau, puis les vêtements, enfin les objets et détails. Je ne m'occupe que des débordements intérieurs, d'une zone à l'autre, tout ce qui dépasse du personnage ne me dérange pas.

06 PREMIÈRES VARIATIONS

J'ajoute un calque "ombres et lumières" au-dessus du calque "aplats". En utilisant uniquement les tons bloqués dans ma palette, je peins des lumières sur le costume sombre pour suggérer les plis du tissu. Sur la chemise et le visage, le relief est créé avec les couleurs foncées. J'utilise la forme "craie foncée" de Photoshop avec une variation de l'opacité contrôlée par la pression du stylet. Pensez aux sources lumineuses : ici la lumière ambiante plus la boule lumineuse que le personnage tient.

07 SUBTILITÉS

Sans trop entrer dans le détail, je décide d'apporter des nuances à peine visibles aux tons sombres de mon image. C'est en regardant une veste que j'ai eu l'idée d'inclure des reflets bleus et violets très discrets, et je décide de le faire tout de suite pour ne pas oublier. Ces reflets représentent les effets optiques observables quand on regarde un tissu noir légèrement brillant dans la lumière naturelle.

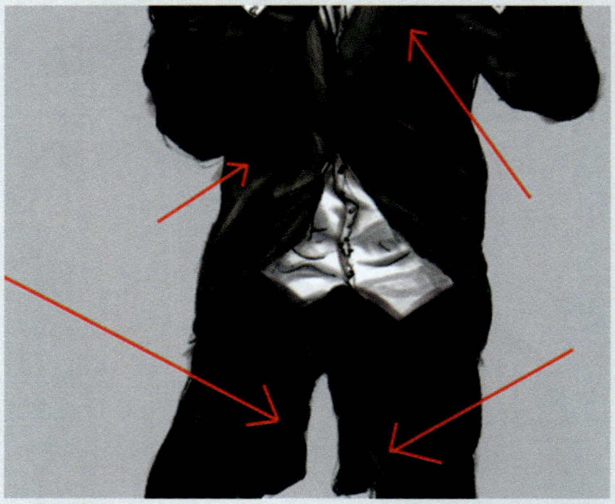

08 DÉTOURAGE

J'utilise à présent l'outil Plume pour détourer la silhouette de mon personnage. Si vous ne savez pas l'utiliser, je vous recommande vivement de faire quelques recherches sur le sujet. Cet outil est très précis et en une heure de temps vous le maîtriserez bien. Le tracé chevauche légèrement le trait noir du contour. Je le sélectionne avec l'outil Sélection de tracé (flèche noire sous la Plume) puis je fais clic droit et Définir une sélection.

« Pour les illustrations simples comme celle-ci, j'aime bloquer les couleurs dès le départ ! »

09 MÉMORISER LA SÉLECTION

Je fais Sélection> Mémoriser la sélection. Je sélectionne Couche : Nouveau et donne le nom “contour personnage” à cette sélection. Cette étape me permettra de sélectionner de nouveau le contour du personnage chaque fois que j'en aurai besoin. Pour cela, je ferai Sélection> Récupérer la sélection... et choisirai “contour personnage” comme nouvelle sélection.

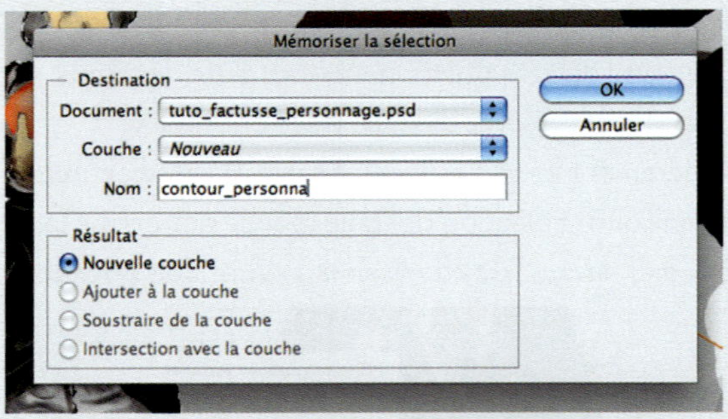

10 NETTOYAGE DES CONTOURS

J'intervertis la sélection (Ctrl/Cmd+Maj+I) puis, sur chaque calque, je supprime tout ce qui dépasse. Pour le calque “trait”, cette étape va couper une partie du dessin, ce qui est sans importance, sauf si votre tracé a trop “mordu” dans la silhouette. Dans ce cas, il faudra recommencer à l'étape 8... Je ne touche pas au calque “fond” qui contient ma palette ainsi que le fond gris.

11 INDIQUER LA SOURCE LUMINEUSE

Dès le départ, j'ai anticipé un problème de base : le costume étant très sombre, il fallait une source lumineuse forte et colorée pour ajouter un peu de vie à l'illustration. Je décide maintenant de peindre cette lumière. Je crée un groupe “boule” dans lequel je placerai tous mes calques de lumière se référant à la boule lumineuse. Sur un nouveau calque “lueur boule”, je peins un point avec un pinceau doux d'environ la moitié de ma scène, puis je le transforme (Ctrl/Cmd+T) et le place sur la boule

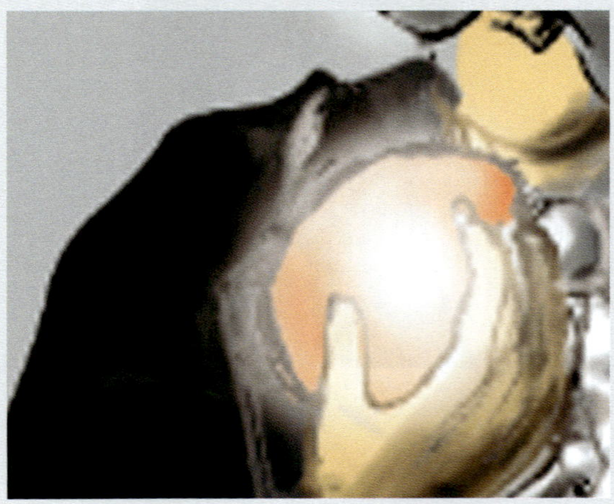

12 AJOUTER DE LA DÉFINITION

Je crée un calque “détails” au-dessus du calque “ombres et lumières”. Avec la source lumineuse clairement indiquée, il m’est plus facile d’accentuer les valeurs. Tout ce qui est autour de la boule est nettement éclairci ; en revanche, le bas du corps est assombri. Je repasse certains tons clairs avec des tons foncés. J’essaye de préciser les formes et matières. Les chaussures par exemple sont retravaillées pour donner un effet “cuir”. En un mot, j’affine le travail

13 RÉFLEXIONS SUR LE COSTUME

J’accentue encore les effets d’éclairage en créant des lumières de réflexion sur le costume. Dans le groupe “boule”, je crée un calque “réflexions costume”. Avec le Lasso, je délimite plusieurs zones où ces réflexions seront visibles en maintenant la touche Maj enfoncée. Je fais Améliorer le contour et je sélectionne un contour progressif de 70 pixels. Je remplis cette sélection multiple avec un dégradé du rouge au jaune. Je passe enfin le calque en mode Lumière tamisée à 60 % d’opacité.

14 RAYONS LUMINEUX

Je vais encore accentuer la luminosité de la mystérieuse boule. Dans le groupe “boule”, je dessine avec l’outil Trait des rayons jaunes, rouges et orange. Ceci va créer plusieurs calques de forme ; sur chacun d’eux, j’applique un Flou gaussien (Filtre> Atténuation> Flou gaussien...) ou directionnel (Filtre> Atténuation> Flou directionnel...). Je fusionne tous ces calques en un seul (Ctrl/Cmd+E) et le nomme “rayons”.

15 ATTÉNUER LES RAYONS

Je passe le calque “rayons” en mode Lumière crue à 80 % d’opacité. Je crée un masque de fusion sur ce calque (icône rectangulaire avec un rond blanc en bas de la palette des calques, près de l’icône “FX”). En peignant en noir avec un pinceau doux, avec l’opacité contrôlée par la pression du stylet, j’efface certaines parties des rayons et les fonds dans l’image. Peignez en blanc pour faire réapparaître les zones masquées par mégarde.

« Cette méthode est personnelle, aussi n’hésitez pas à l’adapter à vos habitudes. »

16 ENCORE PLUS DE DÉTAILS

Je retourne sur le calque “détails” et ajoute encore un peu de définition. En me fiant à la forte lumière créée par la boule, je peins quelques touches de blanc pur, de jaune à faible opacité, de noir pur, etc. pour accentuer le contraste lumineux et la force de l’éclairage.

17 RÉFLEXIONS PEINTES

Les réflexions de l’étape 13 ont leur utilité mais elles n’offrent pas de “pics lumineux” ; de plus, elles risquent d’être très discrètes à l’impression. Comme on ne sait jamais exactement quel sera le rendu final une fois imprimé, je décide d’exagérer les réflexions en peignant de forts reflets directement en rouge, jaune et orange sur le calque “détails”. Je place beaucoup de ces réflexions sur les bras et la tête. En revanche, je les place de façon plus modérée sur les jambes et les chaussures pour rester crédible dans les distances source/reflet.

S'adapter aux contraintes

Un de mes principaux problèmes avec cette image a été le suivant : mon croquis représentant un homme en haut-de-forme et costume sombre, la palette de couleurs allait être forcement très sombre, avec une forte dominante noire. Le risque est d'obtenir une image terne, sans vie. J'ai décidé de profiter de l'imprécision de mon croquis pour pallier ce problème. L'objet tenu par le personnage est mystérieux, indéfini. Je décide qu'il s'agira d'une boule lumineuse, ce qui me permettra de jouer sur les reflets rouges, les rayons lumineux, les contrastes dans l'éclairage ; j'évite la platitude.

18 ATTÉNUATION DU TRAIT

Pour ce type d'illustration basée sur un trait sale et brouillon, il est utile d'atténuer le dessin d'origine afin de le fondre dans le rendu général. Une solution serait de coloriser le trait, mais il sera plus simple et rapide de l'effacer par endroits. Procédez comme à l'étape 15, mais sur le calque “traits”. Attention, je déconseille l'effacement si vous colorisez un dessin au trait net, ou pire une page de BD. Dans ce cas, gardez le noir original ou colorisez le trait.

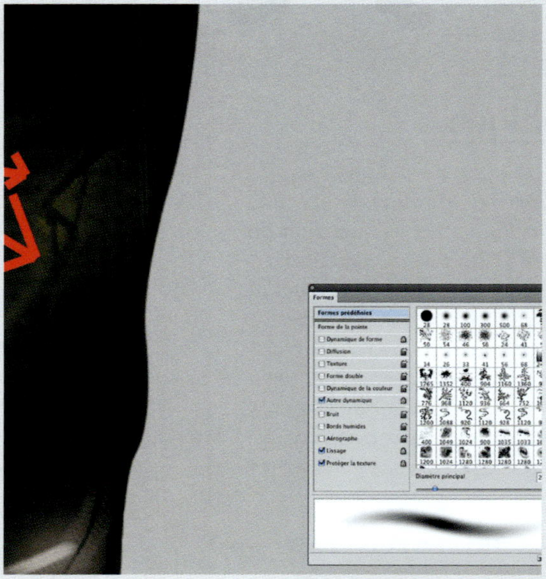

19 FLOU LUMINEUX

Regardez un objet blanc à lumière ambiante : il en émane un faible halo lumineux, un phénomène optique qui vaut très bien pour une illustration. Je crée donc un calque “réflexions du blanc” entre les calques “détails” et “traits” (le groupe “boule” étant placé sur le dessus de ma pile). Avec un pinceau doux et blanc de petite taille, je peins cette lumière aux limites des zones blanches (chaussettes, chemise, bande du chapeau...). Je laisse le calque en mode Normal, mais avec une opacité de 75 %.

20 RÉGLAGES DIVERS

Il est temps de reconsidérer l'image dans son ensemble. J'ajoute des masques de fusion là où je veux nuancer (certaines ombres et certains reflets méritent d'être un peu fondus dans l'ensemble). Je peins quelques détails et ajustements, je colore la boule et y ajoute encore une lumière par exemple. Pour résumer, c'est une étape subjective où chacun arrange ce qui lui paraît insatisfaisant.

21 ISOLER LE PERSONNAGE

J'ai fait un choix arbitraire, qui est de laisser le personnage sur un fond blanc, il faut donc que je l'isole. Par contre je souhaite conserver les rayons lumineux, qui ne vont pas se voir sur le fond blanc mais que je serais heureux de récupérer si je décide plus tard d'ajouter un arrière-plan à mon image. Je supprime donc le contenu du calque "fond" puis le remplis avec du blanc (Maj+F5). Je recadre l'image sur le personnage.

La tablette graphique

Je fais souvent référence à l'utilisation d'une tablette graphique. L'utilisation de cet appareil est quasiment indispensable pour la peinture numérique et la colorisation de BD. En gros, vous pourrez suivre ce tutoriel jusqu'à l'étape 5 en travaillant à la souris, après quoi vous allez vous arracher les cheveux. La souris est ultralimitée en ce qui concerne les masques de fusion, les effets d'éclairage, les variations d'opacité... L'achat d'une tablette Wacom Bamboo peut suffire pour un travail de colorisation. D'une valeur de 50 euros environ, voire 30 d'occasion sur Internet, le gain de temps immense vaut largement l'investissement... et vous éviterez les crises de nerfs, accessoirement.

22 PEINDRE L'OMBRE

Sur un nouveau calque, placé sous le calque "aplats", je peins l'ombre au sol du personnage, d'abord avec du bleu puis avec du noir sous les chaussures. J'utilise la forme "craie sombre" comme sur presque toute l'image. Je réduis l'opacité du calque jusqu'à être satisfait du résultat. J'enregistre ce fichier multicalque puis aplatis l'image (Calque> Aplatir l'image) et réenregistre sous un autre nom, au format .tiff afin de garder une version éditable et une version aplatie.

24 C'EST TERMINÉ !

Cette méthode est personnelle, aussi n'hésitez pas à l'adapter à vos habitudes... S'inspirer de la colorisation BD est terriblement utile pour passer d'un banal croquis à une jolie illustration en un minimum de temps (comptez une à trois heures selon votre rythme et les problèmes rencontrés). Pour finir, je suis très reconnaissant de l'opportunité de partager mes méthodes à travers ce livre, mais n'hésitez pas à me demander (ou me donner) conseil sur ma page Internet : www.myspace.com/factusse !

23 DERNIERS RÉGLAGES

Sur le fichier aplati, j'ajoute ma signature, je centre le personnage, j'effectue quelques réglages sur les Niveaux pour équilibrer les valeurs. J'utilise également, sur la plupart de mes images une fois aplaties, la fonction Correction sélective (Image> Réglages> Correction sélective) qui permet d'affiner les couleurs, de les équilibrer. N'hésitez pas à imprimer votre image en couleurs afin de faire ces réglages finaux.

DANCE INTO THE LIGHTS

Pour réaliser ce tutoriel, laissez libre cours à votre jugement personnel afin d'obtenir une créa pleine de style et qui reflètera votre originalité. N'hésitez pas à faire des essais et à expérimenter. Le but étant d'avoir une image de qualité professionnelle en s'autorisant un maximum de liberté.

NOTRE EXPERT

David Delin

David Delin, aka 28162, graphiste autodidacte et passionné par l'art numérique, est issu d'une culture urbaine et allie modernité et élégance dans ses illustrations avec une pointe de poésie.

www.28162.com

01 CHOIX DE L'IMAGE

Le choix de l'image a ici son importance puisque nous allons utiliser par la suite une multitude de dégradés de formes. Alors un personnage induisant la notion de mouvement peut être un choix judicieux. Dans tous les cas, il est essentiel que la photo vous inspire. Ici, j'ai choisi une danseuse (vous trouverez cette photo dans la banque d'image Fotolia, n° 8688969).

02 DÉTOURAGE

Créez un tracé autour du personnage à l'aide de l'outil Plume (P). Ici, je ne me soucie pas des cheveux car je vais les redessiner à l'étape suivante à l'aide de l'outil Doigt. Faites une sélection de votre tracé et copiez-le avec les touches Ctrl/Cmd+V.

03 LES CHEVEUX

À l'aide de l'outil Doigt, d'un pinceau à effet pointilliste de taille 24, d'une Opacité à 60 % et d'une Pression à 70 %, redessinez les cheveux manquants en appliquant l'effet de l'extrémité des cheveux vers l'extérieur et en veillant à suivre le sens des cheveux. Faites attention à ne pas empiéter sur des parties de peau, ce qui rendrait l'effet moins réaliste.

04 PASSE-HAUT

Dupliquez votre calque et appliquez Filtres> Divers> Passe-haut à la copie. Ici, j'utilise un rayon de 8 pixels. Passez la copie en mode incrustation et baissez l'Opacité à 70 %.

05 CALQUE DE RÉGLAGE DE COULEURS

Ajoutez un calque de réglage des couleurs et entrez les réglages suivants :Tons moyens jaune = - 26 ; Tons clairs jaune = - 20 ; Tons foncés rouge = + 20.

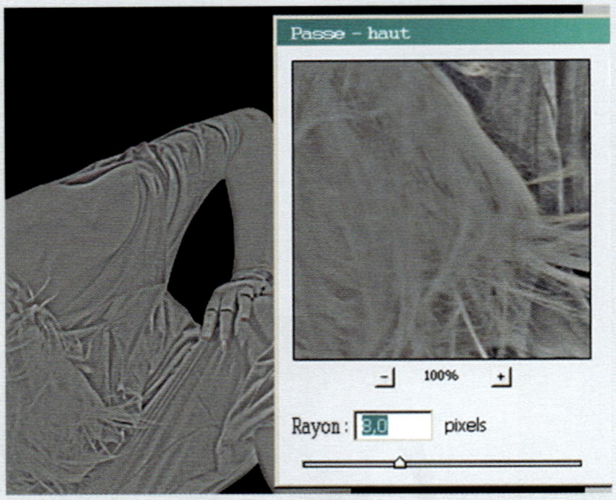

06 COURBES

Revenez sur le calque de votre personnage détouré. Dupliquez-le afin d'en avoir une sauvegarde dans le cas où l'effet ne vous plairait pas. Faites Ctrl/Cmd+M pour ouvrir la fenêtre des réglages Courbes et entrez les réglages suivants : sortie = 68 - entrée = 81. Le but ici est d'assombrir un peu la danseuse sans trop perdre de détails.

07 LUMIÈRE D'ARRIÈRE-PLAN

Votre danseuse est bientôt prête à subir votre élan créatif et artistique. Créez un nouveau calque derrière votre personnage. Ouvrez le panneau des couleurs et entrez le code couleur suivant : #D68904 (vous êtes libre bien sûr de choisir une autre couleur). Faites (G) (pour Dégradé) et appliquez un dégradé radial de taille moyenne du orange vers le transparent derrière votre personnage.

08 INCRUSTATION

Dupliquez votre calque et passez-le en mode incrustation. Déplacez-le vers un endroit différent de votre personnage. Je l'ai placé entre le bras droit et la tête de la danseuse. Répétez le procédé et déplacez votre calque vers un autre endroit. Ici, en haut à droite du personnage.

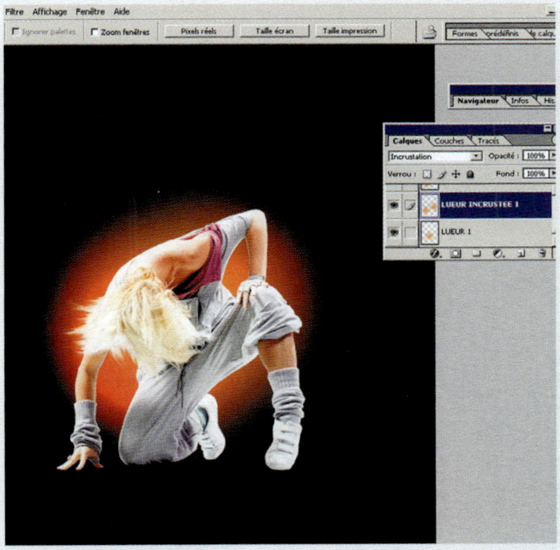

09 LUEUR

Je trouve que notre personnage manque encore un peu de lumière. Créez un nouveau calque derrière le sien. Faites Ctrl et, tout en maintenant la touche enfoncée, cliquez sur le calque de la danseuse. Le contour étant sélectionné, remplissez votre nouveau calque de blanc et appliquez-lui un Flou gaussien de 18 pixels.

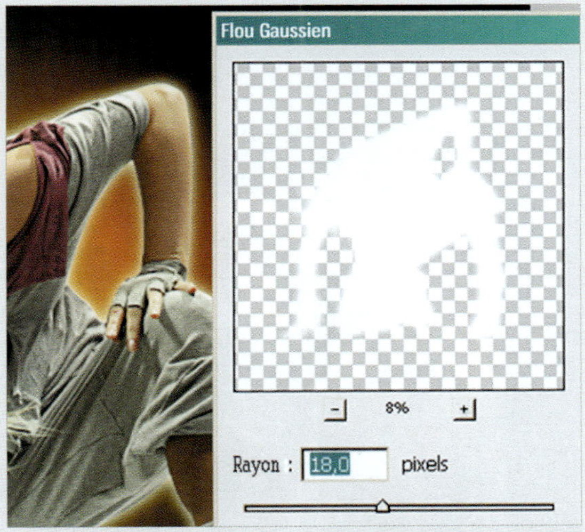

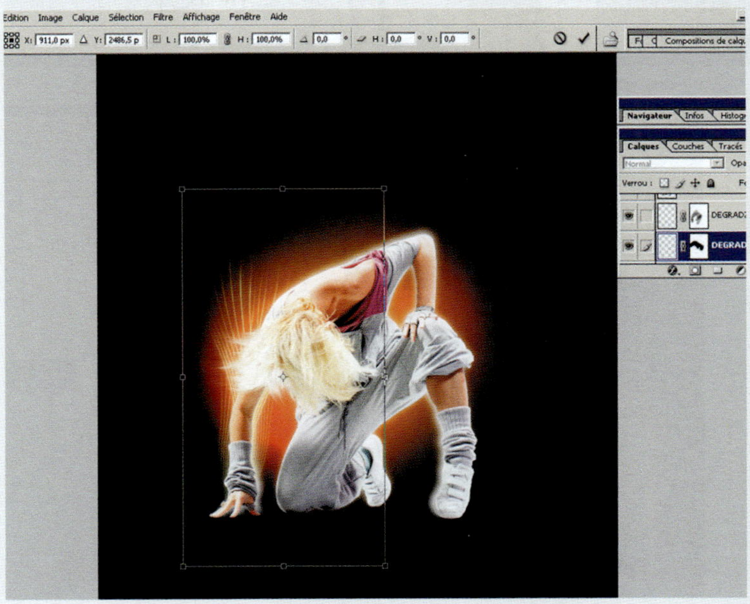

10 DÉGRADÉS DE FORMES

Deux options se présentent : faire ses dégradés sous Illustrator, les importer comme objets dynamiques dans Photoshop et leur appliquer des masques de fusion ; utiliser des pinceaux trouvés sur le Net. Dans ce cas, j'ai utilisé des pinceaux trouvés sur le site myphotoshopbrushes.com. http://myphotoshopbrushes.com/brushes/id/245

11 CREATIVE OR NOT CREATIVE, THAT IS THE QUESTION

Placez vos dégradés de formes en accord avec votre personnage. Changez leurs couleurs et passez certains d'entre eux en mode incrustation, d'autres en Densité couleur -. N'hésitez pas à jouer sur l'opacité. Vous obtiendrez des effets intéressants. C'est pour moi la partie la plus créative. Faites-vous confiance et le résultat suivra.

12 DERNIERS RÉGLAGES

Une fois que vous êtes satisfait de vos dégradés de formes, vous pouvez passer aux réglages de fin. Pour ne pas prendre de risque, nous n'allons pas aplatir tous nos calques. Faites Ctrl/Cmd+Alt/Opt+Maj+E pour qu'une version aplatie de votre composition se place en haut de la pile de calque. Dupliquez ce calque, appliquez-lui un Flou gaussien de 30 pixels et baissez son Opacité à 25 %.

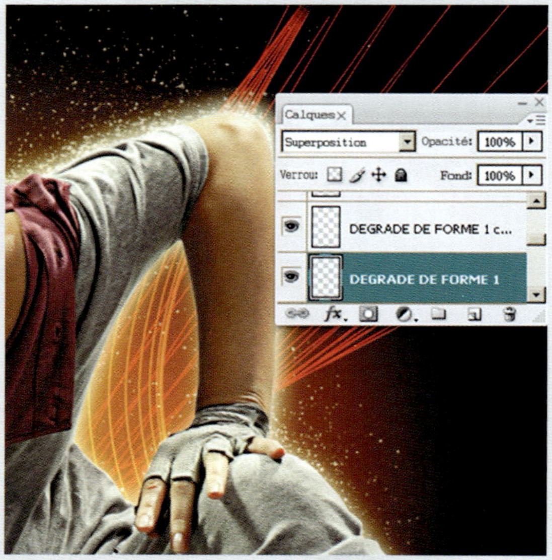

13 CALQUE DE RÉGLAGE

Créez un calque de réglage et appliquez un filtre photo. Je vous laisse choisir l'effet qui conviendra le mieux à vos yeux. Ici, j'ai pris un cyan à 15 %.

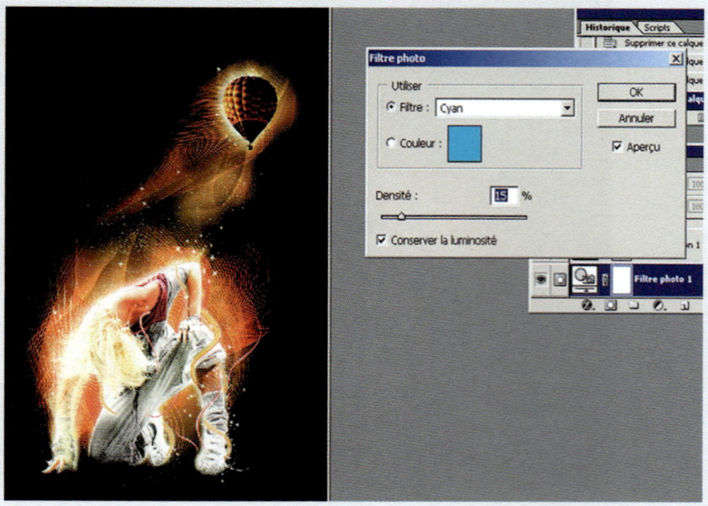

14 EXTRA

Voilà, notre créa est dans l'ensemble terminée. Mais rien ne vous empêche d'étoffer votre visuel et de rajouter d'autres éléments graphiques tels que des formes 3D, d'autres types de pinceaux (étoiles, etc.), de la typo… Pour ma part j'ai dessiné quelques courbes à la Plume et mis une montgolfière.

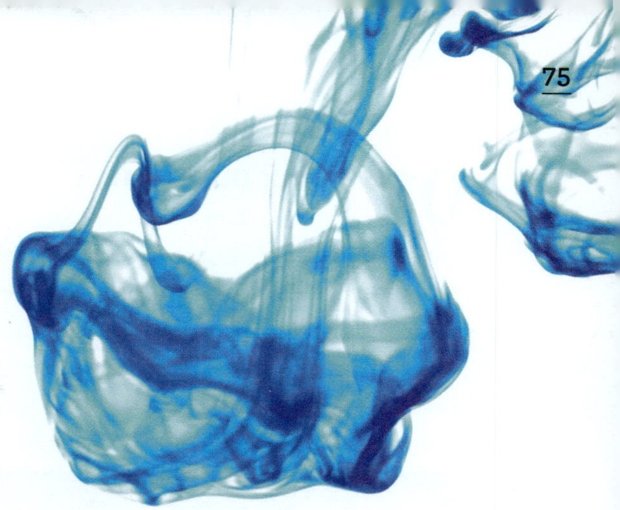

SKATER INK

*Quelques effets de fumée,
de la couleur et beaucoup d'imagination
pour réaliser des images fabuleuse...*

Les effets de particules sont très en vogue en ce moment. Ils permettent de donner facilement de la vie à des visuels et d'apporter de la matière et du détail à une illustration. Nous allons voir comment créer un photomontage dynamique avec des effets d'encre. Pour réaliser ce visuel, nous allons utiliser plusieurs ressources à base de photos et de brosses. Utiliser vos propres photos fera la différence et donnera une touche plus personnelle à votre création. Sinon, vous pouvez toujours vous tourner les banques d'images. Notez que cette illustration est disponible à la vente sur http://www.amkashop.com/fr/poster/poster-c.php?id=5054.

SUR LE CD : Retrouvez les fichiers d'exercices sur le CD.

NOTRE EXPERT
Alexandre Fumeron
Designer graphique, Alexandre partage son temps entre agence et projets personnels. Il a un profil "couteau suisse" dans la mesure où ses talents s'exercent dans différents domaines. Malgré cela, il affiche une préférence pour le design graphique, le motion design et la photographie. http://www.afterdepth.com

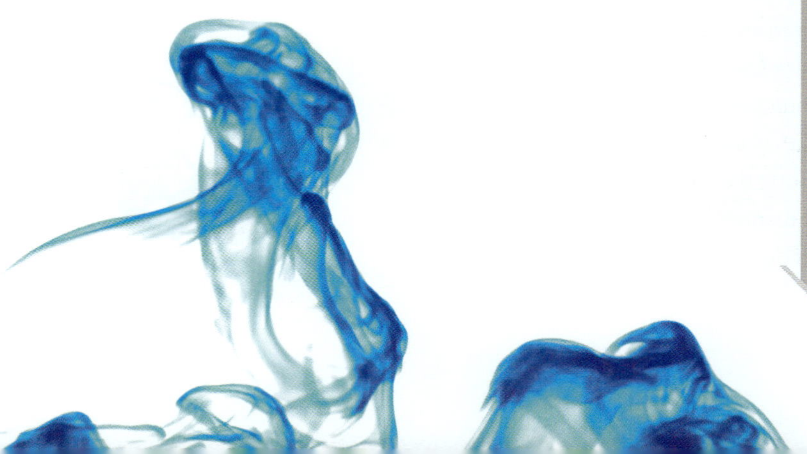

01 LE CHOIX DU THÈME

La première étape va résider dans le fait de choisir votre thème. Ici nous avons choisi d'aborder le mouvement. Pour ce faire, nous allons prendre la photo d'un skateur en action avec une posture dynamique, que nous allons amplifier avec de l'encre, ce qui permettra de donner de l'ampleur au visuel et un effet graphique très dynamique.

02 PRÉPARATION

Dans un deuxième temps, nous allons photographier de l'encre pour avoir de la matière pour travailler. Nous allons avoir besoin de matériel pour cela : un vase en verre transparent (très important pour que ce soit facile à laver) ; de l'encre de chine ; de l'eau (du robinet) ; un appareil photo de type reflex avec un flash (si possible) et un objectif (macro si vous avez). Ici j'utilise un Canon Eos 30D avec un objectif canon 100 mm F2,8 Macro plus un flash cobra ; un trépied ; un fond blanc (cadapack, draps, autres...).

03 BRUSHES FLORALES

Remplissez le vase d'eau. Placez le devant le fond blanc et faites en sorte que la lumière du fond soit uniforme. Pour cela, n'hésitez pas à avoir un éclairage pour le fond seul. Ne mettez pas le vase trop près du fond pour éviter d'avoir l'ombre de votre vase sur le fond. Pour la MAP (mise au point), placez une règle graduée dans l'eau bien au milieu du vase et réglez la MAP sur les graduations. Réglez l'appareil en mode rafale si possible, ajustez l'ouverture et la vitesse d'obturation et faites attention à l'exposition. Faites tomber une goutte d'encre à l'endroit où vous aviez placé la règle et mitraillez. Recommencez l'opération autant de fois qu'il le faut pour avoir beaucoup de choix de matières.

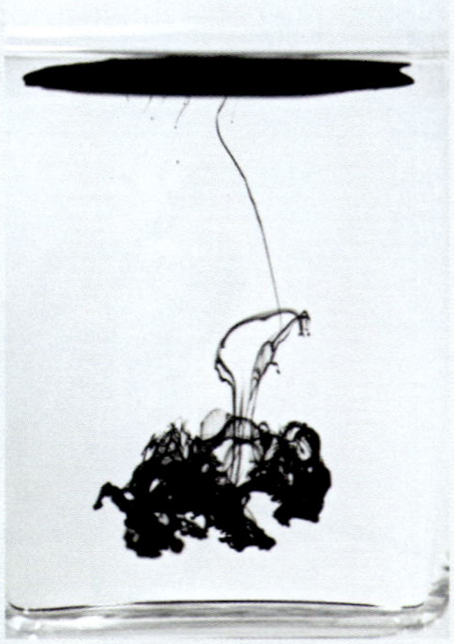

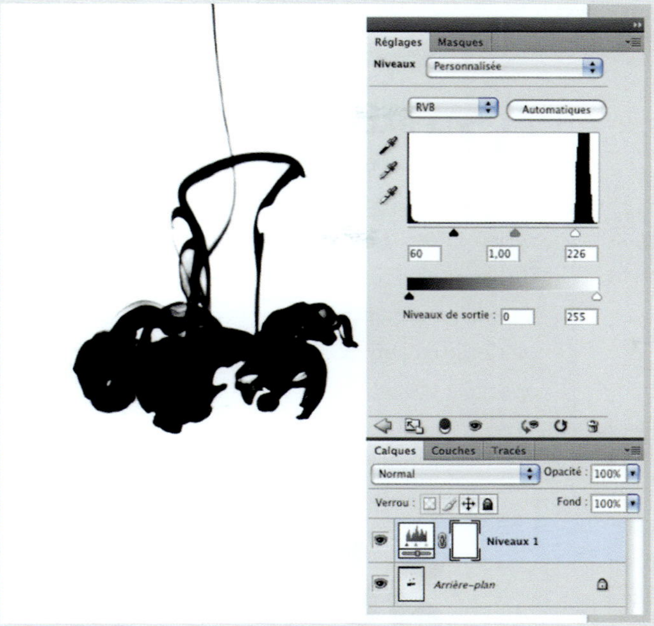

04 EFFET TEXTE

Maintenant que nous avons un bon stock de matières, il va falloir traiter les images choisies. Importez votre sélection d'images dans Photoshop et assurez-vous que vous avez un fond bien blanc. Si ce n'est pas le cas, ajoutez un calque de réglage "niveau" de manière à obtenir un blanc et un noir intenses tout en gardant du détail dans le noir (attention à ne pas trop "cramer" l'image).

05 DÉTOURAGE DU SUJET

Passons au détourage du sujet, utilisez l'outil Plume (P) et tracez les contours du skater. Une fois votre tracé effectué, récupérez la sélection de ce tracé en faisant un (Ctrl/Cmd+clic) sur le calque du tracé. Ajoutez un contour progressif de 1 pixel pour adoucir le détourage (Sélection> Modifier> Contour progressif). Terminez en cliquant sur l'icône du panneau calque (ajoutez un masque de fusion).

06 TRAITEMENT DU SUJET

Passez le skater en N&B et réglez les niveaux avec les calques de réglage. Sélectionnez les calques et créez un objet dynamique (clic droit sur les calques> Convertir en objet dynamique). Dupliquez ce calque (Ctrl/Cmd+J) et passez-le en mode lumière tamisée. Effacez sur le calque du dessous les parties qui manquent de détail à l'aide d'un masque de fusion. Dupliquez encore le skater et placez-le dessous, travaillez ce calque à l'aide des options de fusion. Placez le tout dans un groupe (nommez-le "G/skater").

Variez vos sources

De nombreux sites regroupent des textures ou des brosses d'encre. Voici quelques liens pour ceux qui n'ont pas la possibilité de faire leur propre photo : http://www.cgtextures.com
http://qbrushes.com/
http://www.brusheezy.com/
http://iamphotoshop.com/

07 LE BACKGROUND

Réalisons quelque chose d'assez épuré, juste avec un peu de matière pour donner un aspect aérien. Créez un calque de couleur bleu très clair. Utilisez une photo de ciel ou des brosses. Créez une ligne d'horizon pour figurer le sol à l'aide du ciel. Mettez le ciel en mode Produit et baissez son opacité à 15 %.

08 LA COMPOSITION

Le but ici va être de positionner le skater dans l'espace et de dynamiser son mouvement. Créez un nouveau document (Ctrl/Cmd+N) au format A4 300 dpi, fond blanc. Importez le groupe (G/skater). Importez aussi les différentes images d'encre. Positionnez la tache d'encre au sol pour donner la sensation que le skater en sort. Commencez à jouez avec vos calques d'encre en les passant en mode Produit et faites en sorte que l'encre enveloppe le skater. Appliquez un masque de fusion sur chacun de vos calques pour effacer les parties inutiles.

09 STYLISER LE PERSONNAGE

Pendant l'étape précédente, stylisez le skater en ajoutant de la matière à l'aide d'une texture en mode incrustation. Peignez ensuite à l'aide de brosses avec un noir 100 % pour donner un aspect taches d'encre et sale au skater. Pour terminer, peignez une forme blanche derrière le skater pour qu'il se détache un peu moins du fond et appliquez-lui un dégradé N&B. N'oubliez pas le reflet dans la tache d'encre.

10 LE LOGO

Maintenant que nous avons une base, passons au logo. Utilisez la même technique que pour le skater en reprenant vos images d'encre. Commencez par le contour du logo. N'hésitez pas à zoomer pour travailler dans le détail. Dupliquez et faites pivoter la même image dans tous les sens et déformez les copies. Abusez du (Ctrl/Cmd+J) et (Ctrl/Cmd+T). Travaillez ensuite la forme générale en ajoutant des masses d'encre qui serviront à lier le logo et le skater. Terminez en travaillant l'intérieur du logo de la même manière tout en effaçant certaines parties à l'aide de brosses appliquées un masque de fusion.

« N'hésitez pas à utiliser l'outil de déformation de calques (Ctrl/Cmd+T) pour changer la forme de vos images d'encre. »

11 INTÉGRATION DU LOGO

Placez le logo dans votre composition et agencez vos calques au besoin pour que l'ensemble coïncide. Appliquez pour terminer un dégradé en opacité à votre logo grâce aux options de fusion. C'est fini pour la partie composition.

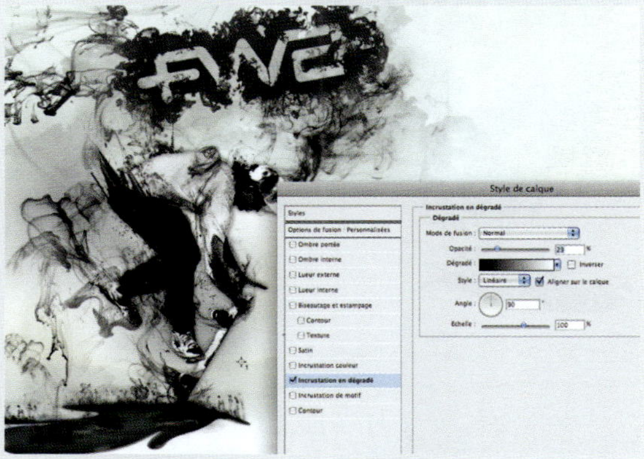

12 PREMIÈRE MISE EN COULEURS

Pour effectuer le premier stade de mise en couleurs, nous allons utiliser une multitude de calques de réglage et jouer avec les options d'incrustation. Donnez une teinte à l'ensemble en créant un calque de réglage Couleur unie, prenez une teinte turquoise foncé et placez ce calque en mode Incrustation. Créez ensuite un calque de réglage Dégradé et allez chercher dans la collection de dégradés "Harmonie des couleurs 2". Prenez le dégradé comme sur l'image ci-contre. Passez-le en mode Angle et appliquez-lui une rotation pour qu'il suive la dynamique de l'image. Mettez ce calque en mode Lumière tamisée.

13 LUMIÈRE

Pour affiner un peu l'ensemble, n'hésitez pas à ajouter quelques calques de réglage pour régler la lumière. Nous allons ajouter un effet de vignetage pour créer le focus sur le sujet. Créez un calque de couleur noire et faites une sélection ovale dedans (n'hésitez pas à déborder). Appliquez un contour progressif de 100 pixels (Sélection> Modifier> Contour progressif) et faites un masque de fusion. Inclinez un peu votre calque (Ctrl/Cmd+T) et baissez son opacité à environ 25 %.

14 ACCENTUEZ

Pour donner un peu plus de détail à l'ensemble, nous allons travailler l'aspect de l'image. Faites une sélection de l'ensemble (Ctrl+A) et faites une copie de l'image telle qu'elle est actuellement (Ctrl/Cmd+Maj+C) puis collez (Ctrl/Cmd+V) et transformez ce calque en calque dynamique. Allez dans Filtres> Divers> Passe-haut et réglez la valeur sur 5. Appliquez et passez ce calque en mode Incrustation. Vous verrez que l'image est plus nette. Comme le calque est dynamique, vous pouvez revenir sur le réglage à tout moment.

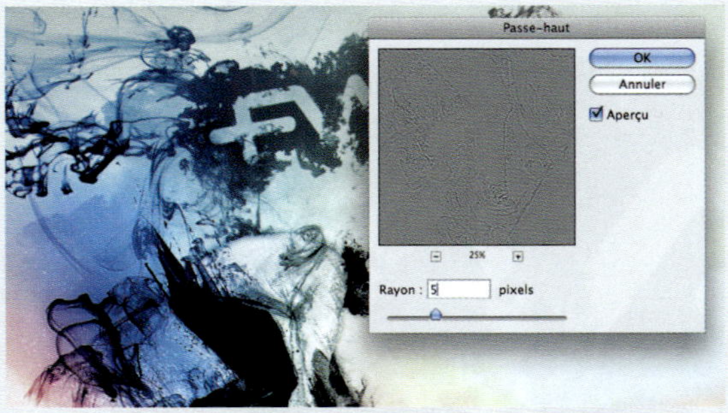

« Il ne vous reste plus qu'à utiliser quelques brosses d'encre pour créer des éclaboussures qui donneront plus de vie à l'ensemble. »

15 UN PEU DE GRAIN

Continuons à travailler l'aspect de l'image en ajoutant du grain. Créez un calque blanc et passez-le en Dynamique. Faites Filtres> Bruits> Ajout de bruit. Choisissez quantité : 15, Gaussienne, Monochromatique. Placez ce calque en Incrustation. Affinez vos réglages avec quelques calques de réglage jusqu'à satisfaction.

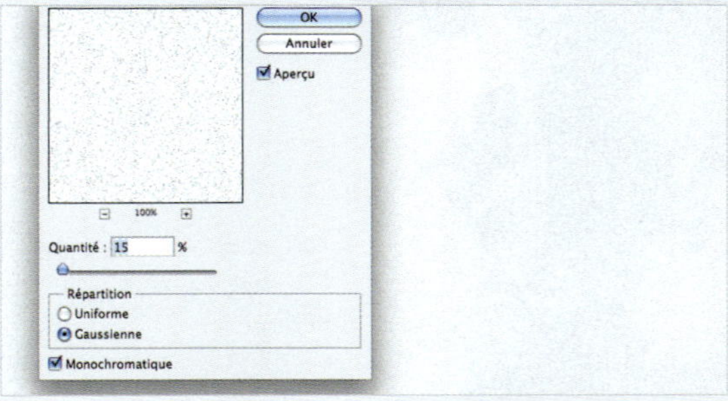

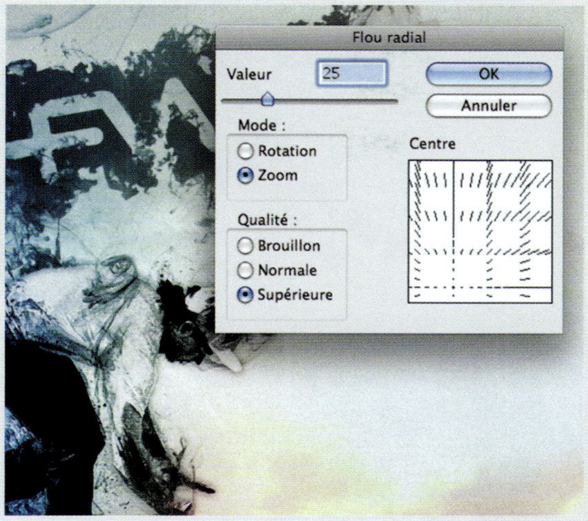

16 DYNAMISER LE MOUVEMENT

Pour dynamiser le mouvement et donner la sensation que le skater jaillit de l'encre, nous allons appliquer un flou radial. Répétons le procédé de l'étape 10 (Ctrl/Cmd+A) (Ctrl/Cmd+Maj+C) (Ctrl/Cmd+V) puis appliquons une transformation en calque dynamique. Faites Filtres> Atténuation> Flou radial. Réglez le mode en zoom, placez le pointeur au niveau du bas de la planche de skate et réglez la valeur sur 50. Placez ce calque en incrustation et jouez sur son opacité.

17 COULEURS DÉFINITIVES

L'image est quasiment finie, nous allons réchauffer l'ensemble à l'aide de différents calques de réglage. Créez un calque de couleur fuchsia avec une opacité de 50 % en mode Lumière tamisée. Ajoutez des calques de réglages Filtre photo et Teinte afin d'obtenir des couleurs chaudes. Affinez en réglant les niveaux et en effaçant les parties trop “cramées” sur le blanc du skater (grâce au masque de fusion) pour retrouver du détail.

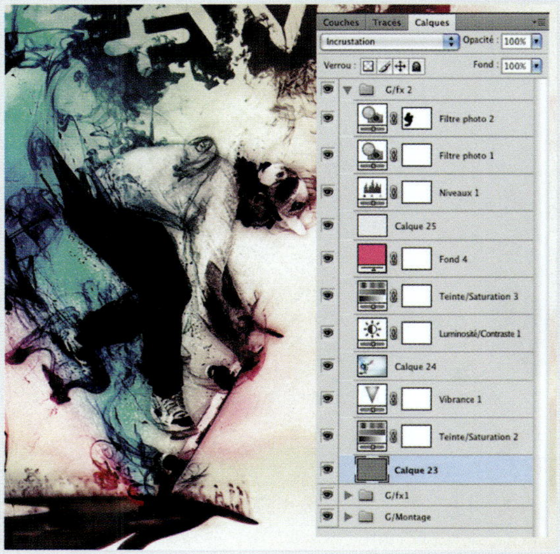

18 PEAUFINAGE

La phase finale de l'image va consister à rajouter des détails pour rendre le montage plus stylisé. Pour cela, à l'aide de l'outil dessin vectoriel Rectangle (U), tracez une bande blanche sur la largeur de votre plan de travail. Dupliquez-la et orientez les bandes comme bon vous semble. Jouez avec les différentes opacités et incrustations pour obtenir l'effet voulu. Maintenant, il ne vous reste plus qu'à utiliser quelques brosses d'encre pour créer des éclaboussures et des traînées qui donneront plus de vie à l'ensemble et dynamiseront le mouvement. Une fois satisfait de l'ensemble, votre visuel est terminé.

MIXEZ LES CONTENUS EN PUBLICITÉ

Voici une création pleine de fraîcheur, de réalisme et de surréalisme...

Mon client souhaitait faire passer l'idée de fraîcheur, de dynamisme, et faire apparaître sur l'image des produits alimentaires figurant dans son catalogue. Le concept principal est de démontrer qu'une surgélation ultrarapide permet aux aliments de conserver toutes leurs qualités nutritives et gustatives. La démarche créative a donc été de montrer des éléments déjà figés dans la glace et, sur la partie supérieure du visuel, des produits en mouvements "encore vivants" exposés à une gerbe d'eau qui elle-même se transforme instantanément en glace. Après avoir photographié individuellement tous les protagonistes de l'image : jets d'eau, cube de glace, poisson, crevettes, persil, aneth, grains de poivre, oignon, citron, nous procéderons aux détourages de chaque produit pour les intégrer ensuite dans une seule photo. Nous récupérerons également des petits éléments de notre prise de vue "jets d'eau", en l'occurrence de multiples gouttes d'eau qui donneront plus de réalisme à la photo.

NOTRE EXPERT
Antoine Duchêne

Antoine Duchêne vit en Bretagne dans le Morbihan et exerce le métier de photographe en indépendant. Vous pouvez en savoir plus sur son travail en consultant son book sur www.antoineduchenephotographe.com

01 PRÉPARATIFS

Nous commencerons par détourer les produits séparément avec un calque nominatif et individuel pour chaque image, le tout sur un fond transparent. Le format sera un A4 300 dpi. Les prises de vue ont été réalisées en studio avec des lumières assez dures, “solaires” pour le poisson et plus douces pour les autres éléments. Ensuite, nous procédons à un réglage des couleurs et du contraste afin d’équilibrer l’ensemble des images pour une parfaite homogénéité.

02 DU MOUVEMENT !

Nous allons maintenant donner un effet de vitesse au poisson qui est censé plonger dans la glace. Dans le panneau des calques, nous sélectionnons notre poisson en supprimant la visibilité des autres images pour une meilleure lecture. Nous appliquons ensuite une sélection sur la queue du poisson avec un contour progressif de 150 puis la fonction flou directionnel avec un angle de 11 et une distance de 68 pixels.

03 ASSAISONNER

Nous procédons maintenant à la même opération sur le persil qui viendra se placer en arrière-plan en haut à gauche de l’image finale. Nous sélectionnons son calque dans le panneau et appliquons les paramètres Flou directionnel avec un angle de 54 et Distance à 68 pixels. La queue du poisson et le persil seront les seuls éléments à entrer dans le cube de glace et à donner un effet de mouvement rapide.

« Mon client souhaitait faire passer l'idée de fraîcheur, de dynamisme ! »

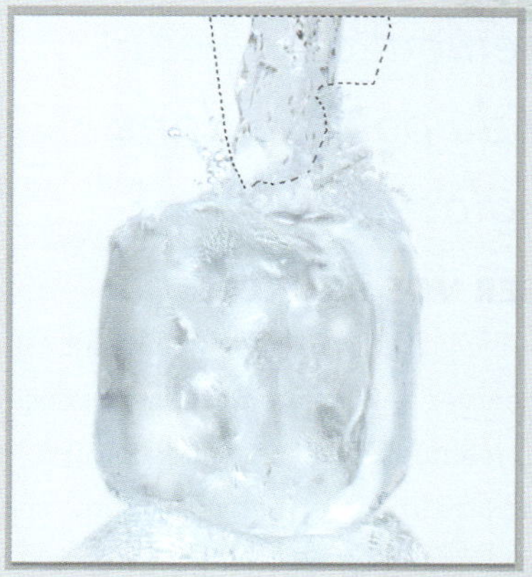

04 ÉCLABOUSSURES 1/2

La prise de vue du cube de glace a été réalisée en studio au flash électronique sur un fond miroir pour le reflet au sol. Un assistant versait de l'eau pendant les shooting. Nous conservons ici uniquement les éclats d'eau et supprimons le jet pour le remplacer par le poisson. Il suffit de sélectionner la partie supérieure du visuel et de l'effacer. Nous appliquons également une légère teinte bleutée à l'image à l'aide du panneau Courbes.

05 ÉCLABOUSSURES 2/2

Parmi les multiples essais de prises de vue dont nous disposons, nous extrayons des "éclaboussures d'eau" sur les différentes images afin de les intégrer ensuite dans le visuel principal. Il faut donc réaliser des détourages de tous ces éléments et les réunir dans un seul fichier photo pour les avoir sous la main... Nous jouerons ensuite sur leur transparence respective afin de faire sortir les images qui viendront dessous.

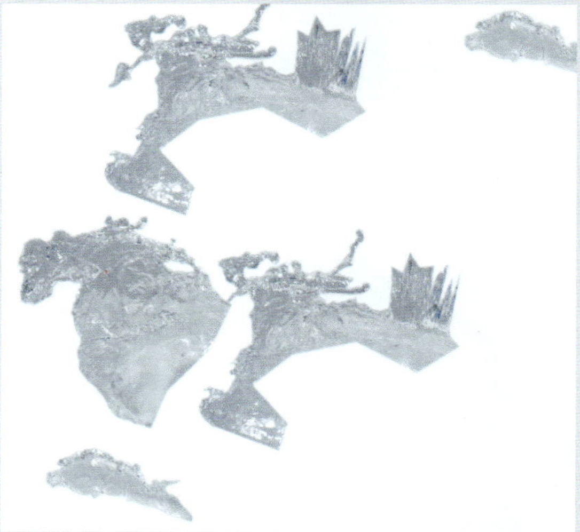

06 COMPOSITION

Nous pouvons maintenant ramener toutes les photos détourées dans l'image finale que nous nommerons : "cube de glace", celle-là même dont nous avons supprimé le jet d'eau du dessus. Il faut ensuite recadrer chaque visuel avant de les positionner plus précisément ensuite. Nous affinerons les cadrages et mise à l'échelle à l'étape suivante.

07 RECADRAGE

Il est temps pour nous de recadrer chaque image à l'aide de l'outil transformation manuelle en respectant l'échelle et la cohérence des volumes. Le placement des différents éléments nécessite un ordre particulier dans la liste des calques en fonction de leur situation de premier ou d'arrière-plan. Viendront ensuite sur certains produits différentes textures de glace afin de donner l'illusion d'incrustation dans le cube.

« Il s'agit de placer les éclats d'eau plus particulièrement au niveau de l'entrée du poisson dans le cube de glace... ! »

08 UTILISER VOS SOURCES

Nous avons vu dans l'étape 5 qu'il était important de conserver des "éclats d'eau" issus des prises de vue non retenues. Nous les incorporons maintenant dans notre image principale. Il sera possible de les dupliquer, de supprimer certaines parties, de les faire se chevaucher, de régler leur transparence afin de les intégrer dans le glaçon sans percevoir les transformations et effets que nous leur aurons attribués

09 ARROSER VOTRE IMAGE

Il s'agit de placer les "éclats d'eau" à différents endroits stratégiques de l'image et plus particulièrement au niveau de l'entrée du poisson dans le cube de glace. Certains de ces éclats sont dupliqués et assemblés entre eux pour former des éclaboussures et donner l'impression de vitesse d'impact entre le poisson, l'eau et le glaçon. Il faut également éclaircir certaines parties afin de créer des effets d'éclats de lumière.

10 TEXTURE GLACIALE

Nous récupérons de nouveau notre bloc de glace de la prise de vue d'origine afin d'en extraire des zones de texture qui serviront de masques à nos produits pour créer un effet d'incrustation dans la glace. Il s'agit de choisir une partie contenant de la "matière" avec une texture bien visible, d'appliquer un contour progressif de 20 pixels et de transférer cette surface dans notre image principale.

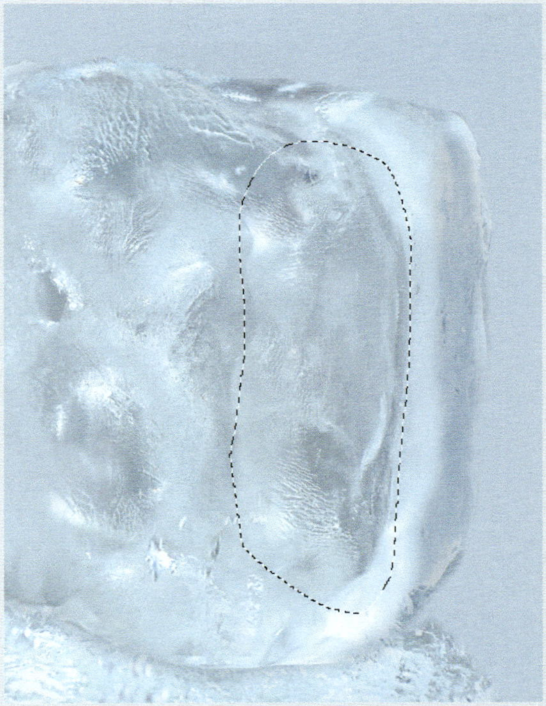

11 MASQUER VOS ÉLÉMENTS

Nous avons transféré la matière extraite du bloc de glace qui apparaît en haut à gauche de notre image principale. Il faut maintenant lui trouver une place à un endroit bien défini de l'image afin de venir cacher certaines zones des crevettes et du citron pour créer l'incrustation. Pour l'instant, nos produits semblent juste "flotter" devant le glaçon, tout le travail va consister à répéter les opérations qui vont suivre afin de créer l'illusion...

« Nous avons transféré la matière extraite du bloc de glace qui apparaît en haut à gauche de notre image principale. »

12 TRANSPARENCES

La texture est positionnée sur la partie gauche du glaçon et s'ajoute à la liste des calques. Nous prendrons soin de la nommer "texture 1" pour la retrouver parmi la multitude de calques qui viendront s'ajouter à la liste au fur et à mesure de la réalisation des effets recherchés. Nous réglons l'opacité de son calque à 70 % et effectuerons ensuite des gommages sélectifs sur différentes parties de la zone.

13 GOMMER

Après avoir sélectionné dans les calques notre texture importée et avec l'aide de l'outil Gomme, nous allons en effacer certaines parties en réglant les paramètres sur 422 pour la forme et avec une opacité de 65 %. Il faut passer l'outil sur certaines parties de l'image et doser l'effacement avec justesse. On doit "sentir" soi-même le réalisme de l'effet et apercevoir petit à petit la sensation de transparence et d'incrustation des éléments entre eux.

14 PETITS RÉGLAGES

Nous retournons maintenant dans nos réserves de fichiers d'images de textures pour y récupérer de nouveaux effets d'eau et d'éclaboussures afin d'enrichir notre visuel principal et accentuer le réalisme du poisson et de l'association eau/glace. Il s'agit toujours d'éléments de prises de vue issues des "rushs", notamment des détourages réalisés sur l'impact de l'eau sur le glaçon. Un rapide réglage couleur/luminosité/contraste s'impose pour préserver une cohérence avec l'image principale.

« Il ne reste plus qu'à positionner idéalement ces éclats d'eau qui vont apporter à l'image le dynamisme que nous évoquions en introduction. »

15 UNE EAU LIMPIDE

Ajoutez la nouvelle texture "éclaboussures" à votre image et appliquez à ce calque nouvellement créé une opacité de 70 %. Avant même son placement au bon endroit, on constate déjà une visibilité par transparence du poisson au niveau de la queue. à l'aide de l'outil Déplacement, il ne reste plus qu'à positionner idéalement ces éclats d'eau qui vont apporter à l'image le dynamisme que nous évoquions en introduction.

16 FREEZE !

La texture vient se placer sur le dessus du glaçon afin de masquer une partie du poisson tout en laissant visibles par transparence des zones spécifiques de celui-ci. L'idée est de laisser apparaître sa tête et sa queue dans un mouvement de nage ultime... La partie cachée par l'eau évoquera le point de fusion entre le liquide et le solide. L'instant fatidique où l'eau se change en glace.

Textures

Les textures apportent plus de réalisme à une création. Qu'elles soient très marquées ou à peine visibles, elles sont nécessaire pour ajouter un côté aléatoire qu'il manque souvent dans un montage photo un peu trop propre. Vous en trouverez très facilement en ligne sur des sites dédiés et la plupart du temps elles sont gratuites.

17 CACHÉ SOUS LA GLACE

Nous procédons à un “gommage” en règle toujours à l’aide de l’outil Gomme et en appliquant les mêmes réglages que précédemment. On constate que le persil du premier plan est encore visible et trop présent dans l’image. Nous allons donc rechercher dans notre stock d’images une nouvelle texture de matière de glace et l’appliquer horizontalement sur le dessus du bloc de glace de la même manière qu’à l’étape 12.

18 AJOUTER ENCORE DE LA TEXTURE

Encore une fois, nous allons chercher de la “texture” dans nos réserves d’images de cubes de glace. Sélection (au Lasso), contour progressif (20 pixels), outil déplacement pour transfert sur l’image principale… Il faut juste veiller à ne pas reprendre une zone identique ou trop proche visuellement des éléments déjà sélectionnés ! C’est maintenant presque un travail de routine…

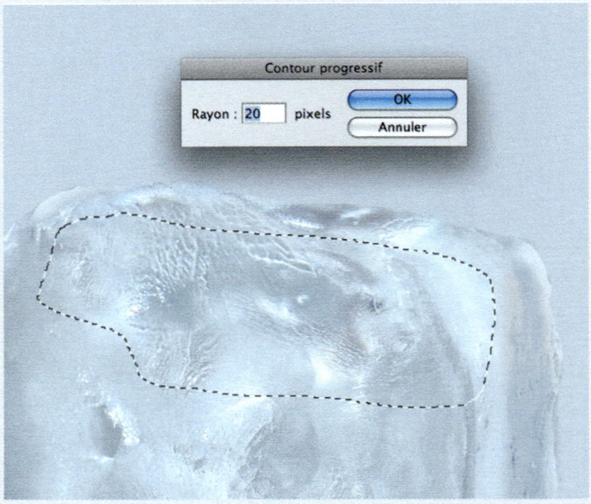

19 NOMMER VOS CALQUES

Notre texture est maintenant satisfaisante et va venir prendre place sur la partie supérieure du glaçon. Donnez toujours un titre au nouveau calque, ici : “nouvelle texture”. À ce stade de la réalisation, les calques vont se multiplier et il est important de s’y retrouver afin de pouvoir déplacer éventuellement un calque ou d’y appliquer des réglages particuliers. Il faudra également parfois réajuster l’opacité.

« La matière ridée de la glace accentue le réalisme et participe à donner l'illusion que notre poisson est bien à l'intérieur d'un bloc de glace. »

20 AUGMENTER LE RÉALISME

Placez le calque "nouvelle texture" sur le dessus du poisson et du persil afin de les cacher partiellement. La matière ridée de la glace accentue le réalisme et participe à donner l'illusion que notre poisson est bien à l'intérieur d'un bloc de glace. Tous ces apports de matière sont essentiels pour véritablement donner du réalisme à l'idée d'inclusion et il ne faut pas hésiter à les multiplier, même par petits morceaux.

21 DU DÉTAIL

La glace sur le dessus du poisson prend forme et laisse apparaître encore une partie du persil et le dos du poisson. Nous avons de nouveau utilisé l'outil gomme sur différents endroits de la texture pour arriver à ce résultat. Il faudra maintenant réitérer l'opération avec subtilité pour parvenir à masquer encore un peu plus le persil. Il suffit donc de renouveler cette opération avec de nouvelles textures.

22 GOUTTE À GOUTTE

Comme à l'étape 14 avec notre sélection de "jets", nous allons choisir dans nos visuels bruts des gouttes et petites éclaboussures d'eau afin de disperser ces éléments sur notre image. Sur la partie gauche de la sélection, on peut voir un groupe de bulles d'eau et à côté deux bulles isolées que nous dispatcherons à différents endroits de notre photo. Chaque élément est détouré et donc exploitable séparément.

« Il faut en effet renouveler ce genre d'opération jusqu'à atteindre le niveau de réalisme souhaité en multipliant les finitions. »

23 AJOUTER DES ÉLÉMENTS

Nous avons apporté un par un nos petits visuels "gouttes d'eau" que nous nous empressons de renommer avec leurs intitulés respectifs : "goutte d'eau 1", "goutte d'eau 2", etc. Certains d'entre eux, notamment les gouttes d'eau individuelles, seront dupliqués afin de former de petites "grappes" qui viendront s'intégrer sur différents plans de l'image. Ces éléments prendront place en premier plan et arrière-plan en prenant garde à ne pas rendre la duplication visible.

24 DYNAMISER LES GOUTTES

Les gouttes d'eau ont été placées et se fondent dans les jets d'eau intégrés précédemment. Nous renouvellerons l'opération sur la partie droite de l'image en prenant garde à placer les éléments de manière très différente afin d'éviter les redondances visuelles. Il est important d'apporter de nombreuses gouttelettes d'eau et d'appliquer sur certaines de petits effets de mouvement en utilisant la fonction Flou directionnel.

25 EMPILER LES CALQUES

Nous allons de nouveau prélever des éléments de texture mais en cherchant cette fois-ci des "pièces" plus petites pour masquer partiellement des détails précis de produits dans les différentes portions de l'image générique. Opération identique aux étapes 10 et 18 avec les mêmes réglages... Les multiples textures vont continuer à grossir nos calques... et le poids de l'image finale !

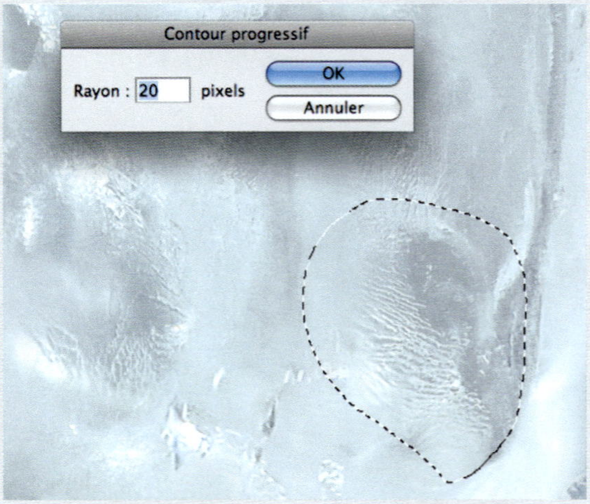

26 UNE ROUTINE NÉCESSAIRE

Notre “pièce” est arrivée… Si, si, vers la droite de l’image. En ce qui concerne la suite, vous connaissez ? Opacité générale, positionnement, transparence localisée, etc. Nous sommes maintenant dans un vrai travail de routine. Il faut en effet renouveler ce genre d’opération jusqu’à atteindre le niveau de réalisme souhaité en multipliant les finitions.

27 DONNER DU RELIEF

Voilà… La texture créée précédemment a trouvé sa place sur l’aneth et vient cacher partiellement les racines de l’oignon, créant ainsi une impression de relief qui accentue la profondeur à l’intérieur du bloc de glace. C’est en procédant ainsi, patiemment, par petites touches successives, que l’image prendra sa forme définitive…

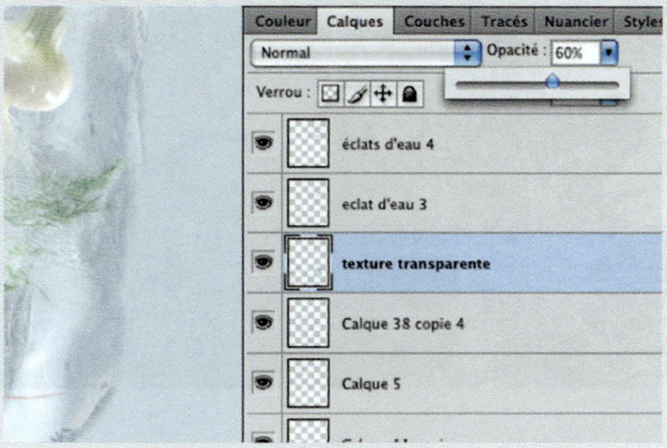

28 LE GRAND FINAL

… C’est-à-dire celle-ci !…

BLOOMING HAND

Donnez de la texture et du relief à vos dessins vectoriels en combinant les options de fusion. Mixer les spécificités des logiciels est un atout majeur pour étendre les possibilités de rendu sur une image. Il est tout à fait intéressant de commencer une création sur un logiciel de dessin vectoriel pour le terminer sur Photoshop en lui apportant de la texture à partir de photos et/ou avec des brosses personnalisées par exemple. Superposer les calques avec des options de fusion différentes permet des effets d'incrustation percutants, que se soit au niveau du rendu de la matière qu'à celui de la couleur. Ce procédé vous permettra d'enrichir vos visuels vectoriels, tout en pensant à éviter la surenchère graphique. Cependant, il ne s'agit pas de plaquer de la texture sur toutes vos réalisations, tout dépend du rendu final que vous désirez obtenir... à vous de tester !

SUR LE CD : Retrouvez les fichiers d'exercice sur le CD.

NOTRE EXPERT
Aurélien Bidaud
Jeune graphiste/illustrateur indépendant à Rennes en print et multimédia. N'hésitez pas à aller jeter un œil sur son site www.neil-portfolio.com pour y découvrir son travail.

01 UN TRAIT PERSONNALISÉ

Ouvrez la photo Krystle.jpg (disponible sur morguesfiles.com) avec Illustrator. Pour redessiner de manière intéressante un visage en ayant un trait irrégulier, nous allons paramétrer une forme artistique et nous en servir comme "pinceau" vectoriel. Dessinez à la plume une forme horizontale large sur le milieu et fine sur les bords, placez-la dans la bibliothèque de formes et sélectionnez Nouvelle forme artistique. La forme vient alors se placer dans la bibliothèque.

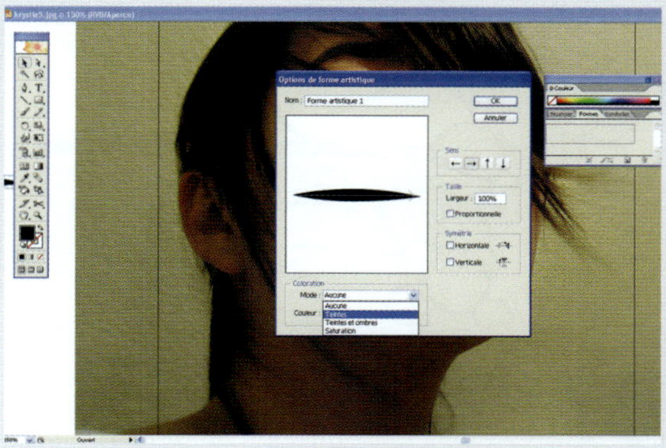

02 DESSINER LE VISAGE

Ajoutez un calque de dessin au-dessus de la photo. Double-cliquez sur le calque de la photo et cochez "modèle" pour le verrouiller et le mettre en demi-ton afin d'être à l'aise pour la reproduction des traits. Attribuez la forme faite à l'étape 1 sur vos traits (contours sans fonds) et réglez-en la taille grâce à la fenêtre contour (le rendu de la finesse dépend de votre forme créée à l'étape 1).

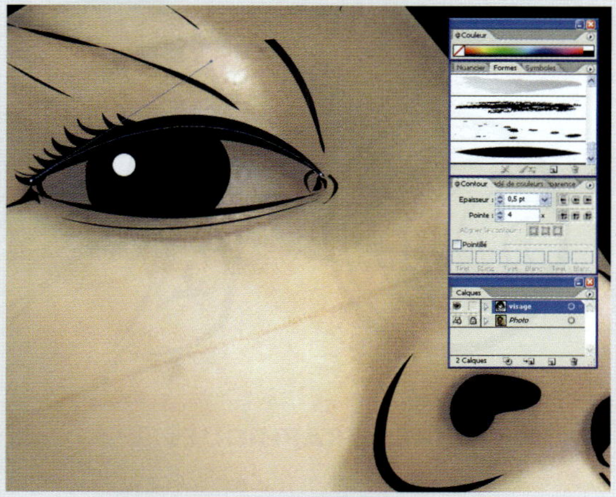

03 DESSINER AVEC SOIN

Gérez les traits en leur attribuant plus ou moins d'épaisseur selon leur importance. Dessinez les cheveux en faisant une forme noire simple, puis apportez du détail avec des tracés fins (0,25 points) pour terminer la chevelure.

04 DESSINER UN MOTIF

Dessinez des cercles concentriques (contour 1 point), sélectionnez-les tous et allez dans les options d'alignement d'objets pour les aligner sur la gauche afin de donner cet effet de profondeur/relief. Donnez un fond blanc au cercle qui englobe l'ensemble et un trait plus épais (3 points). Décomposez votre motif.

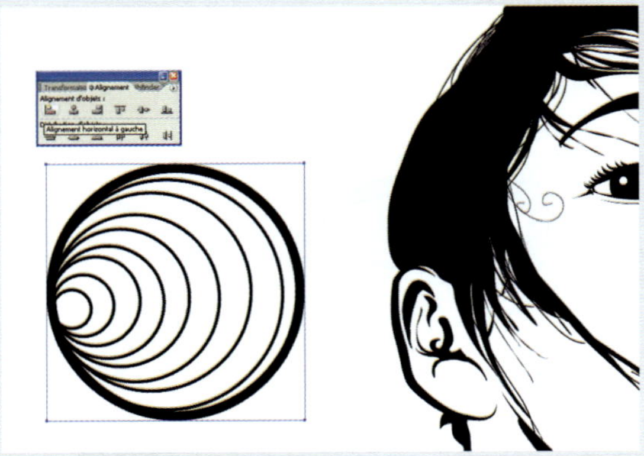

05 PULVÉRISER ET DUPLIQUER LE MOTIF

Sélectionnez votre motif et faites-en un symbole (glisser/déposer dans la boîte de symboles). Utilisez l'outil pulvérisateur de symbole : 9 en intensité et 5 en densité. Créez un nouveau calque au-dessus du dessin du visage. Pulvérisez le symbole pour avoir une masse compacte. Sélectionnez vos symboles, décomposez-les puis dissociez-les. Vous pouvez maintenant les disposer de manière plus aléatoire, en variant les tailles et les inclinaisons.

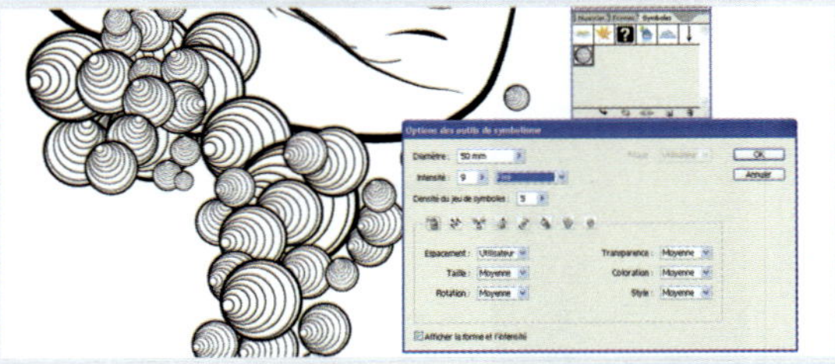

06 FORMES GRAPHIQUES

Donnez de la dynamique à votre création en dessinant des formes arrondies, qui s'enchevêtrent et donnent une impression de mouvement. Créez un nouveau calque en dessous des formes circulaires. Utilisez l'outil Crayon ou la Plume, en gardant un contour blanc de 1 point autour de vos formes. Créez aussi un calque au-dessus des motifs circulaires pour dessiner des formes et donner une homogénéité à l'ensemble.

07 COMPO GLOBALE

Nous allons travailler sur un format panoramique. Copiez l'ensemble des éléments dans un nouveau fichier de taille 100 x300 mm. Avec la même technique que pour le visage, dessinez la main (Redhair4.jpg, disponible sur morguesfiles.com), puis utilisez l'outil miroir et rotation pour l'orienter comme vous le voulez. Dessinez des formes "végétales" sortant de la main. Il est important de bien équilibrer sa composition globale pour le meilleur rendu possible.
Ici, le dessin des formes qui jaillissent de la main donnent le mouvement.

08 DÉBUT DE LA COLORISATION

Créer un nouveau document Photoshop 100 x 300 mm, CMJN à 400 dpi. Importez votre dessin vectoriel ou copiez/collez-le dans la composition. Il est important de dissocier sur deux calques différents la partie visage d'un côté et la partie main ainsi que les formes de l'autre pour faciliter la suite de la création.

09 LA BOUCHE

La colorisation des lèvres est basée sur le même principe que celui de la peau. Créez un calque avec la couleur principale en aplat, un autre au-dessus avec l'ombrage géré à la pression du pinceau et un troisième pour les reflets. Pour les petits "plis" des lèvres, choisissez un pinceau très fin à bords doux avec une opacité de 60 %.

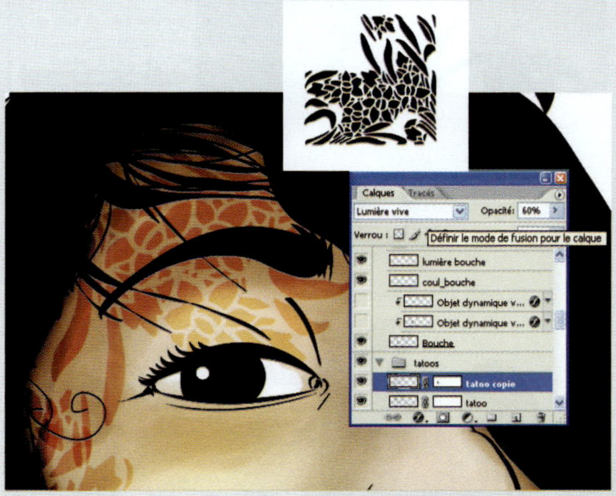

10 TATOUAGES DU VISAGE

Importez la forme vectorielle Tatoo.ai (élément de la typographie "japanese design" disponible sur dafont.com) dans un nouveau calque. Placez ce calque impérativement au-dessus des calques de peau. Pour donner cet effet de couleur incrustée, modifiez le mode de fusion du calque en Lumière vive. Diminuez son opacité à 60 %. Ne laissez apparaître que les formes intéressantes en modifiant l'angle du calque et en gommant certaines parties de la forme, via un masque de fusion.

L'outil arrondi sur Illustrator

L'outil Arrondi est très pratique pour parfaire la rondeur des formes et corriger certaines imperfections de dessin. C'est un excellent complément du Crayon, vous le trouverez en cliquant plus longuement sur l'outil Crayon. En cliquant dessus, vous pourrez en régler les paramètres (fidélité et lissage).

11 SÉLECTION ET SUPPRESSION DES BLANCS

Sélectionnez votre calque de dessin vectoriel de la partie visage + formes. Pour la bonne intégration des textures, il faut enlever la partie blanche des cercles. Pour ce faire, dupliquez votre calque vectoriel et pixellisez ce nouveau calque. Ensuite, allez dans le menu principal puis faites Sélection> Plage de couleurs et choisissez tons clairs. Supprimez le contenu de la sélection. Gardez bien le calque vectoriel d'origine sous ce nouveau calque qui va servir de réceptacle à la texture. Cette opération est nécessaire pour que les textures ne s'appliquent que sur les noirs au niveau des cercles.

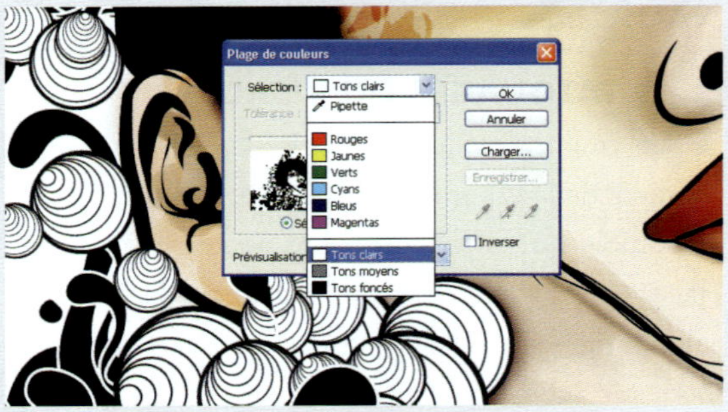

12 APPLICATION DES TEXTURES

Ouvrez "CrackedEarth0017_5_L.jpg" et "InkFull0010_2_L.jpg". Importez-les dans votre document, au-dessus de votre dessin vectoriel pixellisé. Placez les textures en masque d'écrêtage. Mettez la texture ink au-dessus de celle de terre, en mode de fusion Lumière crue. Essayez de faire en sorte que les textures s'entremêlent avec fluidité, en estompant certaines parties et en jouant sur le placement et les opacités. N'hésitez pas aussi à modifier les courbes pour rendre les images plus ou moins contrastées. Les étapes 10 et 11 sont à effectuer aussi sur le calque vectoriel de la main et des formes qui en jaillissent.

13 INCRUSTATIONS

Pour continuer à donner de la texture et à complexifier certaines parties de l'image, vous pouvez placer des échantillons de vos formes vectorielles noires en incrustation. L'option de fusion Densité couleur fonctionne bien dans ce cas. Cela apporte une certaine finesse, mais elle est à utiliser avec parcimonie pour éviter la surenchère.

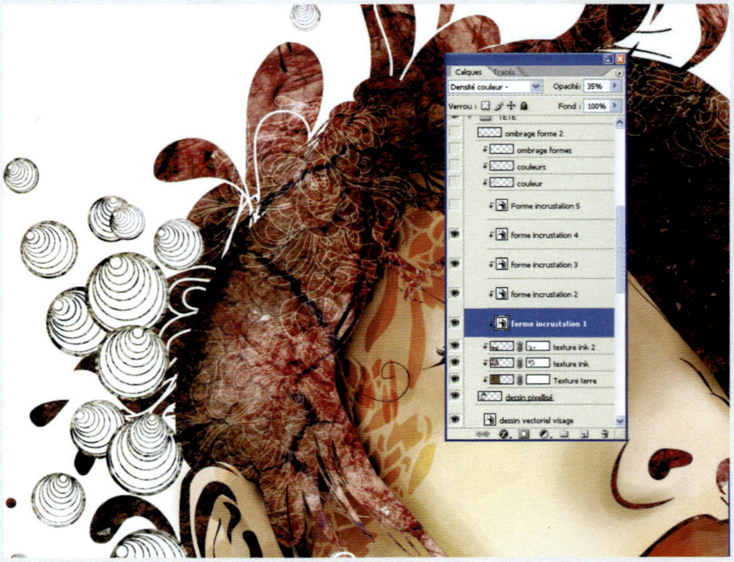

« Essayez de faire en sorte que les textures s'entremêlent avec fluidité, en estompant certaines parties et en jouant sur le placement et les opacités ! »

14 REGARD BRÛLANT

Le regard est très important. Il donne de l'intensité au personnage ainsi qu'une expression. Peignez le fond de l'œil en blanc. Ici, j'ai ajouté une pupille orange pour un regard "volcanique" en mode Densité linéaire, avec un autre cercle à l'intérieur. J'ai légèrement entouré le regard d'un rose pâle pour un semblant de maquillage et ajouté un échantillon de la texture de terre craquelée en incrustation très légère pour donner un effet sur la peau.

15 DONNER DU RELIEF

Créez un calque en mode Produit puis, avec un pinceau à bords doux et une opacité à 70 %, apportez un effet de relief en obscurcissant les sertis internes des cercles et en simulant des ombres portées. C'est un exercice de colorisation qui peut être fastidieux mais qui apporte un résultat de profondeur intéressant.

16 TOUCHES DE COULEURS

Quelques touches de couleurs permettent de dynamiser le dessin. Veillez à rester dans des nuances selon l'importance des éléments. Ici le visage est plus coloré et lumineux car il est le point d'attache focal essentiel du visuel. Superposer des couleurs en mode lumière crue ou lumière vive peut donner des effets très intéressants sur des textures de ce type.

17 UN FOND QUI AMÈNE DE LA PROFONDEUR

J'ai travaillé sur le fond en remplissant la surface d'une couleur ocre très douce qui rappelle un papier vieilli. J'ai disposé en incrustation avec une opacité très faible des photos de nuages en estompant certaines parties. Pensez aussi à faire un calque d'ombré derrière le visage et la main pour les faire ressortir du fond. L'effet rendu donne une profondeur de champ et apporte de la matière. Un fond discret permet de ne pas étouffer le visuel principal.

18 UN SOLEIL SOMBRE

Créez un nouveau calque au-dessus du fond. Faites une sélection ronde et appliquez-lui un dégradé radial avec des couleurs rouge/orangé. J'ai choisi de mettre ce calque en mode luminosité, ce qui lui confère un rendu sombre, mais uniquement dans les teintes du fond pour ne pas que la couleur prenne l'ascendant sur le visage. Cela donne aussi une atmosphère différente. Travaillez la texture en incrustant des éléments (nuages, craquelures...).

« Il est mieux de rentrer un petit peu dans l'image que l'on veut détourer, comme sur l'exemple, pour avoir des bords propres ! »

19 DÉTOURAGE D'UNE FLEUR

Ouvrez le fichier “Ogród botaniczny 047.jpg”. Nous allons détourer la fleur pour la séparer du fond et l'utiliser dans notre visuel. Allez dans tracés et créez un nouveau calque. Avec l'outil Plume, dessinez le contour. Il est mieux de rentrer un petit peu dans l'image que l'on veut détourer, comme sur l'exemple, pour avoir des bords propres. Une fois votre tracé accompli, allez dans le menu Tracés (petite flèche à droite de la boîte de dialogue), puis faites Définir une sélection> rayon 0 pixel et cochez Lissé. Copiez (Ctrl/Cmd+Maj+C) puis collez (Ctrl/Cmd+Maj+V) la sélection pour en faire un nouveau calque

20 DONNER UNE COULEUR FLASHY

Une fois la fleur détourée, importez-la dans votre document. Pour lui donner une couleur plus flashy, allez dans Image> Réglages> Courbes. Essayez de tester les modifications de la courbe pour vous rendre compte de l'impact colorimétrique sur la photo. Ici, j'ai opté pour 63 en entrée et 31 en sortie, ce qui va relever la dynamique des couleurs de la photo de manière radicale.

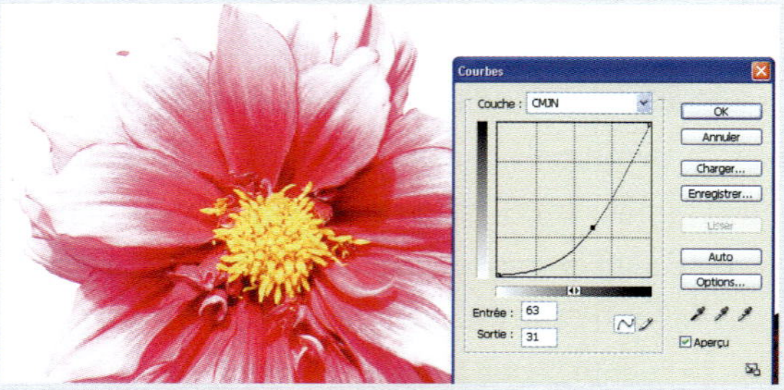

21 TRAVAILLER L'AMBIANCE

Quelques éléments bien placés peuvent donner une ambiance particulière. Ici, j'ai choisi de donner une touche d'orientalisme avec la branche placée en haut à gauche et quelques fleurs qui y sont accrochées. J'ai aussi disposé des fleurs sur quelques endroits pour rappeler la présence de la nature et apporter de la douceur à l'ensemble. Ces éléments restent discrets.

22 RAYONS DU SOLEIL

Pour cet effet de rayons du soleil qui filtrent à travers les nuages, il suffit de créer sur un calque un rectangle blanc en long puis de lui administrer un masque de fusion sur lequel on appliquera un dégradé linéaire d'un noir vers du blanc (ou de la couleur). Le masque réalise alors un dégradé vers de la transparence sur votre rectangle. Estompez les bords sur le masque et placez vos rayons en diagonale dans le coin de votre image. Gérez l'opacité pour que l'effet soit convaincant.

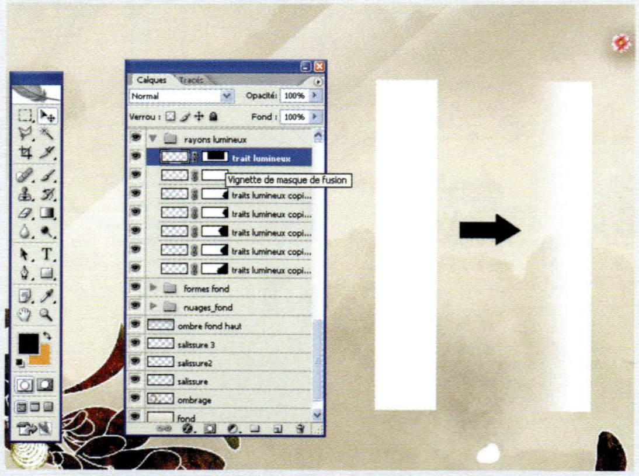

23 SOUCI DU DÉTAIL

Passez du temps sur le détail, travaillez bien vos textures, essayez d'ajouter des incrustations en fond en testant les modes de fusion, de la matière avec ici des éclats de peinture par exemple... La précision générale de votre création sera augmentée, pour en faire un produit "fini".

24 AJOUT DE GRAIN

Pour finaliser le tout et donner du grain à l'ensemble, utilisez le filtre bruit. D'abord, sélectionnez l'ensemble de vos calques puis faites Dupliquer. Fusionnez ensemble les calques dupliqués. Votre visuel au complet se trouve dorénavant sur un calque que vous placez tout en haut de votre menu. Ensuite, créez un nouveau calque au-dessus, et remplissez-le d'une couleur beige légère. Faites Filtre> Bruit> Ajout de bruit. Réglez sur 10/uniforme/monochromatique. Diminuez l'opacité du calque à 55 % et optez pour le mode de fusion densité linéaire - pour une bonne incorporation dans l'image.

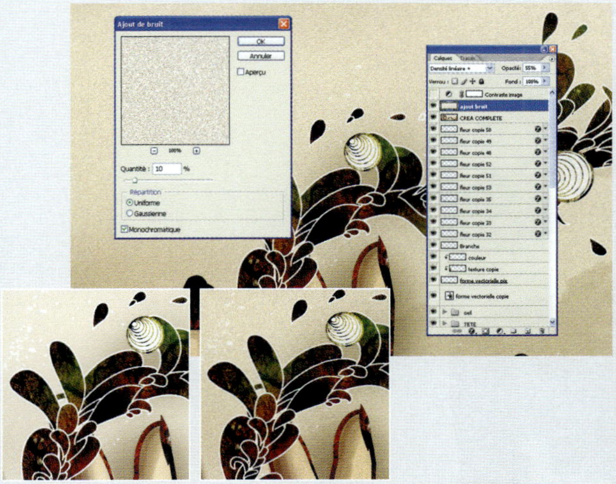

« Passez du temps sur le détail, travaillez bien vos textures et les modes de fusion, par exemple... »

26 AJUSTER LE CONTRASTE GÉNÉRAL

Terminons-en avec le réglage général des niveaux de contraste. Faites Calque> Nouveau calque de réglage> Niveaux. Vous voyez alors apparaître l'histogramme de votre image. J'ai ici réglé sur 28/1,00/251 en entrée et 0/255 en sortie pour une image plus chaude, ce qui fait ressortir encore un peu plus le personnage. Testez avec les curseurs pour voir l'impact sur l'image. Il est mieux de procéder de la sorte que de directement modifier le contraste car cela ne détériorera pas l'histogramme de votre image et vous pourrez à tout moment modifier les paramètres.

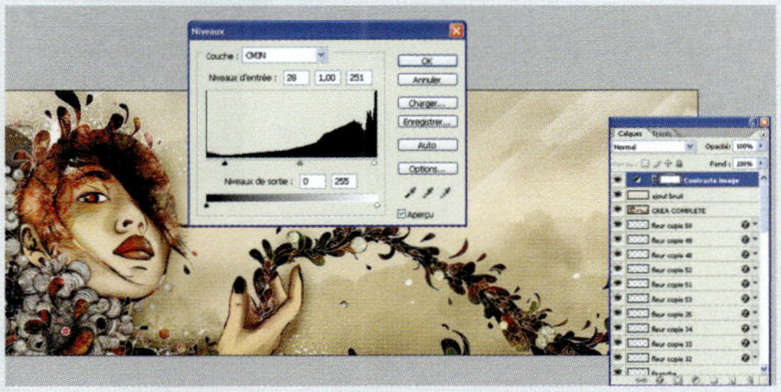

DÉSATURATIONS COLORÉES

Créez un montage très coloré contrastant avec une image à faible saturation.

Le but est de créer une image très colorée sur la base d'un visuel à faible saturation. Le contraste entre les couleurs vives et la faible saturation à la limite du noir et blanc donne naissance à un univers à la fois épuré et haut en couleur. Pour cela, nous travaillerons à partir d'un visuel quasiment désaturé et nous y intégrerons des formes colorées que nous créerons ainsi que des effets de lumière eux aussi colorés. Nous verrons également comment donner de la profondeur à vos créations à l'aide du filtre Flou gaussien.
Vous pourrez modifier les formes et couleurs à votre convenance afin de donner libre cours à votre propre créativité.

Sur le CD : Le fichier PSD final avec les calques, les formes de pinceaux utilisées ainsi que les visuels nécessaires à la création de l'image se trouvent sur le CD.

NOTRE EXPERT
Altiery Rutil, *aka Ghostographic, est un jeune artiste de 26 ans vivant à Paris. Travaillant dans une agence de Webdesign, il consacre beaucoup de temps à ses projets personnels afin de pouvoir exprimer sa créativité, toujours apprendre de nouvelles techniques et découvrir de nouveaux aspects du graphisme.*

01 POUR COMMENCER

Créez un nouveau document (Fichier> Nouveau> Document A4). Double-cliquez sur le calque, remplissez-le avec du blanc et appliquez un style de calque Incrustation en dégradé. Double-cliquez sur le sélecteur de dégradé puis sur l'étape de dégradé en bas à gauche pour choisir du gris (#A4A3A3) pour la première couleur et sur l'étape de droite pour choisir du blanc.

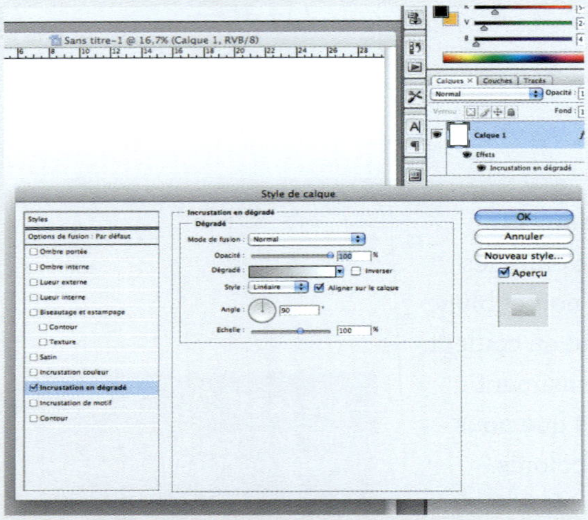

03 DÉCOUPE VERTICALE

Sur le calque "modèle", faites une sélection à l'aide de l'outil Rectangle de sélection (M), faites un clic droit dans la sélection et choisissez Calque par copier. Déplacez votre partie du modèle copiée vers le bas.

02 PHOTO DU MODÈLE

Ouvrez la photo du modèle et détourez-la. Pour l'image en question, il n'est pas indispensable d'utiliser la Plume, servez-vous de la Baguette magique. Sélectionnez le blanc en faisant Maj+clic pour ajouter les parties isolées toujours avec l'outil Baguette magique. Inversez la sélection (Sélection> Intervertir) puis copiez le modèle sur l'arrière-plan créé ci-dessus. Renommez ce calque "modèle".

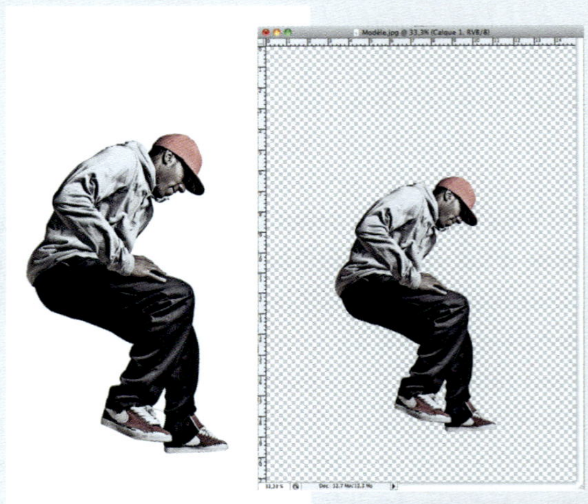

04 MOSAÏQUE

Dupliquez l'élément découpé en déplaçant le calque sur l'icône Nouveau en bas du panneau Calques et faites Filtre> Pixellisation> Mosaïque avec comme Taille du carreau 40 carrés.

05 CONTOURS DU MODÈLE

Dupliquez le calque "modèle" comme vu ci-dessus, appliquez un style de calque Contour, blanc avec une Épaisseur de 3 pixels. Dans le panneau Calques, baissez l'Opacité du Fond à 0 % de manière à n'afficher que le style (contour blanc) et non le contenu du calque. Dupliquez et placez ces calques de contours à votre convenance.

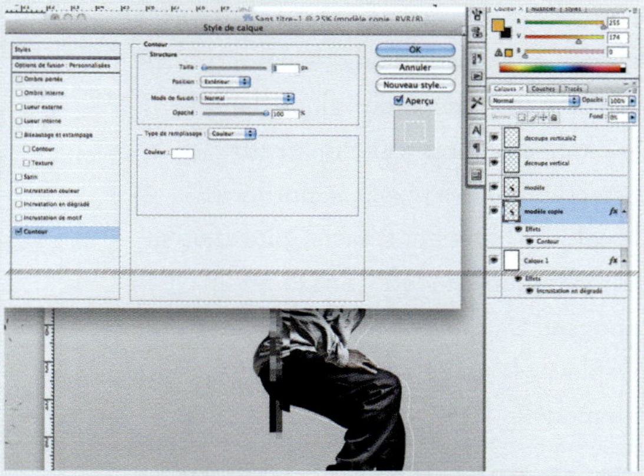

06 DÉBRIS

Ouvrez le fichier pièces.png sur le CD en le glissant du dossier vers Photoshop et copiez/collez cette image dans votre montage. Placez le calque des débris au-dessus du calque "arrière-plan". Nommez-le "débris".

07 FORME DE PINCEAU VISAGE

Placez-vous sur le calque "modèle" et créez un nouveau calque. Sélectionnez une forme de pinceau de type "effet bombe de peinture", ici Drippy Spray (sur le CD). Réglez son Opacité à 100 % et vérifiez bien que le Pas est désactivé (dans le panneau Formes> Forme de la pointe). Faites une tache sur le visage du modèle puis un clic droit sur la vignette du calque dans le panneau Calques et cliquez sur Sélectionner des pixels. Supprimez le calque contenant la tache, placez-vous sur le calque "modèle" puis créez un nouveau Calque par copier (voir étape 3). Déplacez-le un petit peu au-dessus du modèle.

08 PREMIÈRES COULEURS

Sélectionnez une forme de pinceau ronde et dure ainsi que deux couleurs vives pour le premier plan et l'arrière-plan (ici violet et orange) et, dans le panneau Formes, entrez ces réglages (voir la capture). Peignez sur les zones désirées en restant assez sobre pour ne pas surcharger la composition.

09 FORMES COLORÉES

Créez un groupe de calques et nommez-le “formes colorées”. Mettez-le au-dessus de tous les autres. Créez un nouveau calque, sélectionnez l’outil Forme personnalisée (sous-menu de l’outil Rectangle) puis, dans le menu des formes personnalisées, sélectionnez “flèches”. Nous utiliserons la deuxième forme. Tracez une forme puis transformez-la en sélection (Ctrl/Cmd+Entrée). Orientez, transformez cette sélection (Sélection> Transformer la sélection) et remplissez-la de la couleur de votre choix. Appliquez un style de calque Incrustation en dégradé et remplacez le style de dégradé par défaut par Spectre.

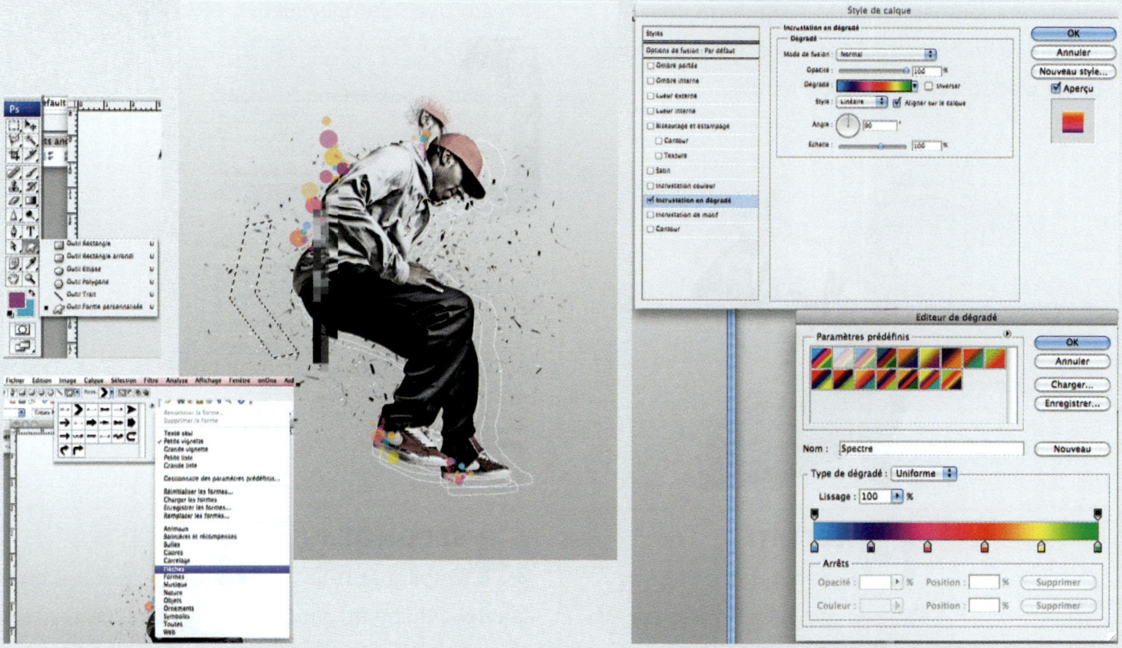

10 OBJET DYNAMIQUE

Dans le panneau Calques, faites un clic droit sur le calque contenant la forme et convertissez-le en Objet dynamique. Changez le mode de fusion en Incrustation et dupliquez la forme deux fois (Calque> Dupliquer). Réduisez la taille de la dernière copie et placez vos éléments sur le modèle. Dupliquez encore la plus petite forme et placez vos éléments au niveau des baskets du modèle.

11 AILES

Ouvrez une image contenant les ailes (ici istockphotos.com n° 000007332844). Sélectionnez l'aile gauche à l'aide de la Baguette magique et copiez-la sur votre création en veillant à ce qu'elle se situe juste au-dessus du calque "arrière-plan". À l'aide de la commande Édition> Transformation> Homothétie, redimensionnez de manière homothétique (en maintenant la touche Maj) et placez-la derrière votre modèle.

12 COULEUR

Il faut maintenant corriger la colorimétrie de l'aile. Désaturez l'image (Image> Réglages> Désaturation). Ensuite, réglez la luminosité : Image> Réglages> Luminosité/Contraste avec les valeurs - 38 pour la Luminosité, + 100 pour le Contraste. Enfin, réglez les Niveaux : Image> Réglages> Niveaux avec comme valeurs : 68/1, 88/243.

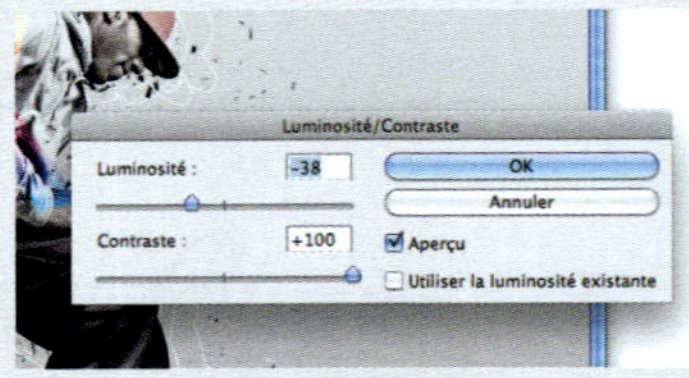

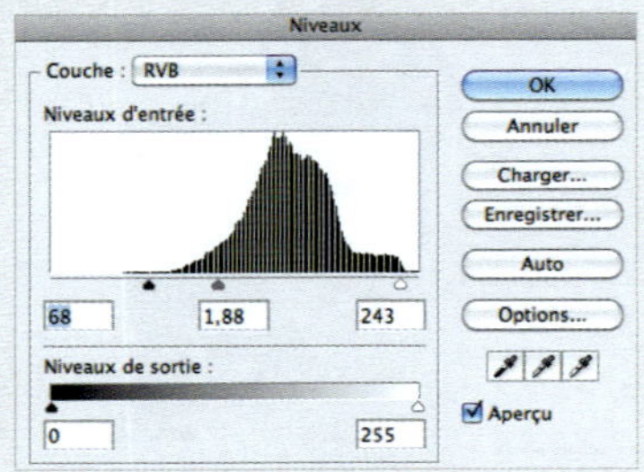

13 NETTETÉ

Améliorez la netteté de l'aile en dupliquant l'image puis appliquez le Filtre> Divers> Passe-haut avec comme valeur 5,5. Changez le mode de fusion en Incrustation, fusionnez les deux images en faisant un clic droit sur le calque de la copie de l'aile et sélectionnez Fusionner avec le calque inférieur.

14 SECONDE AILE

Dupliquez l'aile (Ctrl/Cmd+J ou par le menu Calque> Dupliquer), puis tournez et déplacez votre aile avec la commande Édition> Transformation> Homothétie. Créez un groupe de calques nommé "ailes" et placez-y vos deux calques d'ailes.

« Peignez la forme sous chaque chaussure du modèle et appliquez un style de calque Lueur externe à ces formes. »

15 PEINTURE

Ouvrez le fichier peinture.psd et mettez l'image juste au-dessus du calque “arrière-plan”. Redimensionnez de manière homothétique (en maintenant la touche Maj) selon votre convenance et placez l'effet peinture derrière le modèle. Changez la couleur de l'effet peinture pour un violet moins agressif que le rouge (Image> Réglages> Teinte/Saturation). Cochez la case Redéfinir puis entrez les valeurs suivantes : 307-25-0. Dupliquez ce calque et faites Calque> Style de calque> Incrustation en dégradé. Utilisez le même dégradé que précédemment pour les formes de couleur et changez le mode de fusion en Lumière tamisée.

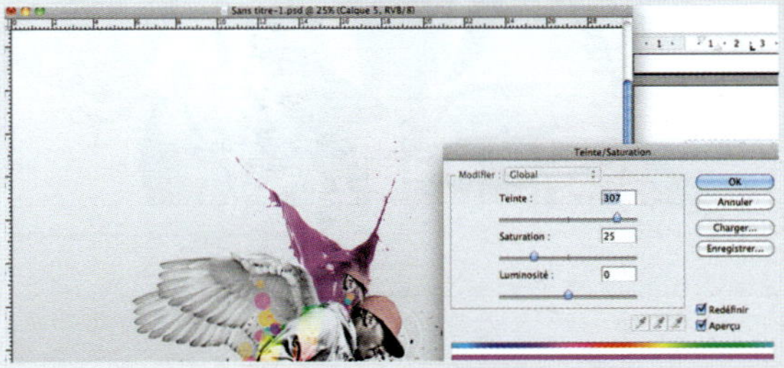

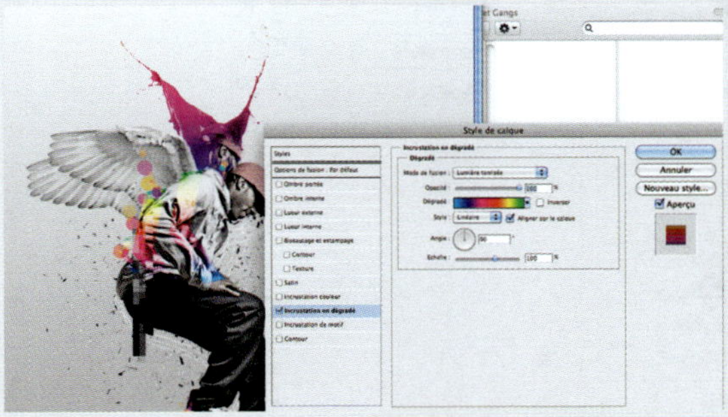

16 RÉGLAGES

Créez un nouveau calque, placez-le sous le calque “modèle” et nommez-le “lueur”. Importez les formes de pinceau “abstract splash” sur le CD et sélectionnez la neuvième ou une autre si cela ne vous convient pas. Entrez les réglages indiqués dans le panneau Formes. Peignez la forme sous chaque chaussure du modèle et appliquez un style de calque Lueur externe à ces formes (Calque> Style de calque> Lueur externe) avec les réglages suivants.

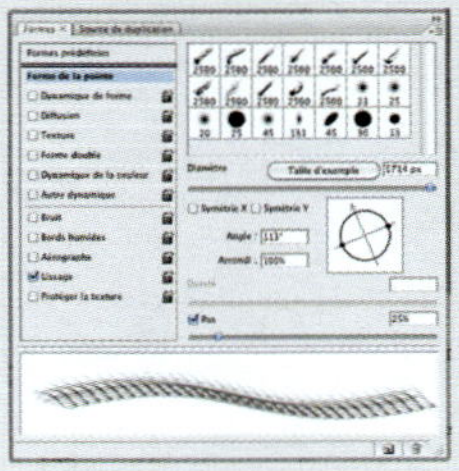

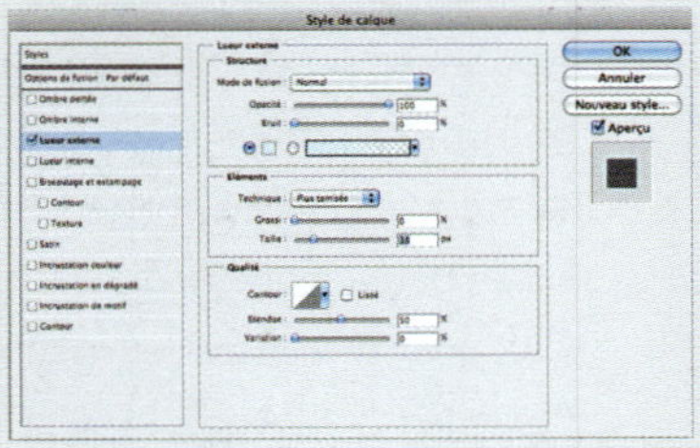

17 TRIANGLE

Créez un nouveau groupe au-dessus du calque “modèle” et nommez-le “forme”. Placez-vous sur le calque “modèle” et sélectionnez l’outil Lasso polygonal. Tracez un triangle sur le modèle, copiez la sélection sur un nouveau calque (Ctrl/Cmd+J ou Calque> Nouveau calque par copier) et mettez ce calque dans votre dossier “forme”.

18 OMBRE PORTÉE

Dupliquez ce calque deux fois, déplacez la première copie de quelques pixels. Faites-en de même avec la deuxième copie de manière à voir les trois copies superposées en décalé. Appliquez sur la forme du dessous une ombre portée (Calque> Style de calque> Ombre portée ou cliquez sur la petite icône *fx* dans le panneau Calques) avec les valeurs suivantes : Opacité : 75 %, Angle : - 54°, Distance : 5, Grossi : 0 et Taille : 5. Appliquez cette ombre portée aux deux autres copies.

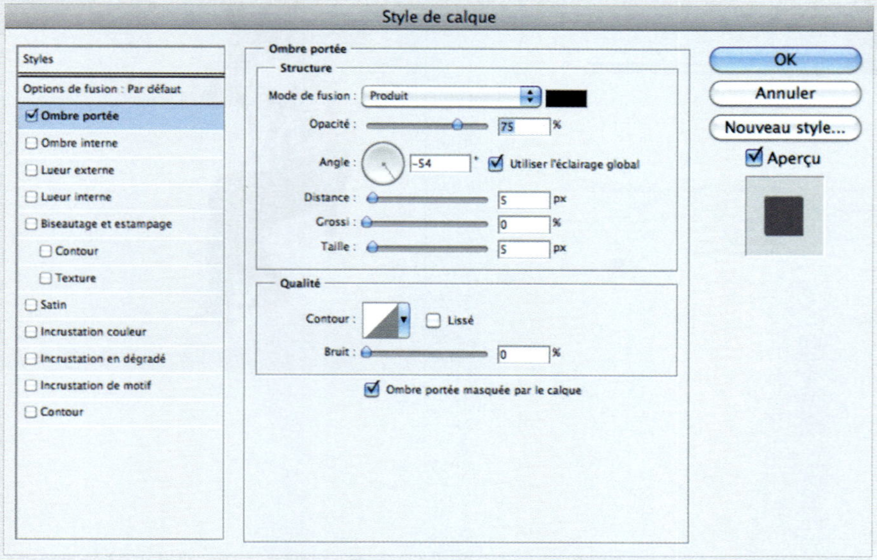

19 SPECTRE

Sur la copie du milieu, appliquez un style de calque Incrustation en dégradé (icônes *fx* en bas du panneau Calques ou en faisant Calque> Style de calque> Incrustation en dégradé). Utilisez encore une fois le dégradé Spectre comme précédemment. Dupliquez cette fois tout le groupe, redimensionnez de manière homothétique (en maintenant la touche Maj) et disposez selon votre convenance ou comme sur l'image.

20 PLUMES

Créez un nouveau groupe de calques que vous placerez au-dessus de tous vos calques et nommez-le "plumes". Ouvrez l'image plume.png et glissez-la sur votre composition à l'aide de l'outil Sélection (V). Placez ensuite le calque à l'intérieur du groupe "plumes". Ajoutez un Flou gaussien pour créer un effet de profondeur (Filtre> Atténuation> Flou gaussien) avec pour valeur 3,8.

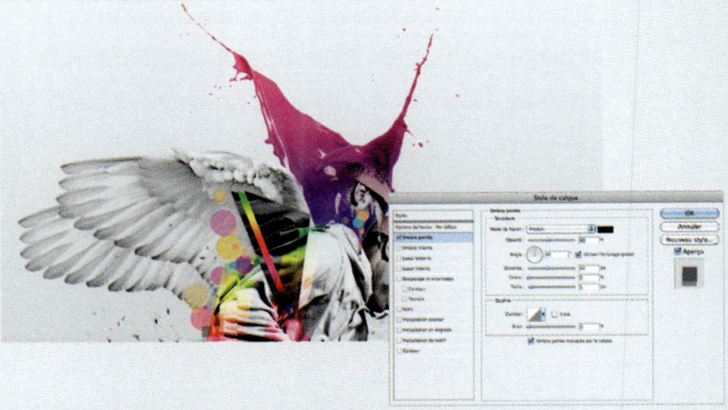

21 PLACER LA PLUME

Importez de nouveau la plume sur votre composition toujours en faisant glisser d'un document à l'autre. Placez la plume au-dessus du modèle au niveau du visage. Redimensionnez-la de manière homothétique (en maintenant la touche Maj) afin qu'elle soit plus petite que la première. Enfin, appliquez une ombre portée avec les valeurs indiquées ici.

22 DUPLIQUER LA PLUME

Dupliquez cette plume ombrée deux fois, placez-la au-dessus des ailes et au niveau de l'épaule. Pensez à les faire pivoter afin que ce ne soit pas trop régulier (Ctrl/Cmd+T).

24 RONDS

Créez un nouveau calque que vous placerez au-dessus de tous les autres et nommez-le "lumière". Sélectionnez une forme de pinceau ronde et douce et peignez trois gros ronds en sélectionnant trois couleurs assez vives (ici rose, orange vif et bleu turquoise).

23 PLUS DE PLUME

Importez une nouvelle plume dans le groupe "plumes". Cette fois-ci, il vous faudra simplement la redimensionner de manière homothétique (en maintenant la touche Maj) puis tourner pour casser la régularité et donner un mouvement. Dupliquez cette plume autant de fois que vous le souhaitez en changeant à chaque fois la taille et l'orientation. Essayez de conserver une dynamique dans le placement de ces plumes.

25 FLOU GAUSSIEN

Appliquez un Flou gaussien au calque "lumière" avec la valeur maximale de 250 et passez le mode de fusion en Lumière tamisée.

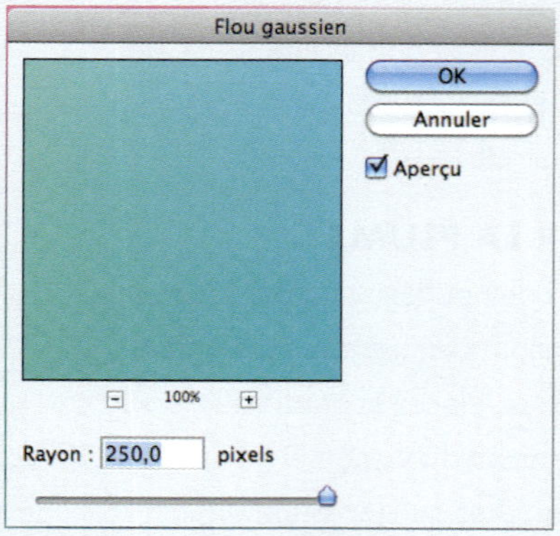

26 FORMES

Créez un nouveau calque que vous placerez au-dessus du calque “arrière-plan” et nommez-le “nuages”. Importez la forme de pinceau “nuages” en cliquant sur la petite flèche en haut à droite du panneau Formes et cliquez sur Charger des formes. Sélectionnez une forme (pour ma part la sixième) et mettez la taille maximale, soit 2500. D’un clic, peignez en blanc la forme. Redimensionnez afin que la forme occupe toute la largeur de manière homothétique (en maintenant la touche Maj).

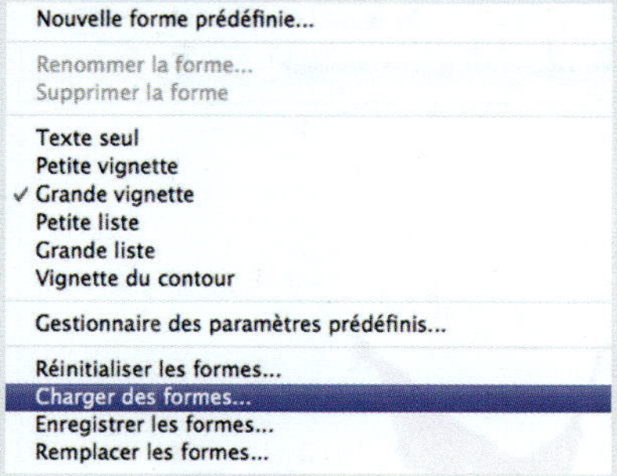

27 GOMME

Effacez ensuite la partie gênante avec l’outil Gomme avec une Opacité de 40 %.

28 ÉCLATS DE LUMIÈRE

Pour finir, ajoutons quelques éclats de lumière. Créez un nouveau calque et placez-le en dessous du calque “lumière”. Nommez-le “éclat”. Sélectionnez une forme de pinceau ronde et douce de taille 100 avec une Opacité de 85 % puis peignez en blanc sans toutefois en abuser sur quelques zones de la composition.

ASLEEP

Imaginez une illustration avec Photoshop proche d'une peinture dite traditionnelle.

Vous souhaitez réaliser une illustration avec Photoshop qui ressemblerait à une peinture ? Ludovic Jacqz, passionné de dessin et de jeunes filles aux grands yeux, propose de vous guider dans la création d'un dessin mêlant couleurs, détails et précision. Armez-vous de patience car chaque élément est travaillé avec minutie pour obtenir un rendu tout en relief… Ce tutoriel, uniquement réalisé via Photoshop, vous permettra de vous familiariser avec certains outils pour créer une illustration pleine de poésie.

SUR LE CD : Il n'y a pas d'élément sur le CD pour ce tutoriel.

NOTRE EXPERT
Ludovic Jacqz
a tout juste 30 ans, vit en région bordelaise, dessine de petites nénettes aux grands yeux et est passionné d'images, de brocante et de décoration. En véritable touche-à-tout, il patine des meubles à l'ancienne depuis quelques années déjà, s'est remis au dessin il y a peu, et compte bien réussir à vivre de sa passion décemment.

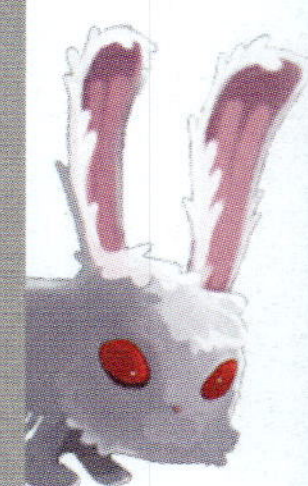

01 TROUVER UN THÈME ET UNE AMBIANCE

Créez un nouveau document : Fichier> Nouveau> Document A4 300 dpi. À partir d'un croquis réalisé sur Photoshop, la première étape est de trouver une ambiance et un thème. Le premier jet, un peu instinctif, donne le ton pour la suite de votre illustration. Ici, l'idée était de réaliser une ambiance conte de fées un peu "dark" et surannée.

02 S'ATTARDER SUR LE REGARD ET LA BOUCHE

En premier lieu, pour m'attacher aux personnages, je commence par le visage. Le but est de donner une personnalité, un peu de vie à mon héroïne. Les yeux et la bouche sont les deux points forts d'un personnage selon moi, il faut donc s'y attarder. Utilisez l'outil Pinceau, avec un diamètre réglé au minimum et en zoomant pas mal pour réaliser divers détails : contour de la bouche, cils, ovale du visage et ainsi de suite… Je travaille toujours mon personnage en premier.

03 METTRE EN PLACE LA COMPOSITION

À ce stade-là, la composition est décidée, le choix des couleurs (vert/bleu pour la forêt et rouge pour la robe) est définitif. Le côté complémentaire des couleurs me plaît bien. Le Pinceau est l'outil principal dont je me sers. Je passe et repasse en utilisant l'outil Pipette pour sélectionner mes teintes. Je fais des tests en réglant l'opacité des couleurs que je choisis dans un nuancier prédéfini. À partir de maintenant, c'est un travail de peintre, de gribouillages et parfois de hasard. Ma compo se découpe en quatre plans : le loup, la jeune fille, la lisière puis la forêt. On est encore dans la phase "dessin" au sens large pour délimiter chaque élément. L'illustration peut démarrer.

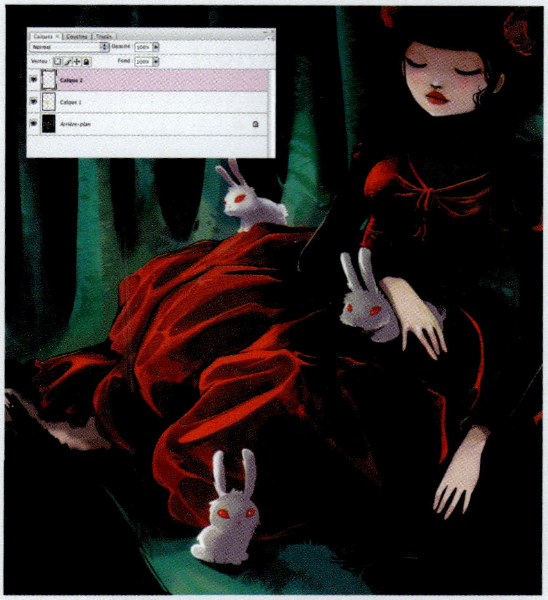

04 INTÉGRER DES ZONES LUMINEUSES

Créez un calque de couleur jaune en mode Éclaircir afin de donner de la profondeur au niveau de la lisière (derrière la jeune fille et le lapin surélevé). Sur ce calque, estompez tout autour de la lisière de manière subtile pour créer une lueur diffuse et obtenir une sorte de masse plus lumineuse que le reste du dessin. Ainsi, on met en évidence les quatre plans, le plan de la lisière étant plus lumineux que les autres grâce à ce calque. Une fois satisfait, j'aplatis systématiquement mes calques, bien que je déconseille cette méthode car on ne peut plus rien changer après. Si je fais cela, c'est simplement que l'ordre des calques et leur emploi ne sont pas ma spécialité.

05 TRAVAILLER LE DÉTAIL DE LA ROBE

Pour créer les reflets de la robe, utilisez l'outil Pipette afin de sélectionner le rouge le plus lumineux que vous avez obtenu lors de vos mélanges et tâtonnements. Choisissez une logique concernant la provenance de la lumière, essayez de vous y tenir par la suite. Ici, je décide qu'elle part en diagonale de la gauche vers la droite. Je commence donc à peaufiner le sommet des plis de la robe, le rendant plus lumineux en le soulignant d'un rouge intense.

06 ASSOMBRIR ET DÉTAILLER LA FORÊT

Étape où je m'amuse à créer dans le détail la forêt branche par branche. Toujours au pinceau, travaillez avec des opacités faibles en repassant au fur et à mesure sur les branches. Le travail est assez fastidieux. J'utilise des bleus et des mauves proches du noir par endroits.

07 RETOUR AU VISAGE

Le décor est planté, alors je me concentre de nouveau sur le visage. Je retravaille le serre-tête, ajoute du volume et de la matière ; j'avoue m'amuser un peu en la maquillant comme une poupée. C'est assez laborieux, mais c'est finalement la partie que je préfère !

08 UNIFIER L'ENSEMBLE DE L'ILLUSTRATION

J'applique un calque bleuté en mode Teinte sur l'illustration pour unifier l'ensemble et créer une harmonie. J'estompe ce calque sur la jeune fille et les lapins pour garder les couleurs d'origine, le rouge et le blanc. Ainsi les tons de la forêt que je trouvais un peu trop verts deviennent bleus, plus proches de la nuit et de l'ambiance nocturne que je souhaitais donner à mon illustration (aplatissement des calques, encore une fois).

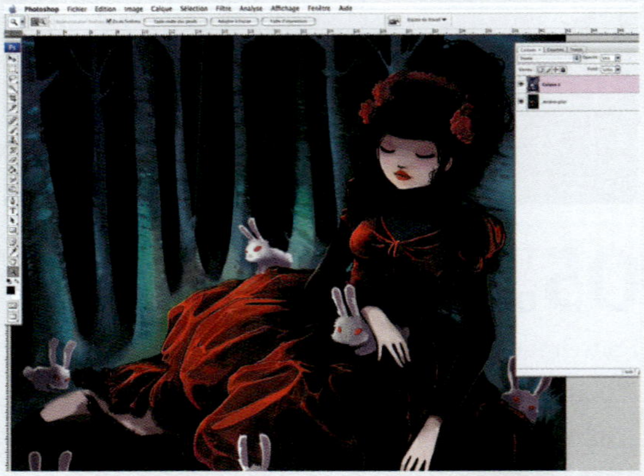

09 DERNIÈRE LIGNE DROITE

La jambe n'étant pas indispensable à la lisibilité du dessin, je décide de la supprimer et de la camoufler avec un ajout d'herbe (le roi de la bidouille, me direz-vous). Je retravaille également les lapins en leur donnant du volume et en ajoutant les ombres petit à petit.
J'ajoute des masses lumineuses au sol en utilisant l'outil Pinceau en mode Éclaircir sans calque, directement sur l'illustration. Afin d'unifier l'ensemble, je retravaillerai cette partie.

10 TOUCHES DE LUMIÈRE

Je crée un nouveau calque (par précaution, un peu comme un brouillon) que j'aplatirai par la suite si le rendu me convient. Je reviens sur la forêt et ajoute des points lumineux (reflets) sur les troncs d'arbres. Je continue à peaufiner mes détails, herbes et lapins notamment, et reviens un peu de manière anarchique sur différents endroits de mon dessin. Je change diverses choses, reviens sur d'autres, etc. J'aplatis mon calque.

« Je n'utilise pas de formes de pinceaux particulières ni même de techniques précises, car j'apprends tous les jours... »

11 FINALISATION

Une fois que mon illustration me semble finie, je floute quelques branches de la forêt grâce à l'outil Goutte d'eau et je retravaille également le pelage du loup. J'utilise l'outil Doigt (oui, je sais, ce n'est pas bien mais ça fait gagner du temps) pour créer les poils un à un de manière plus rapide. Je fais de même pour l'herbe, par endroits. En prenant du recul, je vérifie la cohérence de l'illustration, quitte à revenir dessus quelques jours plus tard. Vous remarquerez que ma méthode m'est tout à fait personnelle et instinctive, je n'utilise pas de formes de pinceaux particulières ni même de techniques précises, car j'apprends tous les jours...

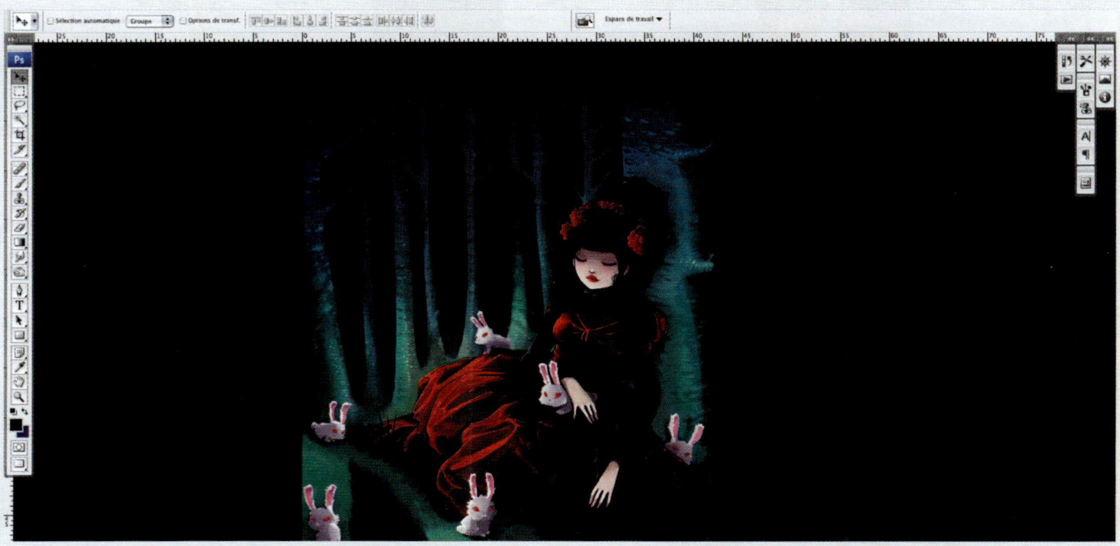

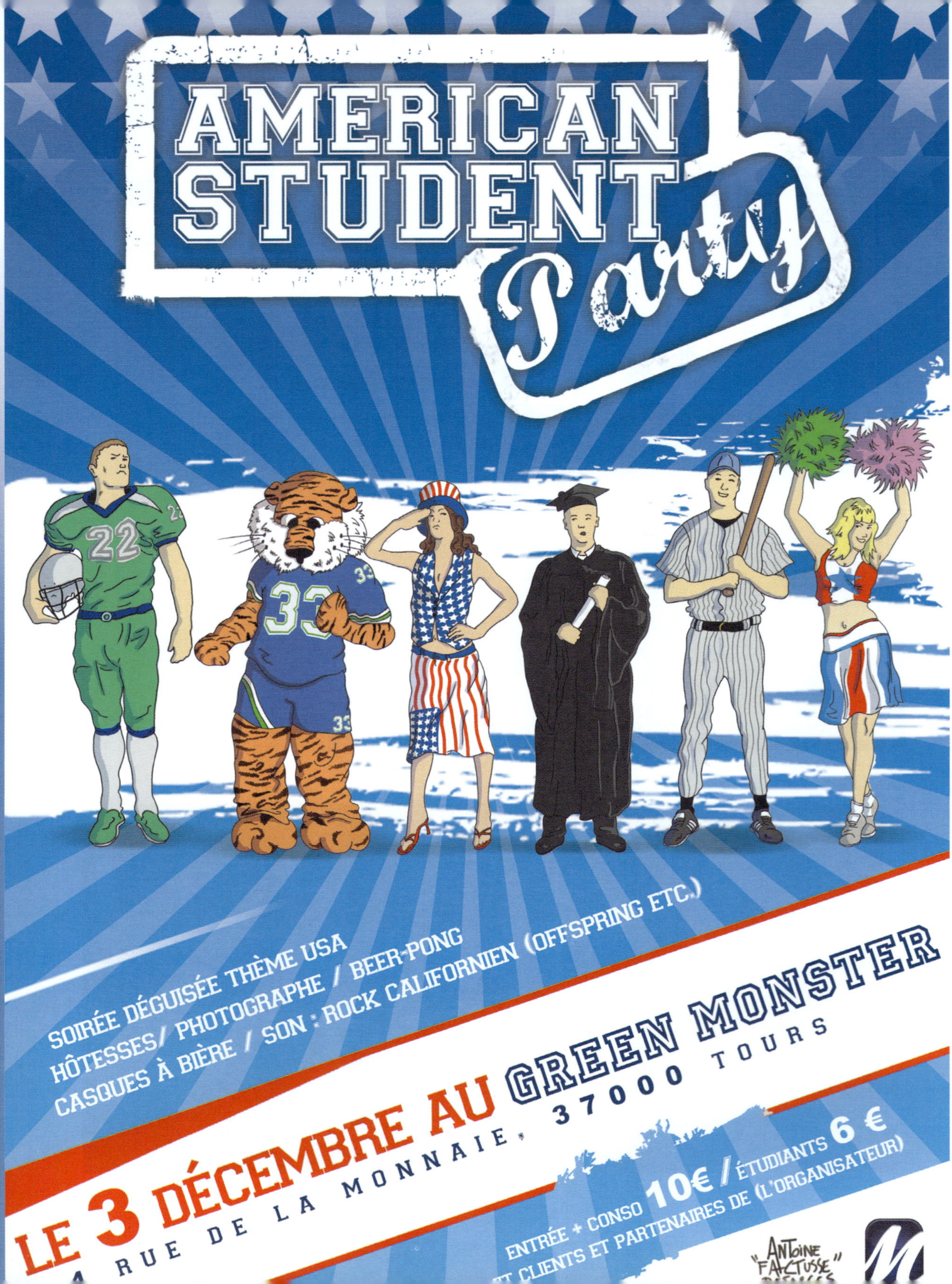

AMERICAN
STUDENT
Party
22
33
SOIRÉE DÉGUISÉE THÈME USA
HÔTESSES/ PHOTOGRAPHE / BEER-PONG
CASQUES À BIÈRE / SON : ROCK CALIFORNIEN (OFFSPRING ETC.)
LE 3 DÉCEMBRE AU GREEN MONSTER
RUE DE LA MONNAIE, 37000 TOURS
ENTRÉE + CONSO 10€ / ÉTUDIANTS 6 €
CLIENTS ET PARTENAIRES DE (L'ORGANISATEUR)

AFFICHE ILLUSTRÉE

Voici une méthode complète pour créer une affiche illustrée dans un style très américain.

Je vais vous présenter une méthode complète pour réaliser cette affiche. Elle comprend des notions d'illustration, de composition et de colorisation, mais avant tout je vais aborder le "tronc commun" à toutes mes réalisations d'affiches : analyse de la demande, croquis, recherches de références, estimation du temps de travail, etc. J'ai créé cette affiche pour l'un des clients de l'agence de communication Mediadi, à Tours (www.mediadi.fr), j'ai modifié les différents noms pour la publication dans le livre (ne cherchez pas le green monster à Tours, il n'existe pas). Le but n'est pas de vous aider à reproduire cette image, mais plutôt de vous montrer le cheminement complet, relativement rapide (un ou deux jours), entre la réception du mail récapitulatif et l'affiche finale ; les délais sont souvent très courts pour ce genre de commande, il est préférable de savoir s'organiser.

SUR LE CD : vous trouverez sur le CD le fichier final avec les calques et un document Word avec les textes.

NOTRE EXPERT
Factusse (Antoine Defarges)

À 22 ans, Factusse a travaillé dans l'imprimerie, le Webdesign et en agence de communication. Expert en matière de mise en page, de montage et retouche photo, et surtout d'illustration, il a intégré la rédaction d'Advanced Creation en 2009. Il est également scénariste, dessinateur et coloriste de BD à ses heures perdues.
www.factusse.com
grobbmineur@hotmail.com

01 ANALYSE DE LA COMMANDE

Pour commencer, vous devez avoir un récapitulatif que vous avez écrit vous-même suite à vos discussions avec le client, ou qu'il vous a envoyé par mail. Si vous travaillez en agence, un supérieur l'a peut-être rédigé pour vous. Dans tous les cas, il est indispensable d'avoir quelques indications avant de se lancer. Pour ce travail, j'ai un descriptif de la soirée prévue (ambiance, musique, prix, adresse, etc.) et une seule indication d'ordre esthétique : créer des personnages avec un style illustration/BD, basés sur des déguisements "USA".

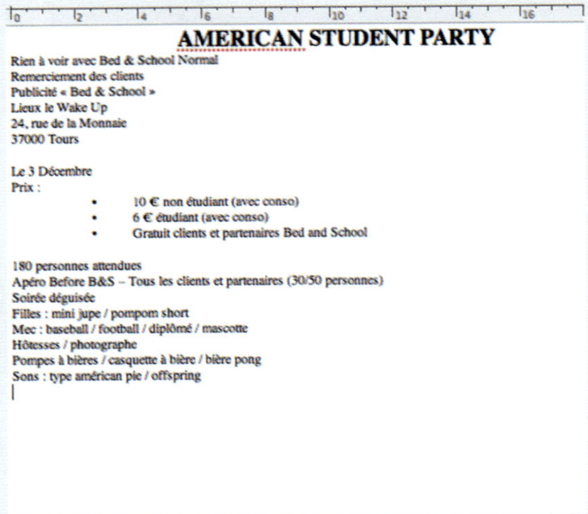
AMERICAN STUDENT PARTY

Rien à voir avec Bed & School Normal
Remerciement des clients
Publicité « Bed & School »
Lieux le Wake Up
24, rue de la Monnaie
37000 Tours

Le 3 Décembre
Prix :

- 10 € non étudiant (avec conso)
- 6 € étudiant (avec conso)
- Gratuit clients et partenaires Bed and School

180 personnes attendues
Apéro Before B&S – Tous les clients et partenaires (30/50 personnes)
Soirée déguisée
Filles : mini jupe / pompom short
Mec : baseball / football / diplômé / mascotte
Hôtesses / photographe
Pompes à bières / casquette à bière / bière pong
Sons : type américan pie / offspring

02 PREMIÈRES RECHERCHES

Ne vous lancez pas à l'aveuglette ; trouvez avant tout une idée générale. Celle-ci peut changer légèrement (ou complètement) en cours de réalisation, mais elle doit exister pour ne pas perdre de temps. Je commence par faire un croquis très brouillon sur Photoshop, je note les emplacements des textes, du logo de la soirée (je viens de décider d'en créer un) et des personnages. Une fois mon croquis terminé, je baisse l'opacité de son calque et je le verrouille. Cette étape m'aide à anticiper le volume de travail qui m'attend.

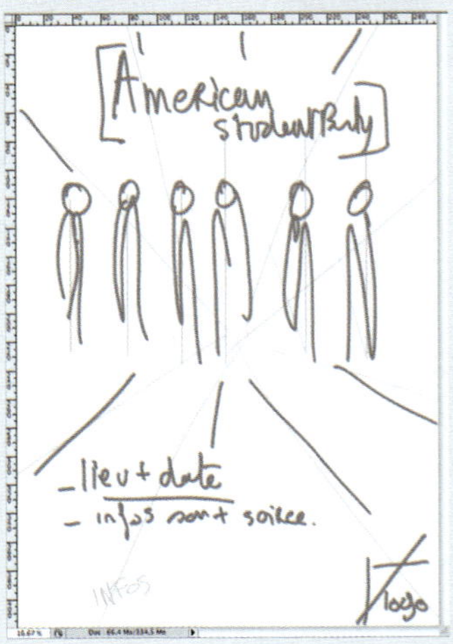

03 DOCUMENTATION

J'ai maintenant déterminé le travail à effectuer : création d'un logo (estimé à une heure maxi), de cinq ou six personnages (plusieurs heures sans doute) et leur inclusion dans une affiche, en gardant le thème USA/fête "grunge" (une à deux heures). Une erreur courante (et fatale) chez les dessinateurs et illustrateurs débutants est leur volonté de tout créer de A à Z. Il est préférable de chercher de la documentation (photos, dessins, etc.) afin d'en recopier certains éléments, de les combiner dans ses propres créations. Je cherche donc des cheerleaders, des sportifs américains, des mascottes de foot US, des filles en jupe, un diplômé...

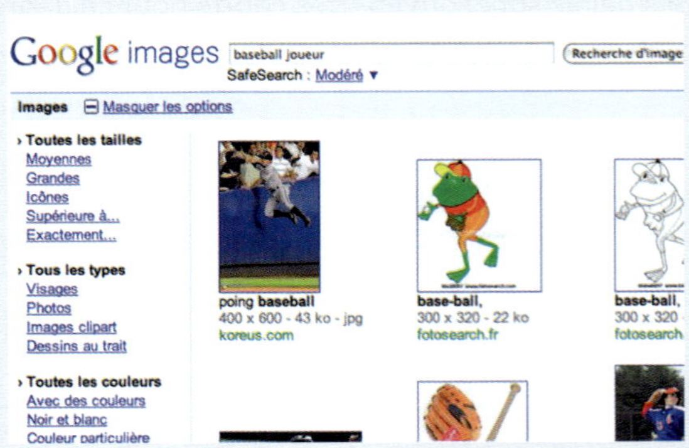

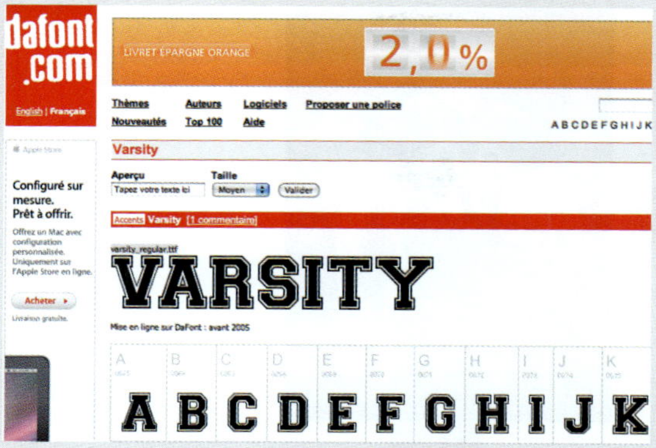

04 RECHERCHE DE POLICES

Pour la création de mon logo, je pense m'inspirer des typos old school américaines, comme celles que l'on voit sur de nombreux survêtements et équipements sportifs. Direction le site Dafont (www.dafont.fr), qui est de loin le meilleur en matière de polices d'écriture gratuites. Après une courte recherche, je télécharge et installe cinq polices : Marcelle, Neon, Snickers, Allstar et Varsity.

05 CRÉATION DU LOGO

Vu les thèmes de la soirée (USA, minijupes, bière à gogo et rock californien), je fais assez rapidement quelques associations d'idées et je m'oriente vers un design simple, un peu déstructuré, grunge, old school... Sur un nouveau document à 300 dpi, je tape le nom de la soirée (American Student Party) avec les différentes polices, puis j'aplatis l'image. Je préfère travailler avec les pixels, faire des "collages".

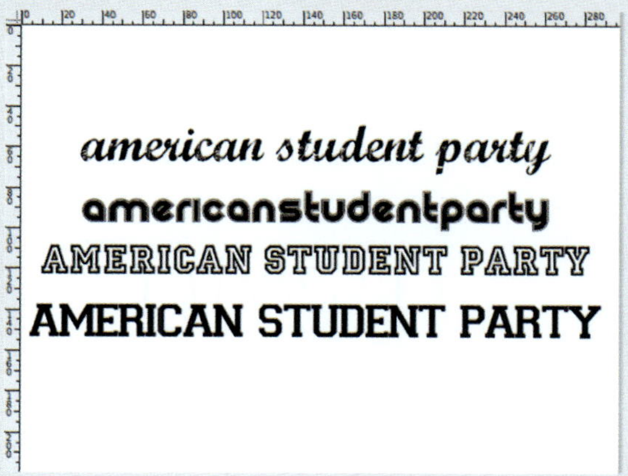

06 CRÉATION DU LOGO : SUITE

Sur mon document, je combine les éléments intéressants des différentes polices pour créer plusieurs logos. Je copie, coupe, transforme et colle, je fais des montages. Cette étape est assez spontanée et rapide. Je me décide assez vite pour l'un des logos, mais je garde les autres aussi, au cas où. J'ai simplement écrit "American Student" avec une police, "Party" avec une autre, agencé leur placement, puis créé des cadres en dupliquant la partie rectiligne d'une des lettres. J'enregistre le document et le ferme. Je le garde pour plus tard.

07 FRANKENSTEINISATION

J'emprunte ce terme à un tutoriel que j'ai traduit pour le hors-série Illustrator d'Advanced Creation. Il s'agit simplement de combiner plusieurs photos de référence pour créer un modèle.
Pour mon joueur de foot US, j'ai trouvé un modèle parfait mais sans jambes, et la photo d'une équipe dont les joueurs ne me plaisaient pas, mais avec plein de jambes ! Je coupe grossièrement et je colle les jambes sous le corps qui m'intéresse. Il faut un bon sens de l'observation et de bonnes notions d'anatomie pour ne pas créer des monstres difformes. Faites des essais jusqu'à obtenir des proportions et poses logiques.

08 CROQUER VOTRE PERSONNAGE

Sur un nouveau document (A4 à 300 dpi), je colle le modèle "Frankenstein" (ou un modèle d'origine si vous avez trouvé une photo entière) et je fais Ctrl/Cmd+T pour redimensionner le personnage au format A4. Si les photos sont de mauvaise qualité, le résultat est très laid. Peu importe, les formes sont toujours visibles.
Je baisse l'opacité du calque, le verrouille. J'en crée un autre au-dessus puis, avec un pinceau très fin, je dessine un croquis basé sur mon modèle. Je fais ça très vite, j'essaie d'être précis sur les formes, mais pas sur la qualité du trait. Je peux ensuite masquer le modèle et corriger mon croquis.

09 DESSIN AU PROPRE

Une fois mon croquis terminé, je baisse son opacité. Ainsi il ne reste plus que le fond blanc et le croquis en transparence. Je crée un nouveau calque en haut de la pile. Avec un pinceau très fin (10 pixels), je repasse mon croquis, de façon très précise, et proprement. Comme pour l'encrage de BD "réelle", la difficulté pour un non-initié est d'avoir un trait souple, sans tremblements, net et précis. Seul l'entraînement viendra à bout de vos (inévitables) mauvais résultats de départ. Une bonne tablette graphique est indispensable.

10 COLORISATION : APLATS

Mon dessin “au trait” est terminé. Si vous êtes un habitué du magazine, vous savez comment je procède pour la colorisation. Pour les autres, voici un petit rappel. Tout d’abord, je crée un nouveau calque sous le calque “trait” (ou “dessin”) qui sera destiné aux couleurs de base, les “aplats”. Les illustrations étant très simples, je ne sépare pas les éléments sur des calques différents ; je travaille le plus rapidement possible, sur un seul calque. Avec un pinceau rond et dur sans variation d’opacité, j’applique les différentes couleurs.

11 COLORISATION : MOTIFS

Si vous regardez mon image finale, j’ai inclus sur les vêtements des motifs rappelant les USA : typos, étoiles et rayures. Pour les numéros ou écritures, j’utilise une des cinq polices choisies, j’écris sur un nouveau calque, je fais Calque> Pixellisation> Texte puis Ctrl/Cmd+T avant de placer l’inscription à l’endroit voulu. Pour les étoiles, j’utilise des références perso ou des objets vectoriels Illustrator que je pixellise et place de la même façon. Pour les rayures, j’utilise un pinceau fin et je dessine patiemment chacune d’elles !

12 COLORISATION : OMBRES

Sur un calque au-dessus des deux précédents, à 30 % d’opacité, je peins des ombres avec un pinceau rond, dur et sans variation d’opacité. J’utilise plusieurs couleurs, des bleus sombres et du noir principalement.
Selon la couleur vue en transparence, votre ombre doit être d’une certaine teinte pour apparaître “neutre”, c’est-à-dire sombre et non colorée. Exemple : du bleu pour la peau, du marron pour les rouges, du noir pour les couleurs froides…

L'impression, à savoir absolument

J'aimerais appeler cet encadré "Je vous le dis une bonne fois pour toutes", mais je crois qu'il est indispensable de le répéter à chaque fois (pour les nouveaux arrivants). Si vous voulez imprimer votre travail, travaillez à 300 dpi (A4 pour chaque personnage, et A3 pour l'affiche finale), en CMJN. Utilisez le panneau Informations (Fenêtre> Informations) pour analyser le taux de noir de chacune de vos couleurs. Si ce taux dépasse 20 %, modifiez la couleur de cette façon : échantillonnez-la avec la pipette, double-cliquez sur l'icône Couleur de premier plan et modifiez le champ N de C, M, J, N. La couleur change un peu, mais elle passera beaucoup mieux à l'impression, sans se "salir". De la même façon, lorsque vous sélectionnez une couleur, il arrive qu'un petit triangle apparaisse, cela veut dire que la teinte n'existe pas en CMJN et donc qu'aucune imprimante ne la reproduira fidèlement. Bannissez les couleurs dotées de petits triangles (elles sont malheureusement très nombreuses !). Enfin, vous pouvez aussi faire Fenêtre> Nuancier puis charger un nuancier Pantone (type Pantone coated) qui sont des couleurs spécialement présélectionnées pour l'impression ; dans l'industrie, ces nuanciers de référence constituent une norme fiable.

13 RECOMMENCER !

Recommencez depuis l'étape 7 pour chaque personnage, toujours le même procédé : assemblage de références, croquis rapide, dessin au propre, aplats de couleurs, dessin de motifs, puis les ombres. Dans les étapes suivantes, je vais détailler les techniques "spéciales" que j'ai dû trouver pour créer certaines choses plus spécifiques.

14 LE TIGRE – DESSINER SES RAYURES

L'un de mes personnages est une mascotte de foot US (traduction : un idiot déguisé en gros tigre). Je dois donc appliquer un orange comme couleur de base, mais aussi dessiner des rayures (le genre de choses qui peuvent vous faire perdre une heure assez facilement). Je zoome assez près, je m'arme de patience, je prends un pinceau très fin, et je dessine les rayures comme si je gribouillais avec un stylo. Il va sans dire que vous faites cela sur un calque séparé, car c'est assez long et difficile.

15 LE DRAPEAU ÉTOILÉ 1/2

Un autre de mes personnages est une femme déguisée en Oncle Sam, avec un drapeau enroulé autour de ses hanches en guise de jupe.
Une idée comme une autre. Au moment de créer mon croquis, j'ai dessiné la forme de la jupe.
C'est à l'étape de la colorisation que je lui donne cet aspect "drapeau US". Dans Illustrator, je dessine une étoile que je duplique plusieurs fois. Dans la fenêtre Alignement, je choisis ensuite Distribution horizontale au centre. Je duplique les étoiles en dessous plusieurs fois, pour créer une "plaque" d'étoiles. Vous pouvez faire tout ceci dans Photoshop. Attention toutefois de bien travailler sur un calque à part.

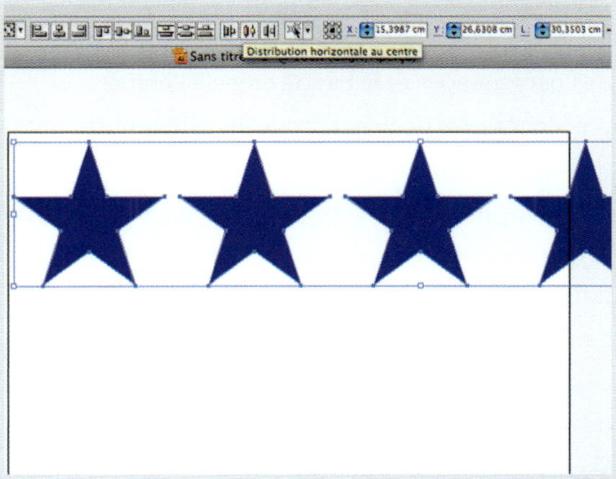

16 LE DRAPEAU ÉTOILÉ 2/2

Une fois que le motif est prêt, je sélectionne le tout et fais Ctrl/Cmd+C, puis je vais dans Photoshop et colle le motif en tant que pixels.
Je fais Ctrl/Cmd+T et place le motif au-dessus de la zone voulue. Je fais ensuite Édition> Transformation> Déformation et je donne un aspect plus aléatoire à mes motifs, selon la forme des plis du tissu. Je vais ensuite sur le calque "trait/dessin", avec la Baguette magique, je sélectionne la zone entourant le personnage, je retourne sur le calque du motif en gardant la sélection active, puis je supprime les excédents. Je recommence pour chaque zone à recouvrir. Et voilà !

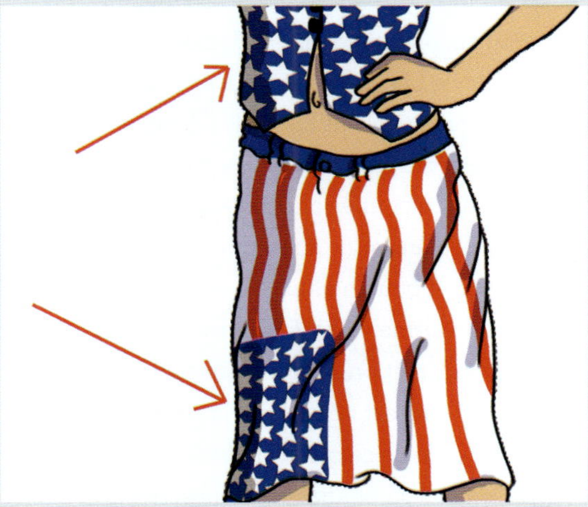

17 IMPORTER LES PERSONNAGES

La création des personnages représente plus de 70 % du temps de travail de l'ensemble de l'affiche. C'est donc une bonne chose de faite.
Pour chacun, je fais Image> Dupliquer puis, sur la copie ainsi créée, je fais Calque> Aplatir l'image.
Avec la Baguette magique, je sélectionne le tour du personnage, je fais ensuite Ctrl/Cmd+Maj+I pour intervertir la sélection, puis je copie le personnage et le colle dans le document A3 qui constituera la base de mon affiche.

18 COMPOSITION ET PREMIÈRES IDÉES

J'essaie de trouver une couleur de fond pour mon affiche. Je me décide pour du bleu. En général, j'évite de laisser un fond trop uni sur mes affiches. Je fais un dégradé du bleu vers un bleu légèrement différent pour éviter la monotonie tout en gardant une seule couleur de fond. Je commence également à disposer mes personnages. Je décide de les mettre "en ligne", disposition un peu classique mais que je compte nuancer avec des lignes "explosives" par la suite.

19 UN PEU DE GRUNGE

Pour booster la composition un peu stricte et le fond encore monotone, je décide d'ajouter une grande bande blanche derrière les personnages. Celle-ci aura la triple utilité de les détacher du fond, d'ajouter un côté rock'n'roll, et surtout d'insuffler une respiration et une cohérence à l'ensemble (cette bande détermine aussi mon choix du blanc pour le logo et pour la plupart des écritures...). J'utilise une forme vectorielle offerte sur un CD d'Advanced Creation, que je place sur un nouveau calque. La forme est noire. Pour la passer en blanc, j'ajoute un style de calque à la forme (Incrustation couleur, en bas du panneau Calques). Vous pouvez aussi verrouiller les pixels transparents et faire Maj+F5 pour remplir la forme de blanc.

20 BANDES BLANCHES

Toujours dans le but d'instaurer une composition attractive – et pour contraster avec les fortes lignes horizontales formées par la position des personnages et la bande créée à l'étape précédente – je décide d'écrire les différents textes de façon oblique, et pas horizontalement comme je l'avais prévu lors de mon croquis. Remarquez que je reprends un peu l'idée du logo, en alternant lignes horizontales et obliques. Pour obtenir les bandes blanches, je crée simplement un nouveau calque, je fais une sélection avec l'outil Rectangle de sélection et Maj+F5 pour remplir avec du blanc. Vous pouvez aussi utiliser l'outil de forme rectangle. Je fais ensuite Ctrl/Cmd+T et place mes bandes obliquement.

« Je n'ai pas clairement défini le texte à inclure (...). Je fais deux versions au choix pour le client. »

21 OMBRES PORTÉES

Je décide de créer des ombres aux pieds de mes personnages pour qu'ils n'aient pas l'air de flotter dans le vide. Je crée un nouveau calque sous celui des personnages. Avec l'outil Ellipse de sélection, en maintenant la touche Maj enfoncée, je fais un petit rond sous chaque personnage, ou deux si l'un des pieds ne touche pas le sol. Je fais Maj+F5 pour remplir avec du noir. Et j'applique ensuite un Flou gaussien sur le calque (Filtre> Atténuation> Flou gaussien). Baissez l'opacité si nécessaire.

22 FAIRE RESSORTIR LE LOGO

J'aimerais à présent faire ressortir un peu le logo du fond. Je fais donc Calque> Style de calque> Ombre portée après avoir sélectionné le calque du logo. Je vous laisse chercher pour les réglages, c'est en faisant quelques essais que l'on apprend le mieux. Juste un conseil : ne réglez pas l'opacité au-delà de 80 %, le noir est salissant, sachez modérer son usage.

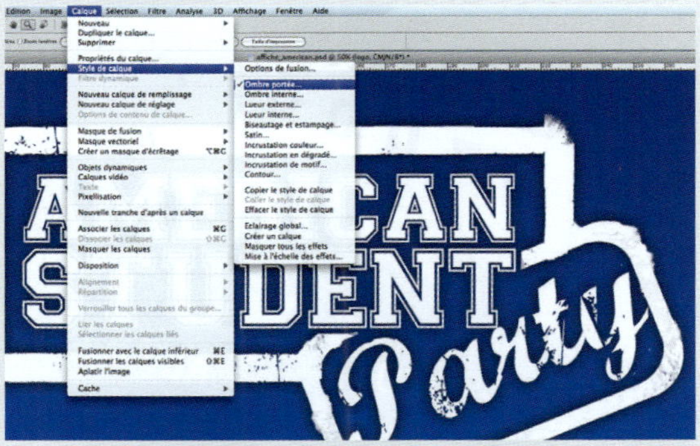

23 CHOIX DU TEXTE ET DES POLICES

Je n'ai pas clairement défini le texte à inclure dans l'affiche, le client non plus. Toutes les infos sont présentes sur mon descriptif mais je ne sais pas si je dois tout inclure. Je fais deux versions au choix pour le client, l'une avec seulement les infos de base (date, lieu et infos générales sur le thème de la soirée), et une autre version où je précise les activités (bière, hôtesses, etc.). J'essaie avec chacune des cinq polices sélectionnées au début, j'en garde deux (une pour le texte général, une pour le nom de la discothèque) et j'ajoute l'Arial Bold pour les chiffres, ceux des deux polices sélectionnées ne me plaisant pas trop.

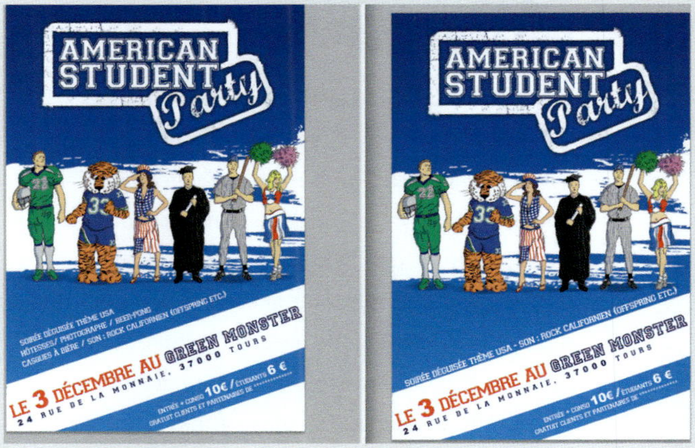

« Certaines notions de base peuvent parfois échapper même aux plus doués d'entre nous, demandez de l'aide ! »

24 ABÎMER LES BANDES BLANCHES

Pour faire les trous dans les bandes blanches, je colle une forme "grunge" comme celle utilisée à l'étape 19 sur un calque au-dessus de celui des bandes obliques. Je mets un coup de Baguette magique dans ces formes, je passe sur le calque des barres, et je supprime la sélection. Vous pouvez aussi utiliser un masque de fusion si vous préférez. Je supprime ensuite les formes qui m'ont servi de "pochoirs".

25 TRAITS ROUGES

Avec l'outil Trait, je fais un trait rouge, sur un calque à part, au bord d'une des bandes blanches. Je duplique le calque, place ce nouveau trait sur l'autre bord. Puis je fais une dernière copie dont je réduis la taille, que je passe en blanc (Image> Réglage>Teinte/Saturation, baissez la saturation à fond et augmentez la luminosité). Ce petit trait sert de "cadre" supplémentaire pour les textes de la version détaillée de l'affiche. Modeste certes, mais tout est affaire de détails pour obtenir quelque chose d'attractif.

26 LOGOS SUPPLÉMENTAIRES

Sur l'affiche d'origine, j'ai placé en bas à droite le logo de l'organisateur de la soirée. Sur la version "livre", j'ai préféré mettre ma signature ainsi que le logo de l'agence qui m'employait. L'emplacement est réservé aux différents logos (organisateurs, régions, etc.). Pensez à toujours prévoir une petite place pour ces détails, le résultat est plus sympa si tout est inclus dans le design et pas collé au hasard là où il reste un peu de place.

Demandez conseil

D'une manière générale, j'ai pu constater à travers mes propres difficultés, mais aussi en discutant avec d'autres graphistes, que certaines notions de base peuvent parfois échapper même aux plus doués d'entre nous. N'hésitez pas à demander de l'aide si vous ne savez pas utiliser telle ou telle fonction (masques de fusion, d'écrêtage, outil Plume, etc.). Si vous ne connaissez pas de graphiste expérimenté et si vous ne trouvez vraiment pas d'explications sur Internet, il reste toujours la solution de contacter directement les auteurs des tutoriels. Je ne parlerais pas au nom de tous (je ne sais pas ce qu'ils en pensent !), mais pour ma part je me ferai un plaisir de vous éclairer sur mes exercices (contact : grobbmineur@hotmail.com).

27 ÉTOILES DANS LE FOND

Je décide de renforcer le côté USA de mon illustration en ajoutant des étoiles dans le fond. Il s'agit également d'un rappel des vêtements des deux personnages féminins. Les rappels, mêmes minimes, instaurent une certaine cohérence. Je crée une "plaque d'étoiles" (voir étape 15) que je colle sur un nouveau calque juste au-dessus du fond bleu, puis je crée un masque de fusion sur ce calque, avec un dégradé linéaire du blanc au noir pour fondre le motif progressivement.

28 TOUCHE FINALE

Je vais, pour finir, illustrer mon propos concernant les "zones d'ombre" inévitables, même pour les plus doués d'entre nous. À ce stade, pour terminer mon fond bleu, je voulais ajouter des bandes "explosives" pour américaniser mon affiche (je l'ai déjà dit à l'étape 18). Seulement voilà, je n'ai pas réussi à le faire. La solution m'a été donnée par une personne (merci Adrien !) dont la spécialité n'est pas du tout Photoshop. En fait, c'était très simple, mais j'étais passé à côté. Sélectionnez l'outil Forme personnalisée (dans le sous-menu de l'outil Rectangle), chargez toutes les formes de base de Photoshop (celles installées par défaut) et prenez Hirondelle 2. Vous pourrez vous en servir comme d'un "tampon encreur", sur un nouveau calque au-dessus du fond bleu, et voilà. Ce sera ma conclusion : cherchez de l'aide, même là où vous ne pensez pas la trouver.

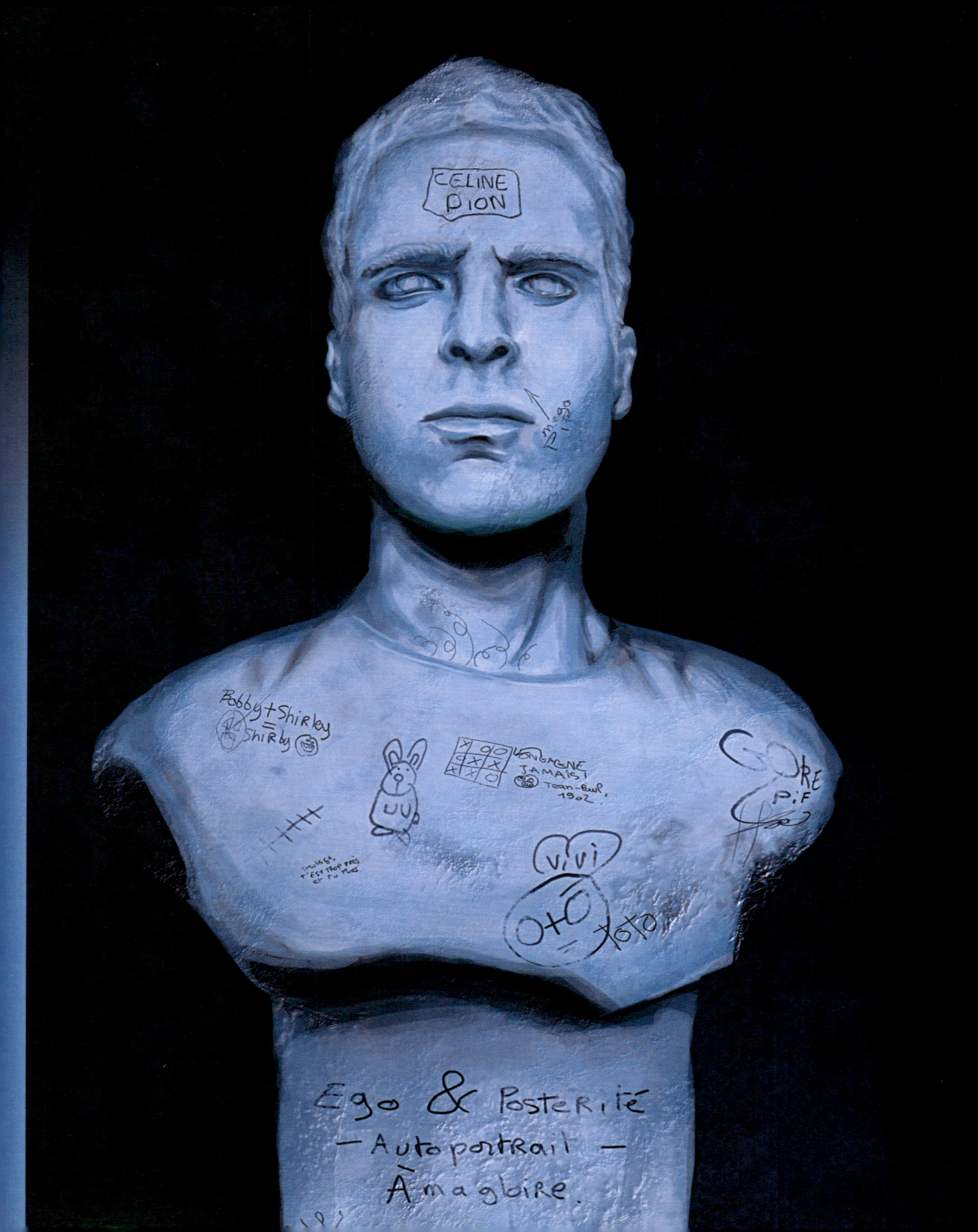
CELINE DION
Bobby + Shirley = Shirby
ON GAGNE JAMAIS!
Jean-Paul, 1902
GORE
PiF
ViVi
O+O = toto
Ego & Posterité
— Autoportrait —
À ma gloire.

STATUE

Voici un exercice de peinture numérique et d'autoportrait.

La plupart des images ont plusieurs niveaux de lecture, et il est assez plaisant d'arriver à exprimer une variété d'idées et de rendre une image attractive sous différents angles de vue. Ma motivation principale était de peindre une vision cynique de la postérité, à savoir que pour peu qu'elle existe, elle sera durement malmenée. Je voulais simplement exprimer mon point de vue amusé et moqueur vis-à-vis de toute forme de culte de la personnalité. J'aurais pu peindre Staline ou Napoléon, mais il est plus amusant de se moquer de soi-même, et je peux ainsi inclure une autre petite critique, celle de la course à la célébrité... Lorsque vous traitez ce genre de thème, gardez à l'esprit que la plupart des gens ne suivront pas votre raisonnement ; et dans ce cas, l'humour et la relative maîtrise technique étaient mes seules façons de produire quelque chose de sympa au premier coup d'œil. Maintenant, place au travail !

Sur le CD : Vous trouverez sur le CD le fichier final avec les calques.

NOTRE EXPERT
Factusse (Antoine Defarges)

À 22 ans, Factusse a travaillé dans l'imprimerie, le Webdesign et en agence de communication. Expert en matière de mise en page, de montage et retouche photo, et surtout d'illustration, il a intégré la rédaction d'Advanced Creation en 2009. Il est également scénariste, dessinateur et coloriste de BD à ses heures perdues. www.factusse.com. grobbmineur@hotmail.com.

01 DESSINER LE CROQUIS

Si vous êtes assez à l'aise en peinture numérique, passez cette étape. Dans le cas contraire, trouvez une photo de référence et importez-la dans Photoshop. Baissez l'opacité de l'image puis créez un nouveau calque au-dessus nommé "dessin" et repassez les contours principaux avec un pinceau très fin. Repassez uniquement les contours nets, pas les contours créés par des ombres.

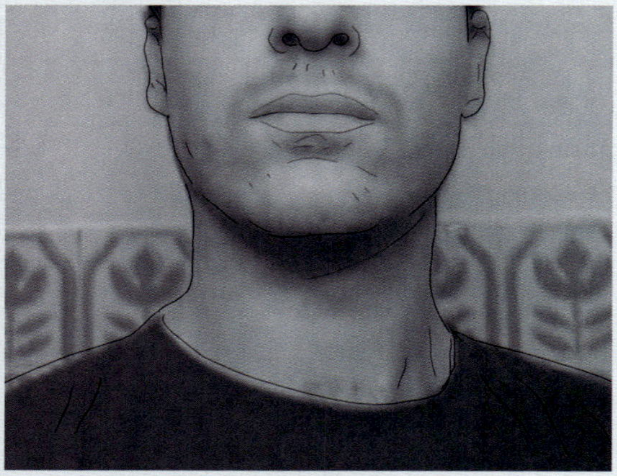

02 TERMINER LE CROQUIS

Créez un document principal à 300 dpi, CMJN format A4 ou A3 ou autre, selon ce que vous voulez faire de l'image. Importez votre dessin et placez-le dans le nouveau document. Après avoir regardé quelques photos pour vous en inspirer, dessinez le bas du buste et le socle, qui doivent évoquer de la pierre taillée assez grossièrement. Une fois satisfait, passez le calque en mode Produit et verrouillez-le.

03 PRÉPARATION

Remplissez l'arrière-plan blanc avec un gris assez foncé. Le calque étant verrouillé par défaut, double-cliquez dessus dans le panneau Calques et sélectionnez Calque d'après arrière-plan, ce qui le rend éditable. Verrouillez-le de nouveau après avoir changé sa couleur. Sélectionnez un pinceau rond. Faites Fenêtre> Formes et réglez le pinceau ainsi : dans Forme de la pointe, je règle la Dureté à 100 % et le Pas à 25. Je désactive la Dynamique de forme, je ne garde que Autre dynamique, Variation de l'opacité et Contrôle par pression du stylet. Ce pinceau permettra de peindre des grandes surfaces rapidement. Sur un calque sous celui du dessin, je commence par recouvrir la totalité de la statue avec une couleur unie (gris clair).

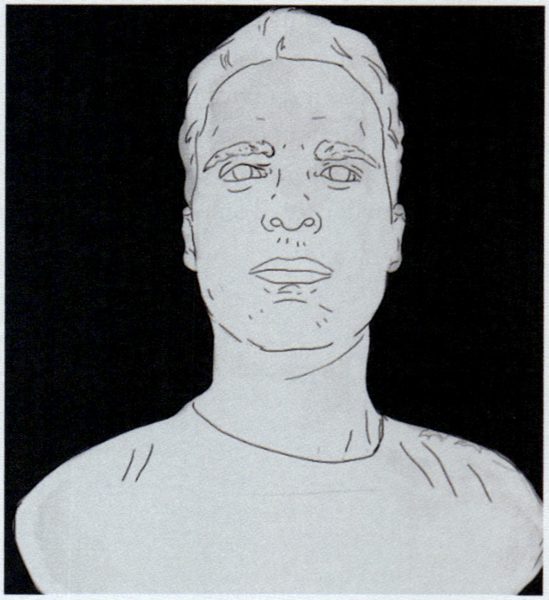

« Je n'ai que deux calques de peinture : un pour ce qui est fait, l'autre pour ce qui est en cours. »

04 VALEURS : PREMIÈRES RECHERCHES

Verrouillez le calque créé à l'étape précédente. Créez-en un nouveau juste au-dessus, puis faites Calque> Créer un masque d'écrêtage. Ainsi, lorsque vous peindrez sur le nouveau calque, les couleurs ne s'appliqueront que sur la zone peinte du calque inférieur, impossible de déborder. Avec le pinceau créé à l'étape 3, je peins en gris clair les premières ombres. J'essaie déjà de trouver les formes des ombres principales, très vite le dessin commence à me ressembler ; c'est bon signe !

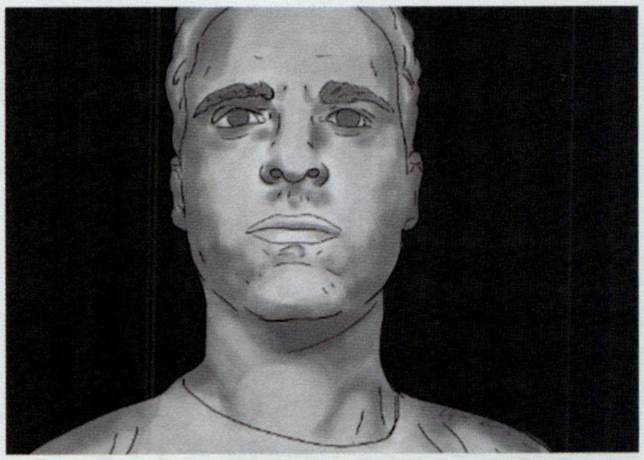

05 ARRIÈRE-PLAN

Je décide d'ajouter quelques textures au fond gris. Je prends un pinceau texturé quelconque, puis dans le panneau Formes (Fenêtre> Formes) j'active la Diffusion. Je peins les textures sur un calque à part en quelques secondes, puis je règle l'Opacité du calque et le verrouille.

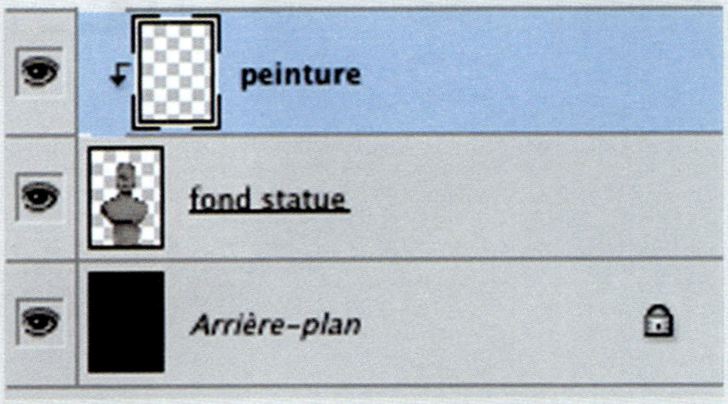

06 PAS-À-PAS

Fusionnez le calque créé à l'étape 4 avec le calque inférieur (Ctrl/Cmd+E). Puis créez-en un autre doté d'un masque d'écrêtage au-dessus. J'avance par étapes successives de cette manière. Quand un calque est OK, je le fusionne et en crée un autre à la place, sur lequel j'affine encore un peu. Et ainsi de suite. Je n'ai donc que deux calques de peinture : un pour ce qui est fait, l'autre pour ce qui est en cours. Ceci me permet de gommer certaines parties du travail en cours sans détériorer ce qui a été fait avant.

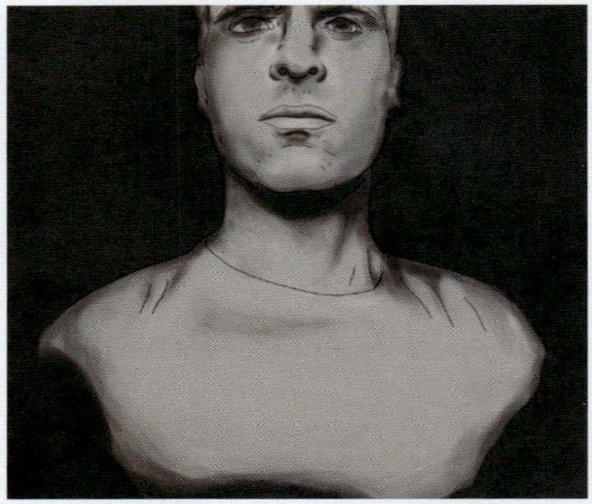

07 TRAVAILLER LES VOLUMES

Avec l'outil Pipette, j'échantillonne le gris foncé de l'arrière-plan. Je me sers de cette couleur pour définir les ombres les plus fortes, et donc les volumes principaux. Vous pouvez échantillonner le gris clair du premier calque de statue afin de mélanger avec le gris foncé, vous pouvez ainsi commencer à créer des dégradés manuellement. L'idéal serait d'avoir une version en noir et blanc de votre photo de référence qui vous aiderait pour repérer les ombres.

08 AFFINER LE TRAVAIL

Je garde le même pinceau rond mais, dans le panneau Formes, j'active Dynamique de forme, Variation de la taille et Contrôle par pression du stylet, ce qui me donne plus de contrôle et de finesse dans mes traits. Jusqu'ici, je n'avais utilisé que deux gris différents. J'affine un peu en utilisant deux autres. Je travaille par paires de couleurs : mon gris clair est utilisé avec un autre un peu plus sombre pour créer des dégradés (à la main, pas avec l'outil Dégradé). Puis ce deuxième gris est associé à un troisième un peu plus sombre encore, etc. J'évite ainsi les transitions trop brutales.

09 RÉGLAGE DES NIVEAUX

À ce stade, la statue prend forme, mais j'aimerais intensifier les tonalités sombres pour faire ressortir les volumes, idem pour le fond, je voudrais qu'il soit plus sombre pour faire ressortir la statue. Sur le dessus de la pile, je crée un calque de réglage (Calque> Nouveau calque de réglage> Niveaux...) que je règle ainsi : 10 - 0,82 - 239, ajustez selon votre image.

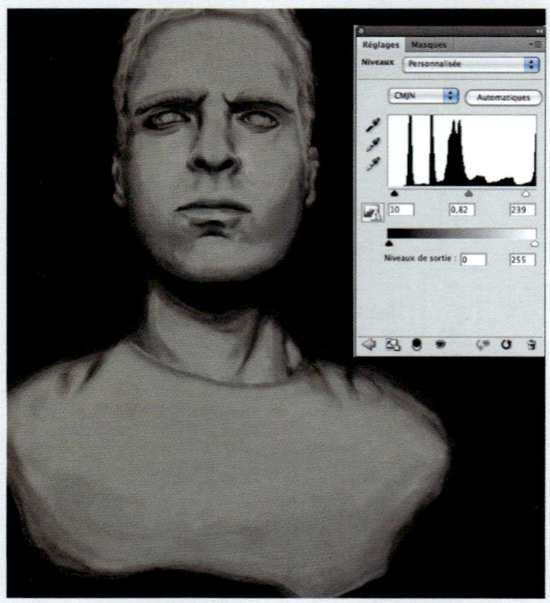

10 TRAVAILLER LE VISAGE

Si vous observez mon image finale, je n'ai détaillé que le visage. Comme dans la majorité de mes illustrations, je considère que tout n'a pas besoin de l'être ; ce qui attire l'attention est très travaillé, le cerveau fera le reste. Il trouvera le tout crédible, même si je n'ai passé que dix minutes sur le buste ! De plus, nous ajouterons des textures par la suite, raison de plus pour se concentrer sur le visage. Pour le visage donc, je zoome autour de 65 %, et je détaille, toujours en m'aidant de ma photo de départ passée en niveaux de gris.

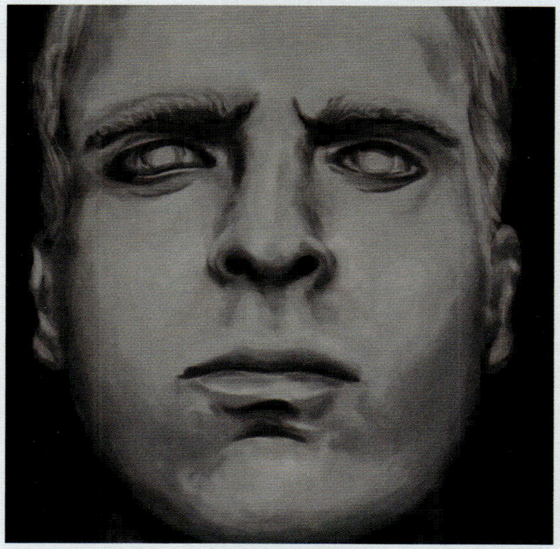

11 PETITS PIÈGES

La photo de référence est très utile, passez beaucoup de temps à l'observer, à regarder la façon dont les ombres s'y déploient...
Mais attention, gardez en tête que votre statue est en pierre, donc pas question de peindre les cheveux en noir, les yeux, etc. On est tenté de suivre l'image modèle, mais quand vous êtes très brun comme moi, il faut combler la lacune de l'image de référence. Peignez donc en gris clair et orientez les ombres de façon cohérente par rapport à celles que vous avez déjà placées. Ne confondez pas pigmentation d'un objet et éclairage.

12 CHEVEUX ET SOURCILS

Je vais utiliser un autre pinceau pour la première fois. J'en sélectionne un formé de plusieurs petits ronds, ce qui est idéal pour peindre des cheveux. Je désactive la Diffusion, la Dynamique de forme, pour ne garder que la Variation de l'opacité (dans Autre dynamique). Je peins des traits dans toutes les directions pour définir rapidement quelques mèches. Je ne détaille pas plus que ça, mais j'essaie de créer un certain impact visuel.

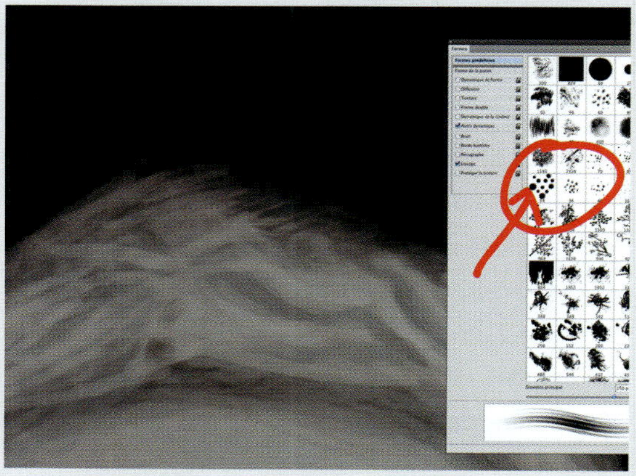

13 QUELQUES REFLETS BLANCS

Sur un calque à part, je peins quelques zones en blanc, mais très peu, juste pour souligner certaines formes (le bout du nez, le dessous des lèvres, les recoins des oreilles...). N'abusez pas du blanc, vous risqueriez d'obtenir quelque chose de trop brillant et donc pas très rocailleux. Je profite de la définition que m'apporte le blanc pour masquer complètement le croquis qui ne me sert plus à rien. Dans les étapes précédentes, je le gardais comme guide en baissant son opacité au fur et à mesure que je détaillais la peinture.

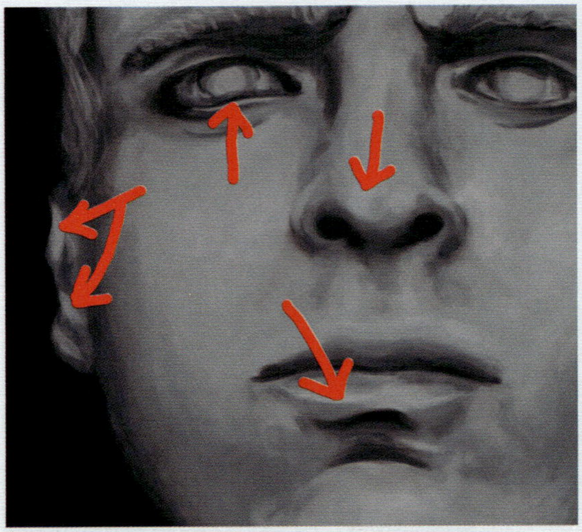

14 EST-CE FINI ?

C'est une question que l'on se pose à un moment ou un autre. Je n'ai pas cherché à pousser le détail trop loin, ma statue devait avoir l'air usée, mal taillée. On voit les coups de pinceaux, les petites facettes. Vous pouvez essayer de lisser un peu mieux ou de détailler plus précisément. Tout dépend du rendu que vous souhaitez obtenir. Tout ceci doit être réfléchi à l'avance, la technique est là pour servir un message ou au moins une impression générale.

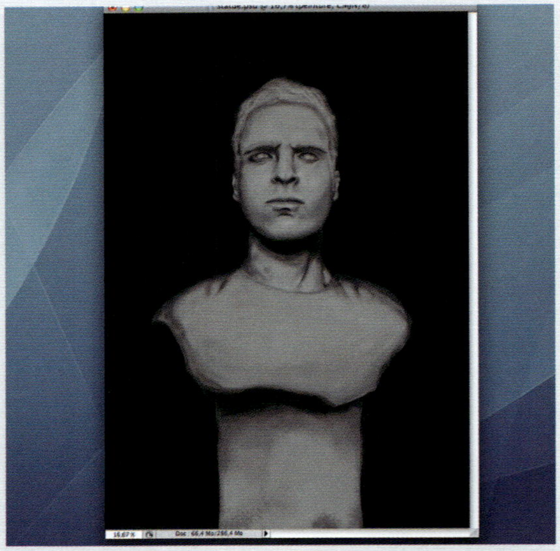

15 UN PEU DE COULEUR

Une fois que vous êtes vraiment satisfait de l'apparence de votre statue, verrouillez le calque de peinture. Pour ajouter une ambiance colorée, passez de préférence par un calque de réglage placé en haut de la pile afin de pouvoir revenir dessus plus tard si le cœur vous en dit. Faites Calque> Nouveau calque de réglage> Teinte/Saturation ou même Filtre photo. Prenez le temps de tester différentes ambiances, veillez à ne pas trop noyer votre image dans la couleur. Tout doit rester assez subtil.

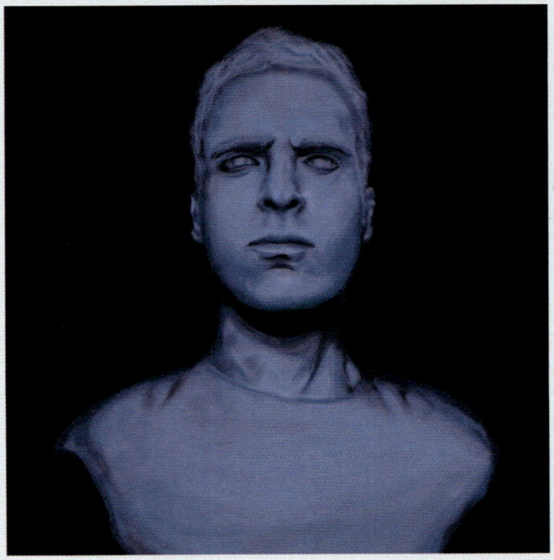

16 TEXTURES : GROS ÉCLATS

Créez un calque nommé “textures” au-dessus du calque de peinture de la statue. Pour donner une impression de volume et d’imperfections rapidement, rien de tel qu’un style de calque. Faites Calque> Style de calque> Biseautage et estampage. Réglez-le sur Ciselage léger et orientez l’éclairage de façon cohérente par rapport à votre éclairage général pour que tout reste crédible. Peignez ensuite avec des pinceaux, en gris foncé. Très vite vous obtenez de bons résultats. Sinon, double-cliquez sur votre style et ajustez les réglages jusqu’à obtenir un effet approprié. Je me concentre sur les très gros éclats.

17 TEXTURES : GRAIN DE LA STATUE

Pour les plus petits détails (grain de la pierre, petites fissures, etc.), je crée un autre calque avec le même style de calque, mais avec un ciselage plus léger. Je sélectionne des pinceaux plus fins, qui ressemblent plus à du sable qu’à de la roche, et je peins par endroits le grain de la statue. Ne recouvrez pas toute la surface, ceci n’aurait aucun intérêt, il vaut mieux garder un certain contraste avec les surfaces lisses.

18 JE SUIS UN IDIOT

Bon, à ce stade, vous n’êtes plus obligé de suivre ! Mon idée était amusante, mais si vous la répétez le gag tombe à l’eau. Pour les curieux, j’ai créé un nouveau calque nommé “tags”. Au-dessus, j’ai ajouté un nouveau calque par tag, puis j’ai dessiné des graffitis très philosophiques... Chaque tag est déformé en faisant Édition> Transformation> Déformation. J’ai ensuite fusionné tous les tags avec le calque “tags”, ai ajouté un masque de fusion et ai peint dessus en noir avec des pinceaux texturés pour que les écritures ne soient pas trop nettes et lisses.

19 CONSEILS

Vous aurez peut-être remarqué que je n’ai pas mis du tout d’éclairages supplémentaires, de réflexions lumineuses... D’habitude, je le fais presque systématiquement. Mais je voulais ici quelque chose de très massif, très dur, et la lumière aurait instauré une notion de brillance, suggérant ainsi une pierre polie. Ce n’était pas ce que je voulais. Pensez à ce genre de détails ! J’espère que vous aurez pu piocher quelques trucs et astuces utiles pour vos propres travaux dans ce tutoriel, et surtout n’hésitez pas à détailler encore plus, si vous avez le temps !

AVRO LANCASTER

AVRO LANCASTER

Illustration numérique : scène de bombardement.

Dans ce long tutoriel, je vais décortiquer en détail la méthode utilisée pour créer cette scène de bombardement. Il s'agit d'un travail personnel. Les choix du sujet et de la technique ne sont soumis à aucune contrainte, je n'avais pas de délai particulier. Je ne me suis pas attaché au message véhiculé par mon image, il s'agit plutôt d'un exercice visant à perfectionner mon style d'illustration. La méthode utilisée est celle de la peinture numérique (tablette graphique et quasiment aucune intégration de photos). Je vous encourage à ne pas reprendre la totalité des techniques utilisées dans mon travail afin de développer votre propre style : le mien se définit par un croquis de départ apparent dans le résultat final, un décor minimaliste opposé à un sujet principal très détaillé. Le résultat oscille donc entre maniaquerie et barbouillage spontané… Piochez dans mon travail et ne gardez que ce qui vous convient !

SUR LE CD : Vous trouverez sur le CD le croquis de départ pour une utilisation personnelle.

NOTRE EXPERT
Factusse (Antoine Defarges)
À 22 ans, Factusse a travaillé dans l'imprimerie, le Webdesign et en agence de communication. Expert en matière de mise en page, de montage et retouche photo, et surtout d'illustration, il a intégré la rédaction d'Advanced Creation en 2009. Il est également scénariste, dessinateur et coloriste de BD à ses heures perdues.
www.factusse.com.
grobbmineur@hotmail.com

01 CHOIX DU SUJET ET CROQUIS

J'ai aperçu sur une photo un Avro Lancaster, un bombardier de l'armée britannique de la Seconde Guerre mondiale. Je décide de le dessiner et de le mettre en scène. Je me concentre donc sur la recherche de photos. Je finis par trouver la photo d'une maquette qui me servira de référence principale, ainsi que de nombreuses autres photos pour les détails. Je crée un document A3 à 300 dpi, en CMJN. J'ai pris l'habitude de travailler en grand format mais vous pouvez travailler sur plus petit. Avec un pinceau de base, je dessine un croquis assez vague où je place les éléments principaux de la scène. J'importe directement les images "modèles" dans le document et j'essaie différentes compositions. Ensuite, j'enregistre et je ferme. L'avion sera dessiné sur un document à part.

« Prenez votre temps, ne repassez que les détails que vous souhaitez voir dans le résultat final. »

02 CONTOURS DE L'AVION

Dans un nouveau document, et après m'être assuré que l'image modèle est à peu près à la taille de l'avion dont j'ai besoin, je commence par détourer son contour extérieur avec l'outil Plume. Ensuite, avec la flèche noire, je fais un clic droit> Définir une sélection puis Sélection> Mémoriser la sélection. Je l'enregistre sous le nom "contour avion". Cette sélection me permettra par la suite d'avoir un contour bien net, et je m'en servirai aussi comme cache pour ne pas déborder.

03 IL FAUT DESSINER MAINTENANT !

Baissez l'opacité du calque modèle, verrouillez-le puis créez un nouveau calque nommé "dessin" juste au-dessus. Avec un pinceau très fin (2 ou 3 pixels), commencez à repasser les contours intérieurs de l'avion. J'ai utilisé un pinceau personnalisé dérivé du pinceau "craie foncée" de Photoshop. Prenez votre temps, ne repassez que les détails que vous souhaitez voir dans le résultat final. Cette étape devrait déjà vous occuper une bonne heure, il va falloir être patient !

Les bases à mémoriser

Pour finir ce tutoriel sans problème, je vous conseille de noter ce qui va suivre. Tout d'abord, faites Fenêtre> Espace de travail> Raccourcis claviers et menus. Dans cette liste, notez les raccourcis les plus utiles : le zoom avant et arrière, la modification de taille du pinceau et l'affichage du panneau Formes. Le mieux est de les personnaliser. Il suffit de le faire en passant par ce menu, par exemple "+" pour augmenter la taille du pinceau et "-" pour la réduire. Pour afficher la main qui permet de déplacer le document, utilisez simplement la barre d'espace. Pour tracer un trait droit avec un pinceau, restez appuyé sur Maj en faisant deux points éloignés ; Photoshop trace alors une ligne entre eux. Il n'y a pas beaucoup plus de choses à savoir. Essayez simplement de ne pas bloquer à chaque changement de pinceau, de taille de pinceau ou à chaque déplacement ou zoom de la zone de travail. Les traits droits sont très utiles également.

04 LE DESSIN : INDICATIONS SUPPLÉMENTAIRES

Je ne repasse que les contours intérieurs, le contour extérieur ne sera pas dessiné mais "coupé" à l'aide du tracé mémorisé. D'une manière générale, commencer par un dessin aussi poussé peut faire peur, mais pour ma part cela m'a bien aidé, surtout vu le niveau de détail que je voulais obtenir sur le résultat final. Il n'y a pas de technique particulière ; essayez juste d'avoir un trait souple et net, ça devient relativement facile avec l'habitude.

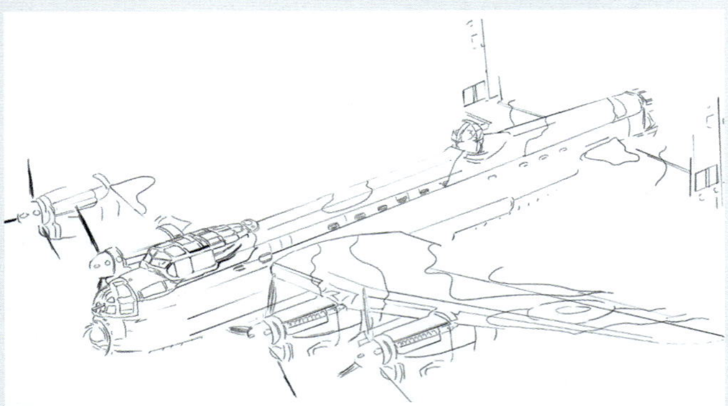

05 LES RIVETS

Toujours dans un souci du détail proche de la maniaquerie, je décide de dessiner les petits rivets qui recouvrent la totalité de la tôle.

Je commence par faire un cercle sur un nouveau calque avec l'outil Ellipse de sélection, en maintenant Alt+Maj, puis je fais Maj+F5 et remplis la forme avec du noir. Je duplique ensuite le rond plusieurs fois. Je fais une ligne en répartissant au mieux. Je fais ensuite Édition> Définir une forme prédéfinie que je nomme "rivets". Sur un calque au-dessus de mon dessin, j'utilise ce pinceau pour dessiner les rivets de l'avion. Vous pouvez ajuster l'angle de la forme dans l'onglet Forme de la pointe du panneau Formes (Fenêtre> Formes). Vous pouvez aussi faire Édition> Transformation> Déformation pour arrondir la forme de vos lignes de points.

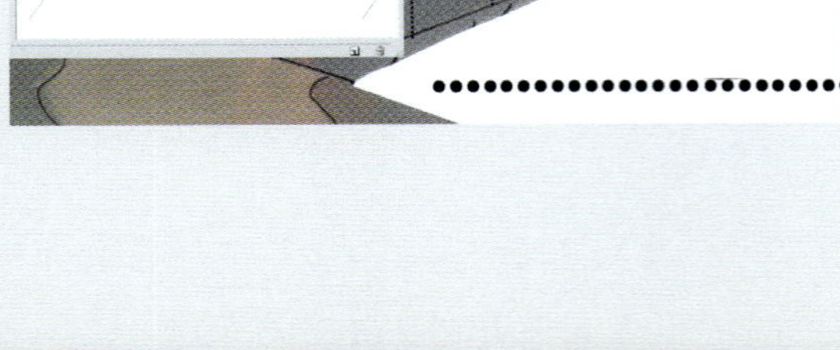

06 MASQUAGE DES RIVETS

Une fois les points répartis, je crée un masque de fusion (Image> Masque de fusion> Créer) pour effacer certains points afin d'éviter un côté trop régulier et trop net dans la répartition des rivets. Il suffit de peindre en noir sur le masque de fusion pour effacer et en blanc pour faire réapparaître.

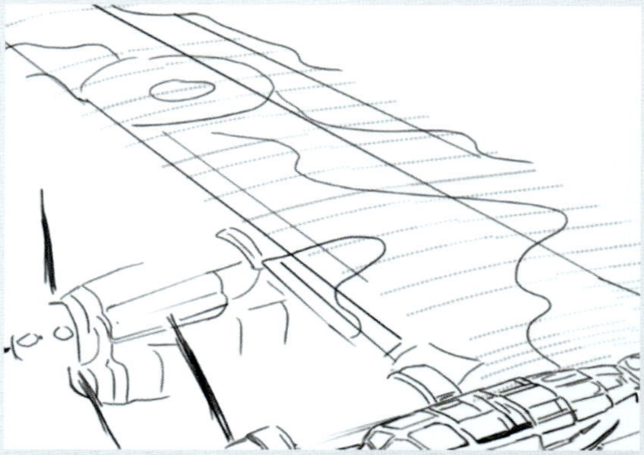

07 VÉRIFIER LE DESSIN

Pour voir le résultat, je masque le calque modèle puis je fais Sélection> Récupérer la sélection. Je choisis "contour avion". Je fais ensuite Ctrl/Cmd+Maj+I pour intervertir la sélection. Je crée un nouveau calque nommé "cache gris" puis Maj+F5 pour remplir avec du gris à 50 %. J'ai ainsi un aperçu de mon dessin, avec un cache gris délimitant le contour. Je corrige un peu les traits si besoin, puis j'enregistre.

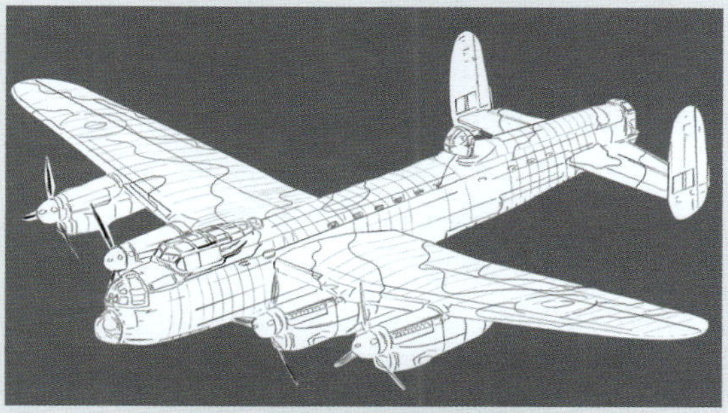

08 PRÉPARATION DE LA COLORISATION

Une fois que je suis satisfait de mon dessin, je duplique le calque du modèle (Calque> Dupliquer le calque). Je réduis la copie et la place juste au-dessus du dessin. Je me servirai de cette petite photo pour la colorisation. Je masque la grande photo qui pourrait me gêner dans l'application des couleurs.

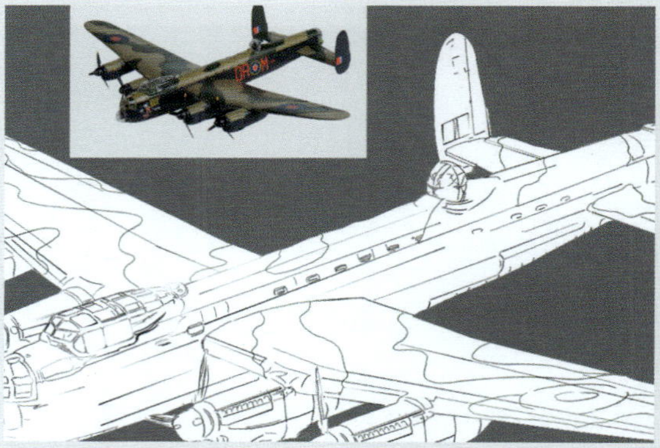

09 APLATS DE COULEURS

Je crée un nouveau calque sous le calque du dessin. Il me servira de base pour mes couleurs. Je commence par appliquer des couleurs unies sur les différentes zones de l'avion. Je n'utilise que trois couleurs : le marron et le vert pour le camouflage, et le gris pour la tôle sur le côté.

10 TRAVAILLER LES VOLUMES

Le danger de ma méthode est de travailler l'avion sur un document à part. Il faut bien rester conscient que l'image doit fonctionner dans son ensemble. Pensez donc à regarder votre croquis dans la scène et décidez de l'emplacement de la source lumineuse. Vous devez aussi être sûr de la façon dont l'avion sera placé. Une fois que vous avez toutes ces données en tête, commencez à peindre les volumes sur vos aplats. J'ai créé un calque "travail des ombres" et un "travail des lumières" pour pouvoir ajuster par la suite, effacer, etc. J'utilise le même pinceau que pour le dessin et les aplats. Je peins avec des variantes des couleurs de base (vert sombre ou clair, marron sombre ou clair, etc.) en gardant bien en mémoire le sens de la lumière que j'ai décidé.

11 EFFETS DE TEXTURES

Prenez bien le temps de mettre en forme les principaux éclairages avant de continuer. Essayez d'obtenir des transitions assez douces entre les couleurs. Passez-y deux heures si nécessaire. Je crée ensuite un nouveau calque "textures" au-dessus des autres calques de couleurs. Je fais Calque> Style de calque> Biseautage et estampage. Puis, avec un pinceau texturé, je fais le même travail qu'à l'étape précédente, mais en plus précis. J'utilise un peu de noir et de blanc pour accentuer les ombres et lumières. Les coups de pinceau donnent des reliefs imitant la tôle grâce au style de calque. Réglez l'orientation de la lumière dans votre style de calque de façon à rester crédible par rapport à ce que vous avez déjà peint. Réglez aussi la profondeur du ciselage pour obtenir l'effet voulu, ni trop lisse ni trop cabossé.

12 RAYURES SUPPLÉMENTAIRES

Vous avez peut-être remarqué les milliers de rayures qui sillonnent la tôle de mon avion. J'en ai mis beaucoup pour exagérer le côté guerrier de l'image, mais si vous voulez rester réaliste, vous pouvez en mettre très peu, ou pas du tout. Sur le calque textures, j'ai simplement griffonné avec mon pinceau de base réglé à 1 pixel, en blanc.

13 DÉTAILS, DÉTAILS ET… DÉTAILS !

Reprenez l'étape 11, mais en zoomant toujours plus. À ce stade, j'en étais à dessiner les différentes aérations sur le côté des moteurs. Tout ça est très long et rébarbatif, mais vous pouvez dupliquer certaines zones et les coller. Par exemple, je n'ai "texturé" qu'un moteur puis l'ai copié/collé et ajusté.

15 LES VITRES

Pour créer les reflets sur les vitres, je commence par créer un nouveau calque. Puis avec l'outil Plume, je délimite le contour de chaque vitre. Je sélectionne tous les tracés avec l'outil Flèche noire, puis je fais clic droit> Définir une sélection. Je remplis la sélection avec un dégradé du gris au blanc. Je passe le calque en mode Lumière crue. Recommencez pour chaque ensemble de vitres.

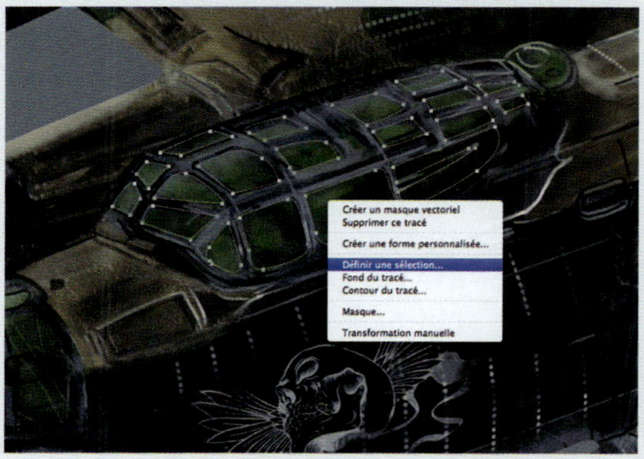

14 MARQUAGES SUPPLÉMENTAIRES

Sur un nouveau calque, je fais un rond avec l'outil Ellipse de sélection en restant appuyé sur Alt+Maj. Je fais Maj+F5 pour le remplir avec du bleu. Puis je recommence et fais un cercle rouge concentrique au premier. Je fais ensuite Ctrl/Cmd+T pour redimensionner le marquage et Édition> Transformation> Torsion pour adapter le rond à l'aile. Sur un calque à part, j'écris aussi du texte pour le côté de l'avion. J'importe un dessin blanc sur fond noir que je place en mode Éclaircir pour créer le marquage à l'avant de l'avion.
Pour le texte et le marquage de devant, je fais Édition> Transformation> Déformation pour créer un arrondi adapté à celui de l'appareil.

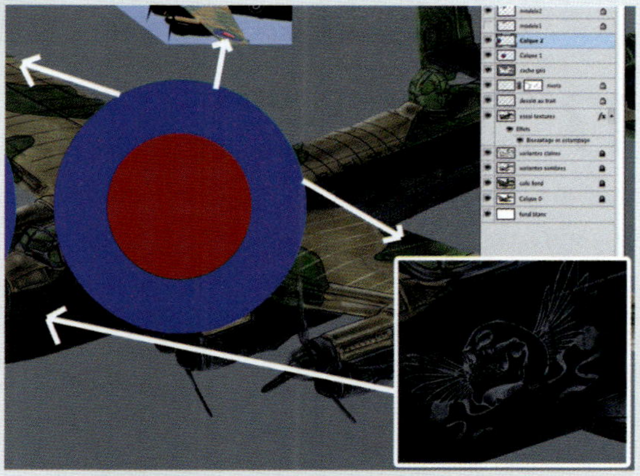

« Il faut bien rester conscient que l'image doit fonctionner dans son ensemble. »

« Comme je n'ai pas d'idée précise pour mon décor, je me contente de suivre mon croquis de départ (...) en essayant de définir des formes simples. »

16 EFFET MÉTAL

Voici comment créer un effet métal plus réaliste. Créez un calque nommé "effet métal". Avec l'outil Plume, délimitez une zone (par exemple le flanc gauche de l'appareil.) Remplissez la zone avec un dégradé du gris clair au gris foncé, la zone claire doit correspondre à la partie la plus exposée à la lumière. Passez ce calque en mode Lumière vive, ajustez l'Opacité jusqu'à obtenir un effet convaincant. Recommencez pour chaque zone à "métalliser".

17 ÉCLAIRAGE DES AILES

J'ai fait la même manipulation qu'à l'étape précédente sur les ailes, mais en mode Densité couleur -. Je voulais simplement accentuer les lumières reflétées sur l'avion.

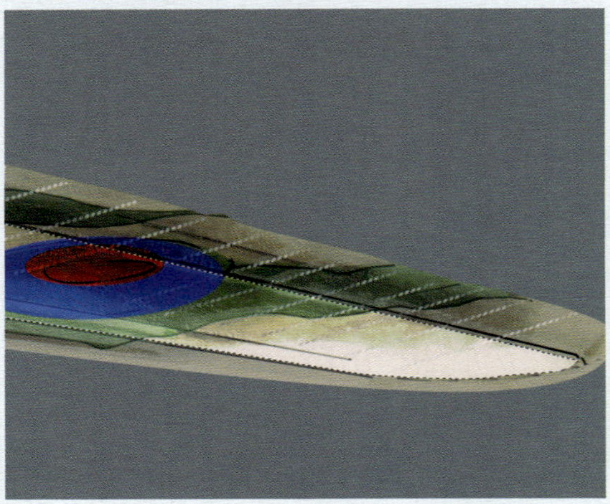

18 COLORISATION DU TRAIT

Je colorise le trait par endroits (les rivets en blanc, le tour des fenêtres en gris...). Pour ce faire, il faut simplement verrouiller les pixels transparents du calque (icône en forme d'échiquier) puis peindre sur le calque.

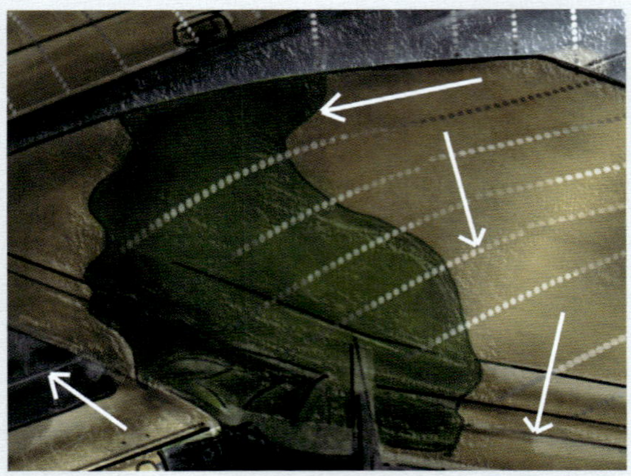

19 IMPORTER L'AVION

Peaufinez en approfondissant certaines étapes, selon les défauts que vous observez. Une fois que vous êtes satisfait du travail, enregistrez le document et faites Image> Dupliquer. Aplatissez la copie (Calque> Aplatir l'image). Puis allez dans le panneau Tracés (ou faites Fenêtres> Tracés) puis sélectionnez le tracé "contour de l'avion". Faites clic droit> Définir une sélection puis Ctrl/Cmd+X. Ouvrez votre document principal pour la scène de bombardement et collez l'avion à sa place. Nous allons pouvoir attaquer la seconde moitié du travail, courage !

20 COMMENCER LE DÉCOR

Comme je n'ai pas d'idée précise pour mon décor, je me contente de suivre mon croquis. Je fais donc un dégradé du bleu au blanc sur un premier calque. Sur un autre, je repasse les bâtiments assez vaguement en essayant de définir des formes simples. Pour l'incendie, je dessine une tache jaune et rouge, puis un gros nuage de fumée noire. J'ajoute des nuages blancs à gauche de l'image.

Peindre des nuages et autres textures

Quand on débute en peinture numérique, on est souvent incapable de faire des nuages, ou d'obtenir tout autre effet. En fait, c'est beaucoup plus simple qu'il n'y paraît. Il faut tout d'abord trouver une forme de pinceau adaptée, en cherchant sur Internet vous finirez par trouver. Quoi que vous vouliez peindre, vous devez ensuite paramétrer le pinceau en faisant Fenêtre> Formes. Ici, vous verrez un tas de paramètres modifiables.

Pour les nuages, il faut en particulier activer la Diffusion, avec les sous-paramètres suivants : Variation numérique, Diffusion sur les deux axes. Activez également Dynamique de forme et Autre dynamique : Variation de l'opacité avec Contrôle par pression de la plume (donc du stylet). En faisant des essais, vous finirez par trouver les bonnes combinaisons de formes/réglages pour peindre tout ce que vous voulez. Pensez toujours au panneau Formes.

21 FORMES ET VALEURS DES BÂTIMENTS

Je vais maintenant mettre un peu en place les bâtiments. Je n'ai aucune documentation et une perspective ultrasimpliste. Le sujet principal étant l'avion, je ne m'inquiète pas pour autant. Je commence avec deux couleurs : ocre pour les zones exposées à l'incendie, et gris pour celles qui "tournent le dos" au feu. C'est très simpliste, mais cela me permet de commencer à mettre en place des murs, des cubes et quelques toits. J'utilise le même pinceau de base que pour la colorisation et le dessin de l'avion.

22 DÉFINITION DES BÂTIMENTS

Le travail avance petit à petit ; une fois que mes différents volumes sont en place, je m'applique à délimiter les arêtes des bâtiments, toits et murs. Pour cette étape, il faut abuser de la commande permettant de tracer des lignes droites ; faites un point de départ, maintenez la touche Maj enfoncée et faites un point d'arrivée : un trait est tracé entre les deux points. Je prends bien le temps de délimiter proprement chaque ligne droite du petit village.

23 ENCORE LES BÂTIMENTS

En utilisant uniquement des variantes de marron/ocre, je repasse chaque zone de chaque bâtiment. Le but est de leur donner un aspect plus solide et plus crédible. Je travaille surtout les transitions de lumière. Je ne perds pas de vue que la source de lumière est l'incendie ; tout ce qui est à gauche sur les bâtiments est plus éclairé que ce qui est à droite. Ce qui est caché derrière un mur est plus sombre que ce qui est directement exposé au feu. Je passe pas mal de temps à essayer de définir les éclairages.

24 DÉVELOPPER LA VILLE !

J'ai dessiné uniquement ce qui était présent sur mon premier croquis, mais je vais devoir ajouter des bâtiments. Avec l'outil Lasso polygonal, je sélectionne un ou deux bâtiments basiques, que je pourrai dupliquer sans que cela interpelle le regard. Je fais donc un copier/coller sur un nouveau calque. Je place ce calque derrière les bâtiments principaux, et je désature un peu les couleurs (Image> Réglage> Teinte/Saturation) pour donner une impression d'éloignement. Placez différents bâtiments de plus en plus clairs et désaturés, mais aussi de plus en plus petits. Pour finir, vous pouvez dessiner de nouveaux bâtiments en plus, pour rendre le tout moins monotone.

25 LA SEULE PHOTO DE L'IMAGE

Pour ajouter un peu de profondeur à mon décor, je trouve une photo de montagnes, je l'importe et la place juste au-dessus du calque de dégradé bleu ciel. Je baisse l'opacité jusqu'à ce que cela soit à peine visible. J'ajoute un masque de fusion (Calque> Masque de fusion> Créer) et je peins en noir pour effacer tout ce qui ne doit pas apparaître (les bords de l'image et les nuages de la photo).

26 UNE AMBIANCE !

Une chose vous a peut-être choqué depuis le début du tutoriel : je n'ai essayé à aucun moment de définir une ambiance générale. La plupart des bons artistes numériques vous diront de commencer par ça. Je suis assez d'accord, mais sur ce travail le décor était un simple prétexte pour mettre en scène l'avion, que je voulais travailler indépendamment de tout le reste. C'est le moment de créer l'ambiance générale. Je m'oriente vers un coucher de soleil/une lumière orangée. Je fais Calque> Créer un calque de réglage> Filtre photo. Je choisis le Filtre réchauffant (81) à 55 % avec l'option Conserver la luminosité.

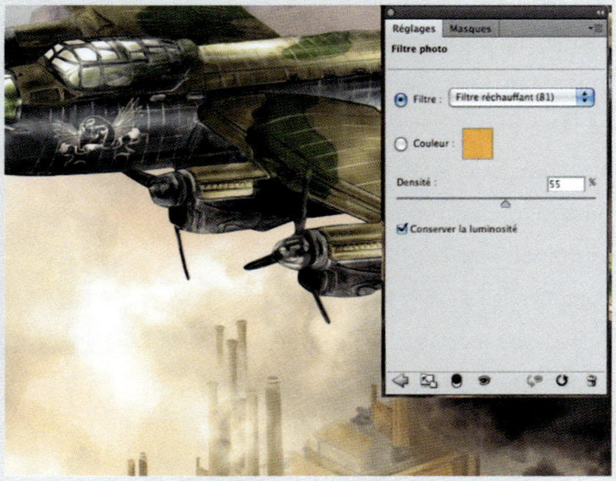

27 RÉPARTITION DE L'AMBIANCE

L'ambiance a été appliquée sur l'ensemble de l'image. Ce n'est pas terrible car, vu que le feu est en bas, la lumière devrait y être plus orange. J'ajoute un masque de fusion au calque de réglage. Je fais un dégradé linéaire du blanc au noir sur le masque pour effacer l'effet sur le haut de l'image.

28 PEINDRE LE FEU

Pour le feu, je n'ai pas cherché un rendu très réaliste, j'ai préféré souligner la violence qu'un tel bombardement implique. Pour ce faire, j'ai choisi un pinceau que j'utilise d'habitude pour peindre de la roche. J'ai réglé la diffusion à peu près de la même manière que pour la fumée ou les nuages. Puis j'ai peint en rouge et jaune de façon très spontanée. L'incendie a été barbouillé en trente secondes.

29 OBSERVATION

À ce stade, les choses commencent à prendre forme, mais je ne suis pas vraiment emballé par la composition. Je crée un nouveau calque au-dessus de la pile, puis je trace en rouge les grandes lignes directrices, juste pour voir la façon dont elles se répondent. Après observation, je modifie un peu la position de mes avions, et j'augmente un peu la taille du Lancaster.

30 TEXTURES DES BÂTIMENTS

Comme à l'étape 11, je crée un calque avec un Style de calque Biseautage et estampage, mais au-dessus du calque des bâtiments. Avec un pinceau très fin, je dessine des tuiles, des briques, etc. Je le fais très vite car cela se verra à peine à la fin. Travaillez par zones (murs exposés, murs ombragés, puis toits, etc.) Pensez à régler l'orientation de la lumière dans le style de calque pour rester cohérent.

31 COULEURS DES BÂTIMENTS

Pour le moment, mes bâtiments ressemblent à des châteaux de sable, à cause de leur couleur ocre unie. Or je voudrais donner un air plus "village français" à cette partie de l'image. Je crée un calque en mode Incrustation à 90 % d'opacité au-dessus des autres calques de bâtiments. Puis je peins les murs en blanc et les toits avec de l'orange pour évoquer des tuiles. Cette étape prend deux minutes mais rend le village plus crédible.

32 BOMBES

Les bombes larguées par l'avion principal ont deux utilités : définir l'action (bombardement) et instaurer une profondeur supplémentaire à l'image en jouant sur leur taille. Je dessine une bombe puis la duplique plusieurs fois. Je les place et applique un Style de calque Biseautage et estampage pour leur donner un effet arrondi. Attention au sens de l'éclairage encore une fois. Je ne détaille pas du tout, mais je rajoute quelques rayures.

33 LES DEUX AUTRES AVIONS

L'avion le plus éloigné est simplement dessiné en quelques secondes, sans détail. L'autre est une copie de l'avion principal placée un peu différemment. Pour les bombes, reprenez les premières mais placez-les d'une autre façon.

34 RETRAVAILLER LA FUMÉE

Pour densifier la fumée noire, je fais une copie du calque que je passe au-dessus du feu, puis j'efface par endroits à l'aide d'un masque de fusion. Je repeins des flammes dans le nuage pour intensifier l'aspect de l'incendie.

35 LUMIÈRES SUPPLÉMENTAIRES

Cette étape est primordiale, elle ne manque dans aucune de mes illustrations. Avec un tel ciel et un tel incendie, des nombreux points de lumière doivent apparaître. De plus, cela rendra la scène beaucoup plus agréable à regarder. Sur un nouveau calque, je fais un gros point blanc avec un pinceau rond et doux, puis je fais Ctrl/Cmd+T pour le redimensionner et le placer à l'endroit voulu, sur les vitres par exemple. Je recommence cette étape une vingtaine de fois, je place des reflets partout où cela me semble logique. Je règle l'opacité de chaque calque indépendamment, puis je fusionne les calques (Ctrl/Cmd+E).

36 TRAÎNÉES DE L'AVION

Je décide d'ajouter des traînées derrière l'avion. De mon point de vue, ce n'est pas réaliste du tout. En revanche, cela permet d'ajouter un bon dynamisme à la scène, de suggérer le déplacement, la vitesse ainsi que la profondeur de champ. Avec mon pinceau destiné aux nuages réglé à un faible diamètre, je dessine d'un geste vif les traînées, en partant des extrémités de l'avion (les ailes et ailerons arrière).

37 HÉLICES

Hors de question de laisser les hélices de l'avion aussi statiques ! Je commence par sélectionner les hélices existantes avec l'outil Lasso polygonal puis j'y applique un Flou gaussien. Je les éclaircis en faisant Image> Réglage> Niveaux. Puis, sur un nouveau calque, je dessine une sorte d'étoile noire en croisant des traits. Je fais ensuite Filtre> Déformation> Tourbillon plusieurs fois jusqu'à obtenir l'effet désiré, puis Image> Négatif pour passer le motif en blanc. Je place le rond en utilisant Édition> Transformation> Torsion. Je baisse l'opacité, duplique le calque (Calque> Dupliquer le calque) puis place les copies aux endroits désirés. Et voilà !

38 DERNIERS DÉTAILS ET CONSEILS

Avec l'outil Doigt, je déforme légèrement les parties de l'avion placées derrière les hélices ainsi que celles qui sont le plus exposées à la chaleur. Ce sont des détails sympas. Comme vous l'avez vu tout au long du tutoriel, j'oscille sans cesse entre souci du détail et simplicité. L'essentiel est de définir vos priorités, de connaître les points essentiels de votre travail dès le départ, y compris les zones d'ombre auxquelles vous devrez vous confronter ! Pour ma part, tout le décor et l'ambiance ont plus ou moins été improvisés, mais le résultat est exactement celui que j'avais en tête...

13:47
Elvis mobile
Dailymotion
Ski Montagne
CanalBD
Facebook
PagesJaunes
South Africa
Le Monde.fr
World Poker
Lego
TweetDeck
Ice Age
Backbreaker
Bic
Bmw
OLWeb.fr
Téléphone
Mail
Safari
iPod

iPhone

Voyons comment réaliser un iPhone réaliste uniquement avec Photoshop.

Ce qui ce fait très souvent dans le Web en ce moment est la création d'un objet high-tech le plus réaliste possible tout en gardant son effet ou son style Web, par exemple avec les reflets ou les jeux de lumière. Sur le Web, on peut trouver beaucoup de créations, des reproductions ou toutes sortes de choses réalistes. Ce tutoriel va vous apprendre à reproduire un iPhone comme si vous en aviez tiré une photo. Le but, bien sûr, est de vous en servir par la suite pour faire vos propres montages ou de l'utiliser pour créer un bouton, en tant qu'icône, etc. Nous avons choisi pour vous l'iPhone car sa simplicité, son design, sa beauté aussi et surtout sa popularité ne pouvaient pas nous laisser indifférents. Tout au long de ce tutoriel, vous allez apprendre à faire naître étape par étape ce visuel de façon très simple, mais pas pour autant irréaliste ! Vous allez apprendre qu'avec juste de simples clics et quelques fonctions de Photoshop il est possible d'obtenir quelque chose de très satisfaisant. Vous allez vous servir de la Plume, des options de fusion pour créer des dégradés afin d'ajouter des effets de lumière et de profondeur, des transformations, des effets de flou, découvrir différentes manières de jouer avec vos sélections et bien d'autres choses encore. Ce tutoriel vous aidera à créer cet iPhone mais aussi à apprendre les techniques pour la conception d'autres objets !

Sur le CD : Vous trouverez sur le CD le fichier final avec tous les calques.

NOTRE EXPERT
Alexandre Bourlet
Notre expert est un jeune graphiste - Webdesigner qui nous fait part de ses connaissances et de ses capacités dans ce nouveau tutoriel exclusif qu'il a pu ainsi réaliser avec aisance. http://flaky.carbonmade.com

01 PRÉPARATION

Créez un nouveau document (Ctrl/Cmd+N) RVB de 1280 x 1600 pixels avec un fond blanc puis un autre nommé “Base” et, à l’aide de l’outil Plume, tracez un grand rectangle aux bords arrondis comme sur l’illustration. Faites un clic droit et choisissez Définir une sélection. Remplissez-la de noir (#000000) puis désélectionnez (Ctrl/Cmd+D).

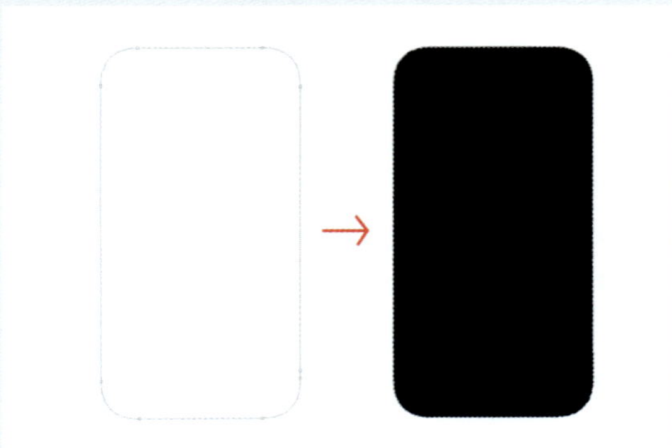

02 STYLE DE CALQUE

Toujours sur le même calque, nous allons ajouter un Satin à ce rectangle pour donner un effet de reflets de lumière. Cliquez sur l’icône *fx* en bas du panneau Calques et cochez Satin. Appliquez-lui les paramètres suivants : Mode de fusion : Normal, Couleur : blanc (#FFFFFF), Opacité : 90 %, Angle : 10°, Distance : 13 px, Taille : 24 px, et changez le Contour en Paliers arrondis.

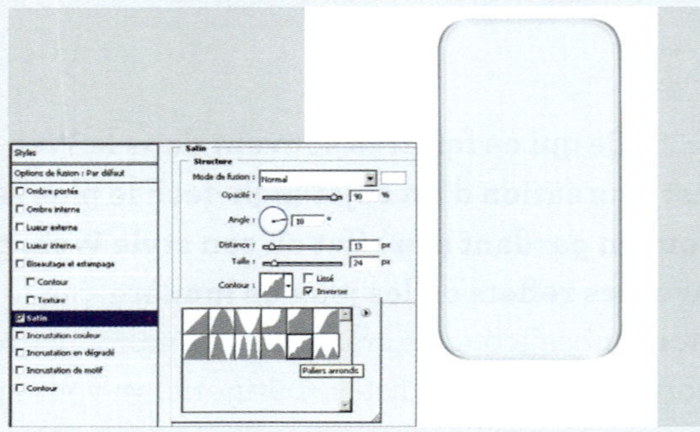

03 FOND DE L’ÉCRAN

Récupérez la sélection du calque “Base” en faisant Ctrl/Cmd+clic sur sa vignette. Faites Sélection> Modifier> Contracter et, dans la fenêtre qui s’affiche, entrez 14 pixels. Créez un nouveau calque nommé “Fond noir”, remplissez votre sélection de noir (#000000) puis désélectionnez (Ctrl/Cmd+D). Maintenant, ajoutez un style de calque Incrustation en dégradé, de la couleur #000000 à #1A1B1F avec un angle de - 145°.

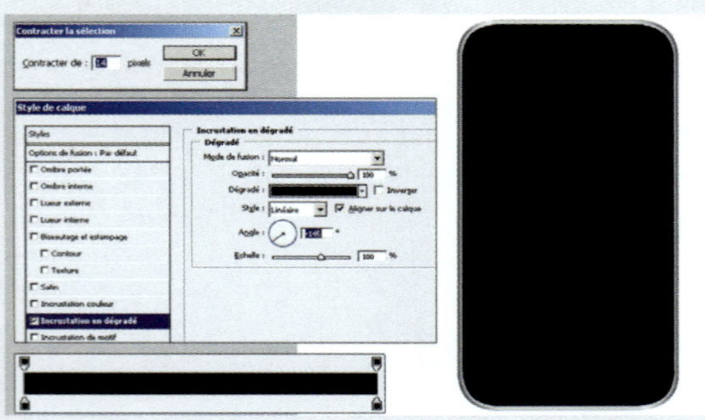

04 CONTOUR BLANC

Récupérez la sélection du calque “Fond noir” (Ctrl/Cmd+clic sur la vignette). Créez un nouveau calque nommé “Contour blanc” et remplissez votre sélection de blanc (#FFFFFF). Contractez votre sélection (Sélection> Modifier> Contracter) de 8 pixels. Remplissez cette nouvelle sélection de noir (#000000), contractez de nouveau votre sélection de 5 pixels puis pressez la touche Suppr de votre clavier. Vous pouvez désélectionner. Ensuite, ajoutez à ce calque un style de calque Contour de couleur noire (#000000) de Taille 1 pixel.

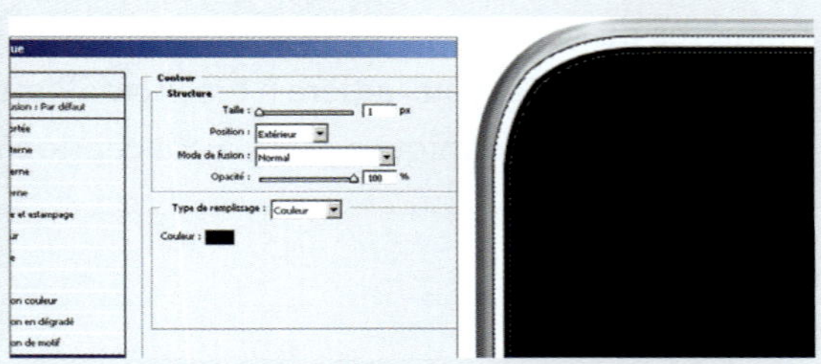

05 ÉCRAN

Créez un nouveau calque. Nommez-le "Écran". Avec l'outil Rectangle, tracez un rectangle noir (#000000) comme sur l'illustration. Faites attention de bien mettre votre mode de tracé en Pixel de remplissage ! Ajoutez à ce calque un style de calque Contour d'une taille de 8 pixels et de couleur #232323.

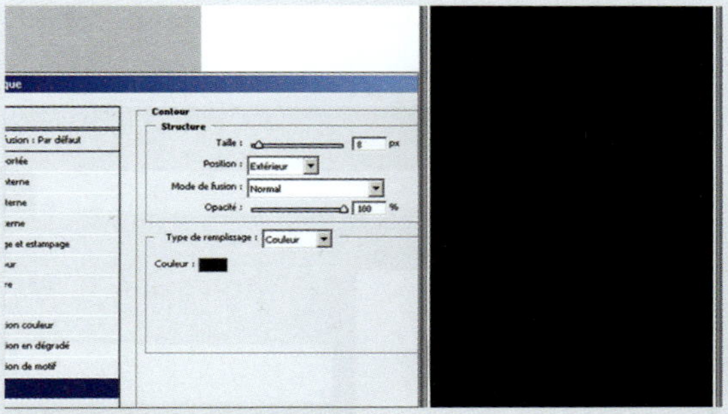

06 BOUTON

Sur un nouveau calque nommé "Cercle bouton", créez à l'aide de l'outil Ellipse un cercle parfait (en maintenant la touche Maj) de couleur noir (#000000) en dessous de l'écran. Créez un nouveau calque nommé "Rectangle bouton" et, à l'aide de l'outil Rectangle arrondi de rayon 10 pixels, tracez dans ce cercle un rectangle de couleur #A6A6A6. Récupérez la sélection du rectangle puis contractez-la de 3 pixels. Appuyez sur la touche Suppr et désélectionnez.

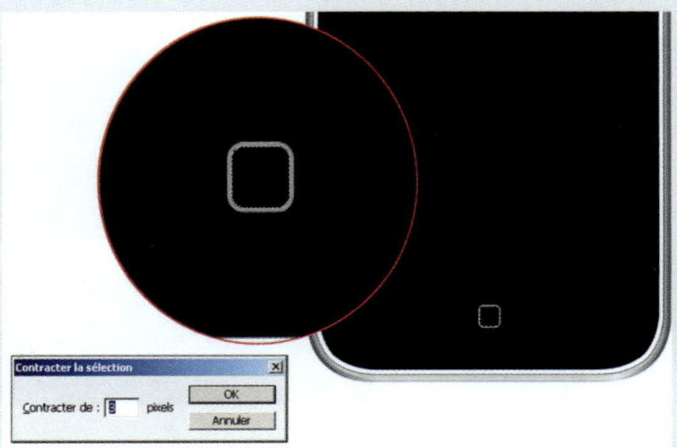

07 LUEUR BOUTON

Créez un nouveau calque. Nommez-le "Lueur bouton". Récupérez la sélection du calque "Cercle bouton". À l'aide de l'outil Dégradé avec comme paramètres : Dégradé radial du blanc (#FFFFFF) vers Transparent, faites un dégradé du bas vers le haut comme sur l'illustration puis désélectionnez. Avec l'outil Ellipse de sélection, faites une sélection plus grande et plus haute que le cercle puis supprimez-la, ce qui supprime aussi une partie de votre dégradé. Changez l'opacité de votre calque à 70 %.

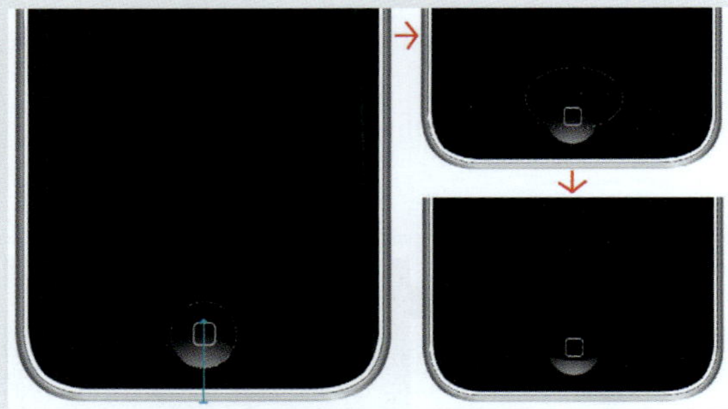

08 CRÉATION DE MOTIF

Créez un nouveau document RVB de 2 x 2 pixels avec un fond blanc. À l'aide de l'outil Crayon de Forme 1 pixel, faites un clic dans le coin haut gauche de couleur noire (#000000), dans le coin bas gauche et haut droit de couleur #808080. Laissez le coin bas droit de couleur blanche. Maintenant, faites Édition> Utiliser comme motif et appelez-le Damier. Vous pouvez fermer ce document, enregistrez-le ou pas, peu importe.

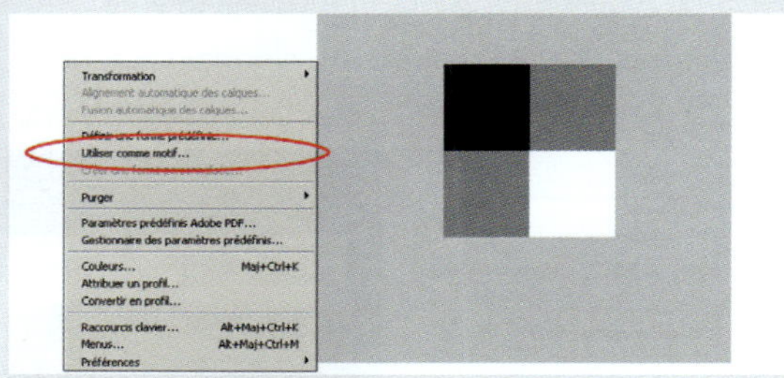

09 HAUT-PARLEUR

Sur le document de l'iPhone, créez un nouveau calque nommé "Haut-parleur". Avec l'outil Rectangle arrondi, toujours avec un rayon de 10 pixels, faites un petit tracé comme sur l'illustration. Nous allons lui ajouter trois styles de calque : Ombre interne avec un Mode de fusion : Normal, Opacité : 100 %, Angle : 50°, Distance : 7 px, Taille : 8 px ; Incrustation de motif avec notre motif Damier ; ainsi qu'un Contour avec une Taille de 5 pixels, un type de remplissage Dégradé d'une couleur noire #000000 à #424242 avec un Angle de - 100°.

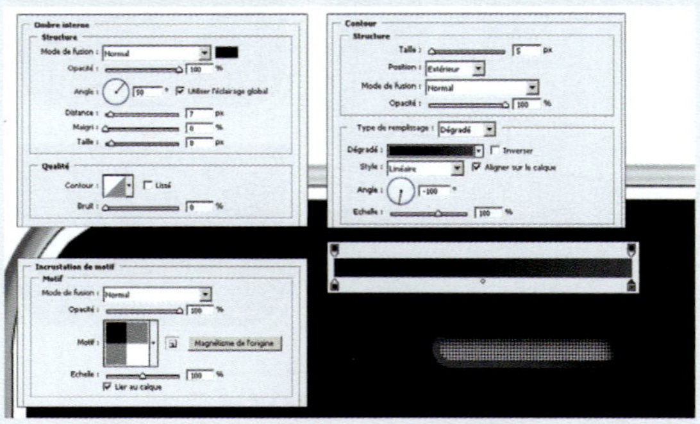

11 RÉSEAU

Pour créer les éléments du réseau, faites un nouveau calque nommé "Réseau". Avec l'outil Rectangle, tracez une série de cinq rectangles de plus en plus grands de couleur #3ED0BA. À côté d'eux, faites un autre rectangle toujours sur le même calque, mais cette fois-ci plus large que haut (cf. illustration), il nous servira pour l'étape suivante. Ajoutez à ce calque une Ombre interne configurée ainsi : Mode de fusion : Normal, Opacité : 75 %, Angle : 50°, Distance : 1 px, Taille : 1 px également.

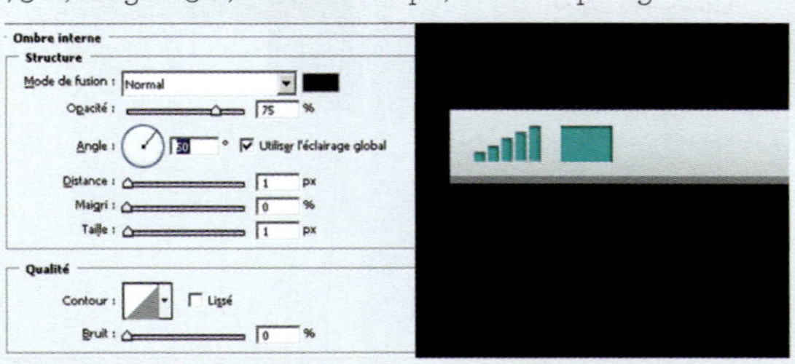

10 BARRE D'OUTILS

Créez un nouveau calque nommé "Barre". À l'aide de l'outil Rectangle, tracez un rectangle pas très grand, mais qui occupe toute la largeur de l'écran. Ajoutez-lui une Incrustation en dégradé du #CCCCCC au #E5E5E5. Créez de nouveau un calque, nommez-le "Trait barre". Avec l'outil Trait d'épaisseur 3 pixels et de couleur #808080, faites un trait de toute la largeur de l'écran juste en dessous de la barre.

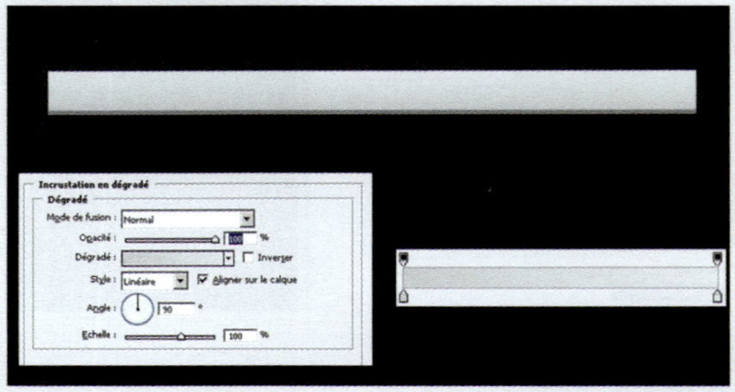

12 TEXTE

Avec l'outil Texte, faites une sélection pour y écrire et entrez "3G" de couleur blanche (#FFFFFF), avec une police Arial de taille 14 points. Centrez ce texte en hauteur et en largeur dans le rectangle bleu de droite créé auparavant. Ensuite, faites de même et écrivez "13:47" (l'heure) de couleur noire (#000000), avec une police Arial Bold de taille 22 points. Centrez ce texte en hauteur et largeur par rapport au calque Barre.

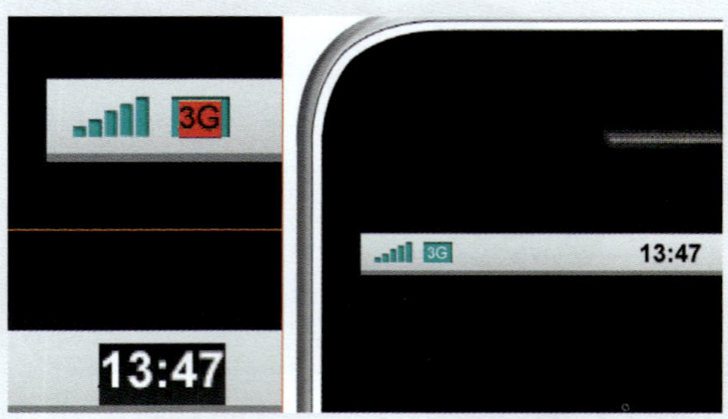

« Vous pouvez transformer à votre guise votre photo, elle restera dans le cadre de l'écran. »

13 BATTERIE

Créez un nouveau calque nommé "Batterie". À l'aide de l'outil Rectangle arrondi de Rayon 2 pixels, tracez un premier rectangle "allongé" de couleur #4D4D4D. Sur le côté droit du rectangle, tracez un second signe + comme sur l'illustration. Contractez cette sélection de 2 pixels et, dans cette sélection, à l'aide de l'outil Dégradé linéaire de la couleur #CBFDC1 à #2AFF00, faites un dégradé du haut de la sélection jusqu'au deux tiers. Maintenant, vous pouvez désélectionner.

14 VISUEL

L'avant-dernière étape consiste à importer notre visuel. Pour cela, placez-vous sur le calque "Écran". Ouvrez votre photo dans Photoshop comme autre document. Sélectionnez tout (Ctrl/Cmd+A) puis copiez cette photo (Ctrl/Cmd+C). Fermez votre document et retournez sur le document de l'iPhone. Récupérez la sélection du calque "Écran" et allez dans Édition> Coller dedans (Ctrl/Cmd+Maj+V). Vous pouvez transformer à votre guise votre photo, elle restera dans le cadre de l'écran. Renommez ce calque en fonction de son contenu.

15 OMBRE

Désormais, il ne nous reste plus qu'à mettre une ombre sous l'iPhone pour donner du réalisme. Pour cela, prenez l'outil Pinceau avec un diamètre de 45 pixels et dureté 0. Sur un nouveau calque nommé "Ombre", tracez un trait le long du bas de l'iPhone, comme sur l'illustration. Placez ce calque en dessous de tous (sauf bien sûr au-dessus de l'arrière-plan blanc).

SADNESS

Utilisez la photomanipulation associée à des effets de déconstruction et à des éléments vectoriels pour créer un visuel dynamique et plein de vie.

Réussir une bonne création graphique peut paraître difficile lorsqu'on débute. Surtout que certains logiciels ne s'apprennent pas en quelques minutes et demandent une certaine expérience. Cette création a été réalisée sous Photoshop, avec notamment plusieurs interventions du logiciel Illustrator concernant les formes vectorielles. Le but de ce tutoriel est de réaliser un visuel riche, vivant et dynamique en mélangeant plusieurs techniques, tout en étant à portée de main pour les débutants voulant se familiariser avec ces logiciels étape par étape. Personnellement, quand je cherche à faire un montage, ce sont les images choisies qui orientent le sens de mes créations et c'est ce qui est justement le plus intéressant dans ce travail puisque avec peu d'images, on peut avoir un résultat imposant mais facile à réaliser. Et pour cela les outils de Photoshop et d'Illustrator se trouvent être de précieux alliés dans la réalisation et le développement de notre créativité.

Sur le CD : Vous trouverez sur le CD le fichier final avec les calques. Vous devrez acheter et télécharger la jeune femme sur Fotolia : 2574608. Les fleurs : 4271438, 4881884, 5068839 et 5610562.

NOTRE EXPERT
Kévin Hébuterne

Kévin Hébuterne, aka Kiyoi, est un jeune artiste de 21 ans vivant en banlieue parisienne. Designer graphique autodidacte et véritable touche-à-tout, la gamme Adobe n'a plus aucun secret pour lui. Retrouvez ses travaux, mélanges de photomanipulations, 3D et formes vectorielles sur le site : http://kiyoi-portfolio.com.

01 BIEN DÉMARRER

Créez un nouveau document : Fichier> Nouveau> Document> 2900 x 3817 pixels. L'étape suivante consistera à faire un fond en dégradé de gris qui donnera le ton de votre création. Pour cela, créez un calque (Calque> Nouveau> Calque ou Ctrl/Cmd+Maj+N) et renommez-le "fond". Avec un pinceau rond et doux à 500 pixels de diamètre environ et un flux 100 %, tracez trois bandes parallèles du plus foncé au plus clair sur votre calque. Ensuite, ajoutez un Flou gaussien afin d'obtenir un dégradé gris uni. Pour cela, faites Filtre> Atténuation> Flou gaussien à environ 250 pixels.

02 L'ART DU DÉTOURAGE AVEC LA PLUME

Téléchargez l'image de la jolie demoiselle (Fotolia : 2574608) et détourez-la avec l'outil Plume. Faites un clic droit et choisissez Définir une sélection puis réglez le Contour progressif à 0. Ensuite copiez/collez l'image détourée sur le document principal où se trouve votre fond gris. Redimensionnez l'image
de la demoiselle en faisant Édition> Transformation manuelle puis clic droit> Symétrie axe horizontal ou alors le raccourci Ctrl/Cmd+T.

03 AJOUTER DES ÉLÉMENTS

Toujours à l'aide de l'outil Plume, réitérez l'opération avec des photos de fleurs (vous en trouverez des gratuites sur wws.sxc.hu) et placez-les sur le montage tout en pensant à la composition de manière générale pour obtenir un effet dynamique bien réfléchi. Essayez, le plus possible, de modifier la taille de vos éléments afin de créer différents plans ; cela donnera de l'impact à votre visuel.

04 UN PEU D'ILLUSTRATOR

Maintenant que la composition générale est en place, il est temps d'enrichir votre création. Et le meilleur moyen d'y arriver est de mixer certaines techniques. Dessiner des formes et des symboles sur Illustrator permettra d'agrémenter votre travail. Pour ce faire, ouvrez un nouveau document dans Illustrator puis, avec l'outil Crayon que vous associerez à un contour de 3 points environ (plus ou moins selon votre usage personnel), dessinez deux courbes sensiblement parallèles sur lesquelles vous effectuerez un dégradé de formes en quatre étapes à l'aide de l'outil Dégradé de formes. Cette méthode fonctionne aussi avec les autres symboles comme les cercles, triangles, etc. Alors n'hésitez pas à tester un maximum de choses afin de rendre votre visuel riche et varié.

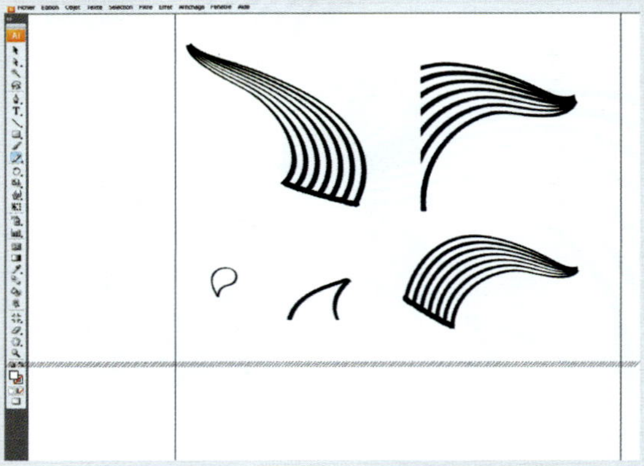

05 PLACER VOS ÉLÉMENTS VECTORIELS

Après avoir importé vos éléments vectoriels dans Photoshop (Fichier> Importer), placez-les de façon à obtenir cet effet d'“écoulement” de fleur en fleur (un peu comme les vases communicants).
Bien sûr, ce n'est pas la seule technique et je vous invite à disposer vos formes selon votre envie et ce que vous voulez faire ressentir au spectateur. Tout est question de composition. Évitez de préférence de centrer vos éléments dans votre document car vous perdriez en mouvement et cela casserait votre composition.

06 REMPLIR VOS TRACÉS

Pour remplir l'espace vide entre les formes vectorielles, rien de plus simple. L'outil Plume va encore avoir du travail ! Utilisez-le comme précédemment (voir étape 2). Détourez avec la Plume en suivant l'espace entre deux lignes puis faites un clic droit et choisissez Définir une sélection. Puis réglez le Contour progressif à 0. Ensuite, il ne vous restera plus qu'à utiliser le Pinceau ou le Pot de peinture avec du blanc que vous appliquerez dans vos sélections afin de remplir le vide des formes. Surtout n'oubliez pas de renommer vos calques pour ne pas vous perdre dans l'organisation de votre création.

07 LE POINT

Une fois vos éléments détourés, disposés et peaufinés, vous devriez obtenir à peu près ceci. Ce sera différent selon votre interprétation personnelle car encore une fois ce tutoriel n'a pas pour but de vous ancrer dans une façon de faire mais plutôt de vous donner les bonnes bases et outils pour laisser s'exprimer votre sensibilité et votre créativité.

« N'hésitez pas à varier les images et les techniques, afin d'exprimer pleinement votre créativité et votre sensibilité. »

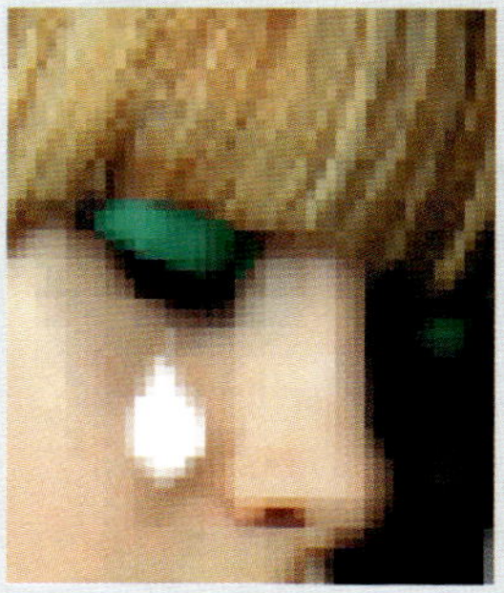

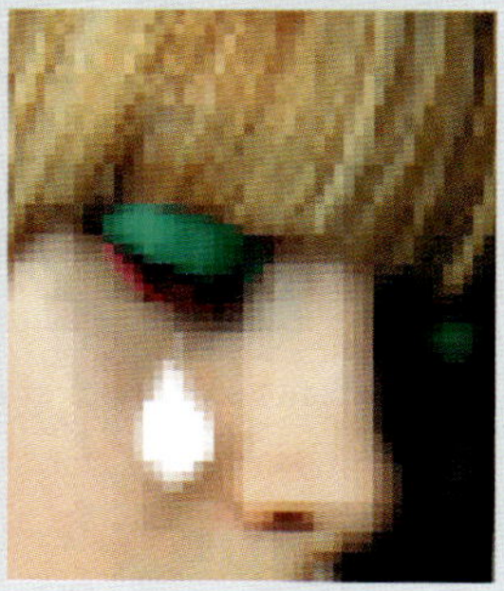

08 UN PEU DE COULEURS

Nous allons maintenant arranger légèrement la demoiselle afin qu'elle corresponde mieux à l'ensemble du visuel. Pour ce faire, pas besoin de beaucoup de choses mais juste d'une petite retouche de couleur au niveau des paupières afin que les couleurs circulent dans votre création. Donc, vous allez créer deux calques, le premier pour les paupières et le second pour les cils.
Sur le premier calque, vous allez tout d'abord utiliser l'outil Plume pour délimiter les zones des paupières (la même technique que précédemment). Puis, à l'aide du Pot de peinture, placez un vert légèrement bleuté (#37966C) et réglez le calque en mode Couleur afin qu'il s'intègre aux paupières de la jeune fille. Il ne vous reste plus qu'à réitérer l'opération mais cette fois-ci avec les cils (#821131).

09 DÉCONSTRUCTION

Nous allons maintenant attaquer le plus gros du travail. Il s'agit d'effectuer un effet de déconstruction sur la charmante demoiselle. Pour ce faire, plusieurs outils sont à votre disposition selon vos envies ou facilités.
Tout d'abord, créez un nouveau calque que vous nommerez "déconstruction" puis utilisez soit l'outil Plume, soit le Lasso, soit le Lasso polygonal. Effectuez plusieurs sélections de formes différentes. N'essayez pas d'être précis, ce n'est pas le but. Il faut que l'on ressente un effet d'explosion qui part un peu dans tous les sens.

10 L'OUTIL TAMPON

Grâce à ce merveilleux outil qu'est le Tampon, vous allez pouvoir copier des parties de la demoiselle dans vos zones de sélection afin de créer un effet de verre brisé. Prenez donc l'outil Tampon avec une épaisseur d'environ 150 pixels, un Flux à 100 % et une Opacité à 100 %. Ensuite, maintenez la touche Alt et cliquez sur la zone de la demoiselle que vous souhaitez reproduire, puis peignez dans les sélections.

11 LE MODÈLE

Maintenant que vos effets de déconstruction sont terminés pour le côté "extérieur", nous allons attaquer les petits effets de destruction de la jeune fille. Deux outils nous seront utiles : toujours les lassos mais aussi l'outil Ellipse de sélection. Sur la jeune fille, faites plusieurs petites sélections. Une fois ces sélections réalisées, il ne vous reste plus qu'à les décaler très légèrement vers la gauche avec l'outil Déplacement (flèche noire) afin "d'arracher" des morceaux de la tête. Cela aura pour effet de décomposer la demoiselle en fines particules. Essayez de faire dans le fin et le subtil pour avoir un travail soigné. Cela donnera plus de crédibilité à votre travail.

12 QUELQUES DÉTAILS ET FINALISATION

N'hésitez pas à agrémenter votre travail de différents éléments et autres petites fioritures qui augmenteront l'impact de votre visuel comme des croix, des cercles, des triangles et autres formes géométriques. Dans ce genre de visuel, il ne faut pas avoir peur de l'abondant mais toujours bien réfléchir à votre composition. Jouez avec les différents effets de Photoshop pour obtenir des résultats surprenants. Et surtout enregistrez toujours une version en PSD afin de pouvoir retravailler votre fichier. Vous pouvez ensuite aplatir votre image et l'enregistrer en JPEG.

Texte

N'hésitez pas à terminez vos illustration en ajoutant du texte stylé pour faire passer plus clairement le message initial.

RÉVOLUTION GRAPHIQUE

Créez une image avec des formes et effets accessibles à tous.

SUR LE CD : Vous trouverez sur le CD le fichier au format PSD avec tous les calques pour un usage personnel uniquement.

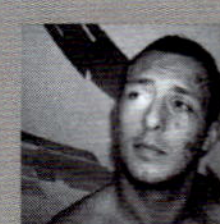

NOTRE EXPERT
Jerry-Lee Bernard

Diplômé en marketing et communication, Jerry-Lee conjugue sport de haut niveau et création numérique. Freelance depuis peu, il a déjà à son actif la création d'identités visuelles pour plusieurs entreprises. Son site Internet ouvrira bientôt ses portes : www.jerrydesign.com. En attendant, ses créations sont visibles sur www.flickr.com/jerryleebernard/mesphotos.

Ne vous méprenez pas sur le titre de ce tutoriel. Je n'ai pas la prétention de révolutionner le graphisme grâce à cet exercice. En fait, je vais juste vous apprendre à créer une image révolutionnaire, dite "engagée", avec des formes et des effets d'une grande simplicité. Une image centrale travaillée avec des formes autour est une composition idéale pour faire passer un message. En l'occurrence, armez-vous de votre souris et en route pour la révolution...

01 POUR COMMENCER

La première étape est ici la plus importante, c'est votre point de départ. En effet, il vous faut trouver l'image qui va donner un sens à votre composition. Je vous invite donc à explorer les banques d'images telles que www.sxc.hu. Pour ma part, je voyais la révolution graphique avec un poing fermé et une bombe de peinture, chacun trouvera son interprétation. N'hésitez pas à passer du temps sur les banques d'images jusqu'à avoir le déclic pour l'une d'entre elles.

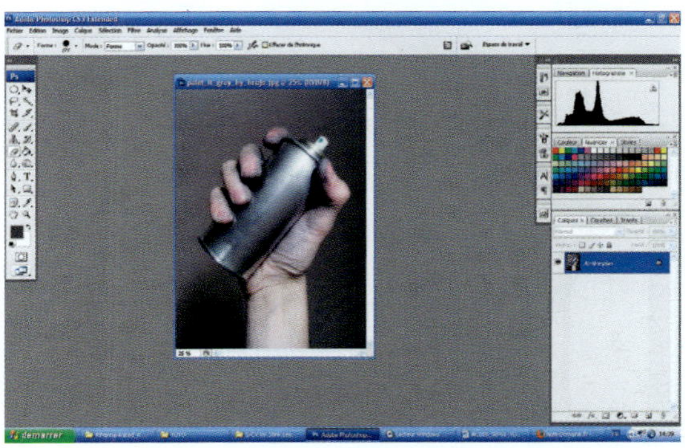

02 CRÉER UN FOND

Maintenant que nous avons notre image, nous allons commencer par créer un fond. Essayez de vous faire une brève idée de votre image finale, cela vous fera gagner du temps. Pour cette composition, j'ai choisi un gris clair. J'ouvre donc un nouveau document de 1500 x 1000 pixels. Ensuite, après avoir défini mes couleurs (gris et blanc), j'applique un dégradé sur le calque afin d'obtenir un résultat proche de celui-ci.

« Essayez de vous faire une brève idée de votre image finale, cela vous fera gagner du temps. »

03 DÉTOURAGE ET MODE DE FUSION

Après avoir détouré la main avec l'outil Plume (si vous êtes encore réticent à utiliser la Plume, rendez-vous sur Internet, vous y trouverez de très bons tutoriels), vous allez intégrer l'élément sur votre fond gris. Ensuite, dupliquez le calque de la main et passez-le dans un autre mode de fusion. Passez du temps à jouer avec les modes de fusion, n'hésitez pas à dupliquer encore et encore votre calque pour obtenir un effet sympa.

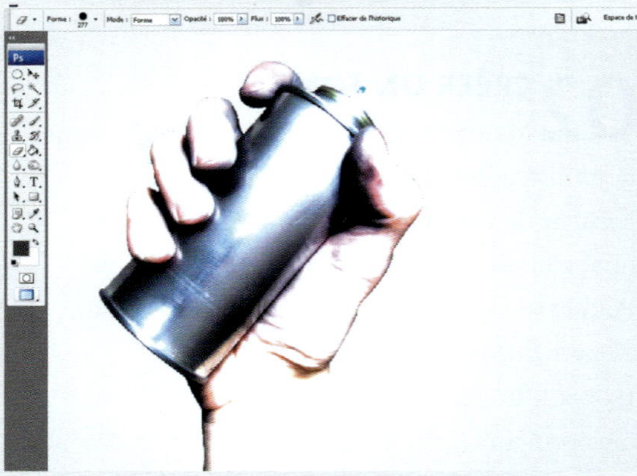

05 À MI-PARCOURS

Vous êtes rendu à mi-parcours, vous devez avoir une création qui ressemble à cela.
Gommez vos calques peintures à certains endroits pour bien montrer que seule la main dégouline.

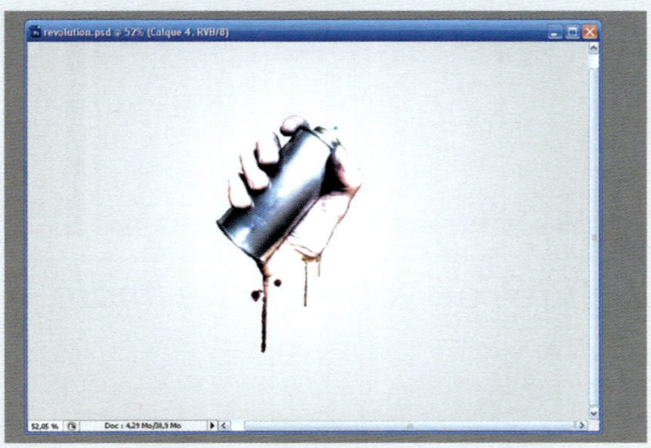

04 EFFET GRUNGE

Je choisis maintenant de faire un effet au niveau du poignet, comme si la main coulait le long de la compo. Pour cela, je vous invite à télécharger des packs de formes de pinceaux sur des sites tels que www.deviantart.com.
Il faut trouver des coulures ou éclaboussures de peinture. Une fois vos formes chargées dans Photoshop, vous allez créer un nouveau calque, prendre l'outil Pinceau et appliquer les formes de peinture aux extrémités du poignet.
Faites maintenant Ctrl/Cmd+clic sur le calque des formes de peinture, cela va créer une sélection de la forme. Prenez l'outil Tampon et placez-vous sur le calque de la main. Maintenez la touche Alt et choisissez un endroit assez sombre de votre main. Retournez sur votre calque de forme qui est sélectionné, lâchez la touche Alt et faites comme si vous peigniez au pinceau. Arrangez-vous pour que votre calque entier prenne la même couleur que celle échantillonnée sur votre calque "main". Pour cela, répétez l'opération autant de fois que nécessaire.

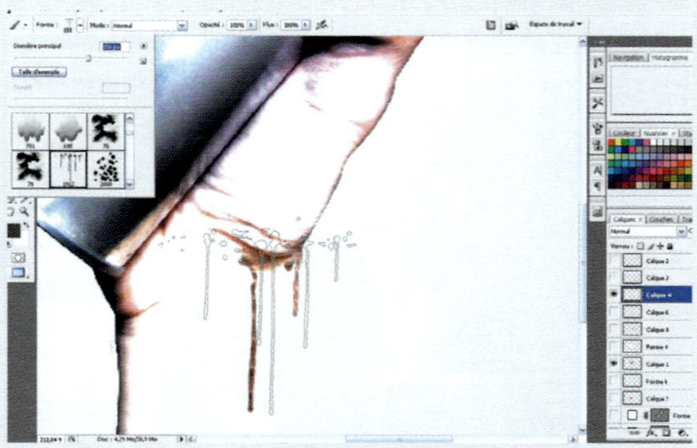

06 DU DÉTAIL

Si vous disposez d'une tablette graphique, il est indispensable de passer par cette étape car elle ajoute des détails non négligeables au final. Pour ceux qui n'en ont pas, l'étape va être plus compliquée. Nous pouvons constater en zoomant sur la main qu'on aperçoit des reflets de certaines couleurs, en l'occurrence bleu et violet rosé. Avec votre tablette ou souris, prenez (sur un nouveau calque) la plus petite forme de pinceau en rose et ensuite en bleu et faites des traits comme ci-dessous. Cela va donner du dynamisme à l'image.

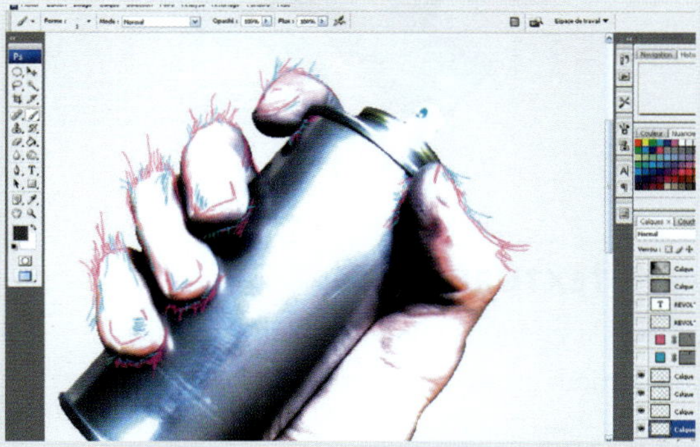

07 PEINTURE

Je choisis de créer un nouveau calque et d'ajouter des éclaboussures de peinture mais dans les tons bleus et roses. On ressent à cette étape de la création de l'ambiance que notre composition doit prendre une autre teinte.

08 À FOND LES FORMES

À présent, nous allons nous mettre à créer toutes sortes de formes vectorielles pour donner un aspect abstrait et artistique à l'œuvre.
Pour la première forme, j'ai pris l'outil Rectangle et j'ai créé de longs rectangles fins. Positionnez-les derrière les autres calques, optez pour les couleurs principales de la créa, à savoir le bleu et le rose. Baissez un peu l'opacité pour que l'œil soit plus attiré par la main que les formes.

09 FORMES (SUITE)

À présent, je prends l'outil Plume et je dessine plusieurs formes qui sortent du capuchon de la bombe, toujours en gardant les mêmes couleurs et en baissant un peu l'Opacité.

10 FORMES (SUITE ET FIN)

À vous d'ajouter autant de formes que vous souhaitez : cercles, carrés, triangles, avec ou sans contours, premier plan, arrière-plan, etc. Le plus important est de rester cohérent avec les couleurs. Essayez d'en intégrer une ou deux de couleur blanche avec une faible opacité, cela donne un effet plutôt sympa.

11 PLACE AU TEXTE

Je vous invite maintenant à vous rendre sur des sites de téléchargement de polices tels que dafont.fr ou 1001freefonts.com. Trouvez ensuite un endroit judicieux pour la placer sur votre composition.

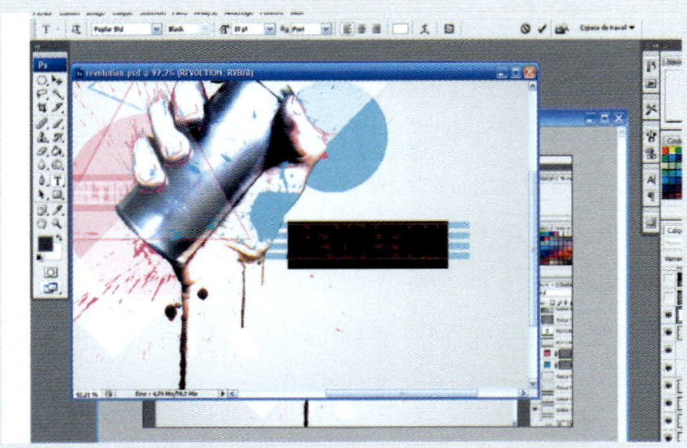

12 TEXTURES

Appliquons maintenant cet effet vieilli, légèrement grunge que l'on peut apercevoir en arrière-plan. Encore une fois, rendez-vous sur une banque d'images et trouvez des textures vieillies, sales. Prenez deux images, l'effet n'en sera que plus convaincant. Une fois vos images choisies, importez-les sur votre création sous Photoshop, désaturez-les (Ctrl/Cmd+U) et passez-les en mode fusion Incrustation. Baissez l'Opacité pour un effet léger et réaliste.

13 TOUCHES FINALES

Pour finir, nous allons ajouter une teinte générale qui coïncide avec les couleurs que l'on a choisies (bleu et rose). Pour cela, créez un nouveau calque au-dessus de tous les autres. Prenez un pinceau de très grande taille à contour doux. Faites des ronds roses et bleus un peu partout (vu la taille, un ou deux suffiront). Jouez maintenant avec les modes de fusion pour obtenir un rendu idéal ou sinon baissez juste l'Opacité du calque.

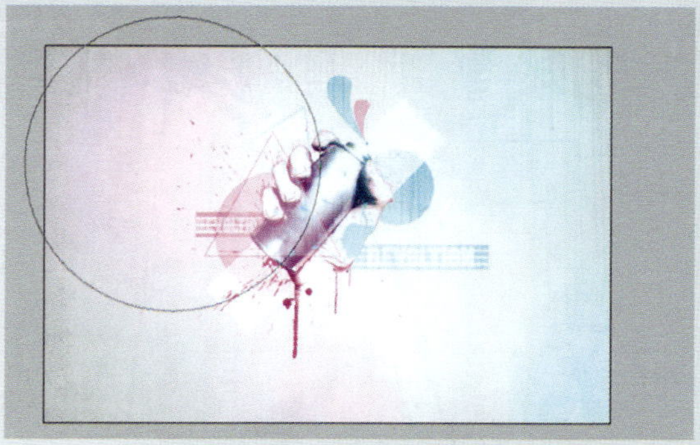

14 TERMINÉ !

Voilà pour ce tutoriel, vous devez vous retrouver avec une création qui s'approche de celle ci-dessous. Mais n'oubliez pas, l'important dans vos créations est d'apporter cette touche personnelle qui vous différenciera des autres.

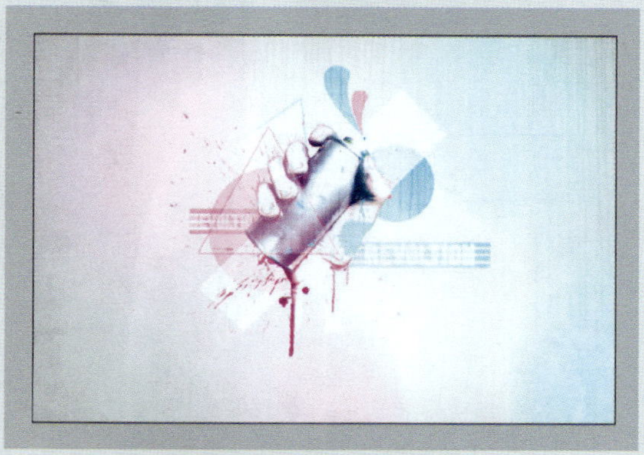

DARK ATHENA

Racontez une histoire au travers d'une illustration mélangeant effets tendance et récits mythologiques.

Cette illustration montre une scène de la mythologie grecque où le corbeau, blanc à l'origine, est frappé par un sort d'Apollon qui le recouvre d'un plumage sombre, noir, pour avoir échoué dans sa mission. On y retrouve également une version obscure de la déesse Athéna qui ne sera pas accompagnée ici de chouettes, mais de corbeaux. Vous apprendrez à utiliser les puissantes fonctions de Photoshop pour créer une illustration sombre avec des effets modernes. Détourage, lumières, accentuation des détails, effets artistiques, construction de motifs, dessin, vous trouverez dans ce tutoriel un éventail de techniques qui vous permettront de ne plus être dépendant des banques d'images et de vous débrouiller avec vos mains, un bon scanner et les pinceaux du logiciel entre autres.

SUR LE CD : Vous devrez acheter et télécharger les photos sur ShutterStock: 28538479, 16887844, 18795460. Sur francais.istockphoto.com : 7590722, 5534572, 5458606 et 7516321..

NOTRE EXPERT
Ludovic Cordelières

Ludovic Cordelières, aka Rusalkadesign, est un jeune artiste de 26 ans. Retrouvez ses travaux sur : http://www.rusalkadesign.com.

01 PRÉPARER LA ZONE DE TRAVAIL

Ouvrez Photoshop et créez un nouveau document. Faites Fichier> Nouveau et choisissez un format portrait A4 en RVB à 300 dpi. Bien que cette illustration soit destinée à être imprimée au final, il est préférable de travailler en RVB pour ne pas être limité par le choix des couleurs, même si dans le cas présent elles sont minimes. Votre document préparé, double-cliquez sur le calque Arrière-plan présentant un petit cadenas pour le déverrouiller et remplissez-le de noir. Enregistrez votre document au format PSD et nommez-le Dark Athena.

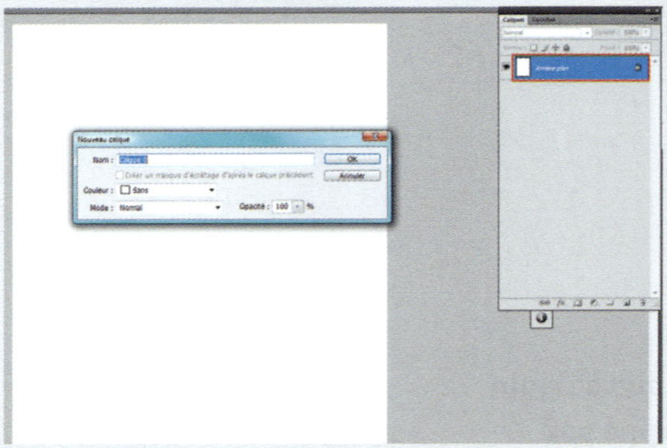

02 CRÉER LE FOND

L'une des images qui va constituer le fond de l'illustration est une texture, une partie d'un mur que j'ai passée en niveaux de gris. Utilisez donc une texture de votre choix, ou téléchargez-en une sur iStockphoto. Une texture de pierre ou de papier froissé fera très bien l'affaire. Ouvrez votre texture dans Photoshop et faites Image> Réglages> Teinte/Saturation et réglez la Saturation à - 100 puis glissez-la dans votre document en réglant son Opacité à 18 %.

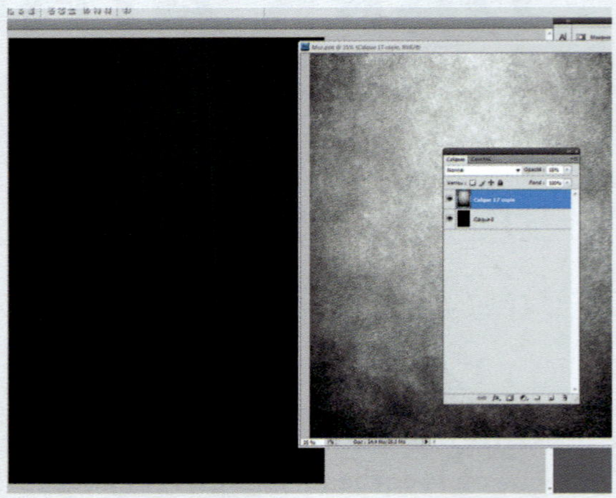

03 AJOUTER DE LA MATIÈRE

À présent, nous allons ajouter un peu plus de matière à notre fond. Pour cela, prenez une photo d'un ciel étoilé, recadrez sur une partie où la position des nuages est intéressante et passez-la en niveau de gris (Image> Réglages> Teinte/Saturation et réglez la Saturation à - 100) puis faites Image> Réglages> Négatif. Pour finir, baissez son Opacité à 45 %. Vous trouverez des photos de ciels étoilés sur Internet ou sur iStockphoto. À ce stade, les textures commencent à se mélanger et à former une sorte de chaos, ce qui est parfait pour le style de cette illustration.

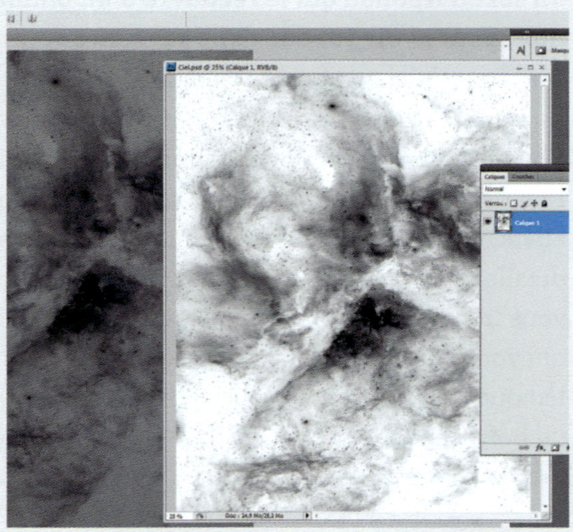

« Attention à ne pas avoir la main trop lourde, le geste doit demeurer libre et léger, le rendu doit avoir un aspect manuel et non informatisé. »

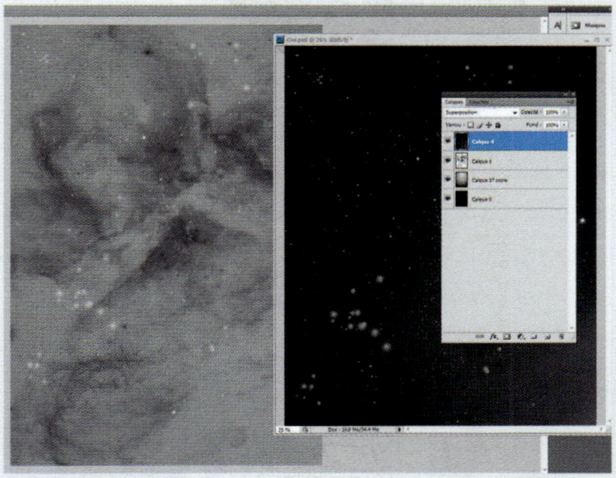

04 FORCER LA MATIÈRE

Nous allons encore un peu travailler la matière. Créez un nouveau calque et, dans l'interface du haut, faites Calque> Nouveau> Calque. Prenez l'outil Dégradé dans la barre d'outils de gauche et optez pour un Dégradé linéaire. Choisissez un noir et un gris foncé puis ajoutez le dégradé sur le calque nouvellement créé du haut vers le bas en veillant à appuyer sur la touche Maj pour avoir un dégradé bien droit. Choisissez la couleur blanche et prenez un pinceau à bord doux, cochez Dynamique de forme et entrez 800 %, puis cochez Diffusion et entrez 1000 %. Créez un calque par-dessus le dégradé et peignez votre document. Attention à ne pas avoir la main trop lourde, le geste doit demeurer libre et léger, le rendu doit avoir un aspect manuel et non informatisé. Variez la taille du pinceau et balayez l'image de manière aléatoire. Glissez ensuite le calque dans le document et passez-le en mode Superposition.

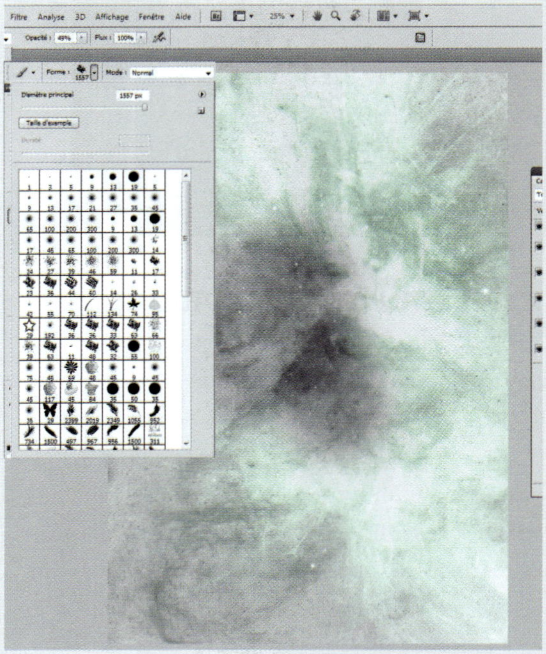

05 DERNIERS DÉTAILS

Le fond est bientôt terminé, créez un nouveau calque. Prenez un pinceau dans la catégorie Effets spéciaux, optez pour une taille moyenne et opérez des gestes rapides mais libres, des mouvements de va-et-vient aléatoires, comme si vous étiez en train de couvrir une toile de peinture pour faire votre fond, votre ambiance générale. Prenez votre temps pour cette étape, le rendu doit encore une fois avoir un aspect artistique, comme une peinture, variez donc les pinceaux et jouez avec les tailles. Sélectionnez tous vos calques et faites-en un groupe.

06 COMPOSER SELON LE NOMBRE D'OR

Le fond terminé, faites Ctrl/Cmd+R pour afficher les règles. Nous allons positionner des repères pour caler notre illustration, et donc placer les éléments importants correctement dans l'image pour guider le regard du spectateur.

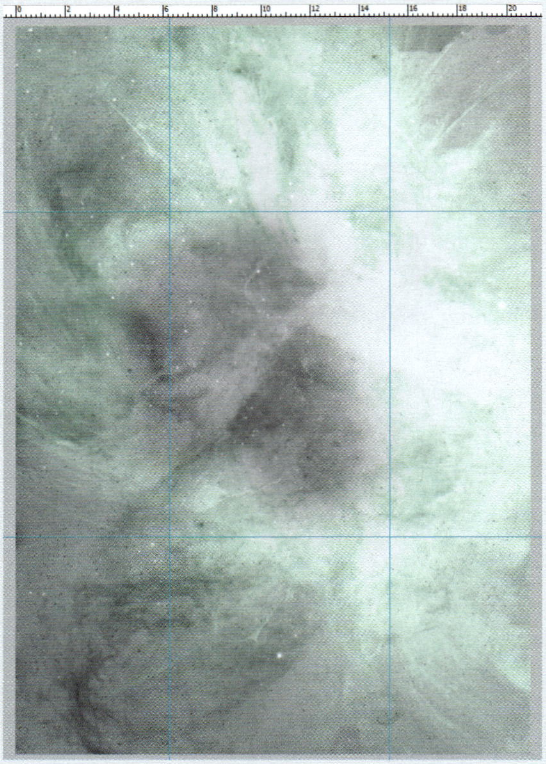

07 DÉTOURAGE D'ATHÉNA

Ouvrez la photo de votre modèle. Avant de débuter le détourage, nous allons traiter l'image. Faites Image> Réglages> Teinte/Saturation et réglez la Saturation sur - 100. Passons au détourage, munissez-vous de l'outil Plume dans la barre d'outils de gauche, zoomez à 300 % sur votre modèle et commencez le détourage. Prenez votre temps, faites un tracé propre et n'hésitez pas à mordre de 1 ou 2 pixels à l'intérieur du modèle pour éliminer toute gêne (filet de lumière, etc.). N'oubliez pas de fermer votre tracé. En gardant l'outil Plume actif, faites un clic droit et choisissez Définir une sélection. Copiez votre sélection, revenez sur le document contenant votre fond et collez-la. Redimensionnez le modèle si nécessaire et placez-le sur la ligne de repère.

08 SÉANCE DE MAQUILLAGE

Dans le but de faire ressortir le regard de notre modèle, nous allons créer un nouveau calque (Calque> Nouveau> Calque) et le passer en mode Couleur. Choisissez un vert bleu et peignez autour des yeux. Sur un autre calque réglé sur Produit, dessinez des traînées noires le long de ses joues. Faites de même pour ses lèvres, créez un nouveau calque, passez-le en mode Lumière tamisée, et peignez-les en noir.

09 UNE TENUE LIQUIDE

Téléchargez des photos d'éclaboussures sur iStockphoto. Faites Sélection> Plage de couleur et à l'aide de la Pipette cliquez sur le fond blanc de l'image. Allez dans Sélection> Intervertir puis cliquez/déposez l'éclaboussure dans le document. Redimensionnez-la, passez-la en gris et placez-la sur la robe, à droite. Dupliquez le motif et placez-le sur l'autre côté de la robe. Répétez l'opération plusieurs fois, n'hésitez pas à réduire les éclats, à les faire pivoter, à fusionner plusieurs copies d'éclaboussures pour en créer une inédite. Placez-les intelligemment, le côté esthétique de cette technique repose sur le fondu entre les plis des vêtements et les taches d'encre.

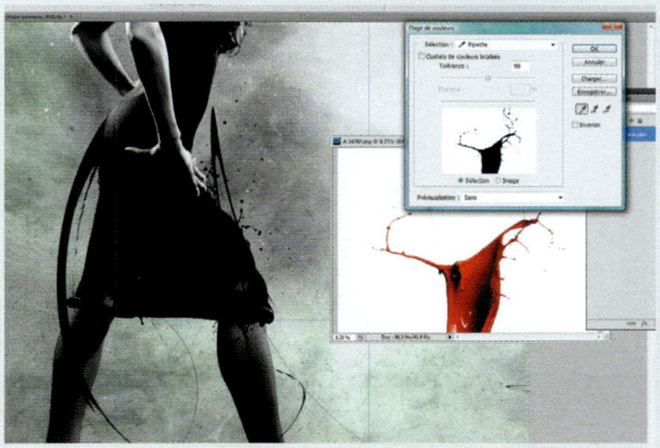

« N'hésitez pas à réduire les éclats, à les faire pivoter, à fusionner plusieurs copies. »

10 TACHES D'ENCRE

La tenue terminée, accentuez l'effet obtenu en ajoutant quelques détails près des éclats et au niveau des chaussures. Libre à vous de réutiliser le motif, ou de peindre en employant un pinceau à bord dur de Photoshop. Pour les grandes traînées d'encre, j'ai appliqué à plusieurs reprises au motif une déformation Filtre> Déformation> Coordonnées polaires, réglée sur Rectangulaire en polaire.

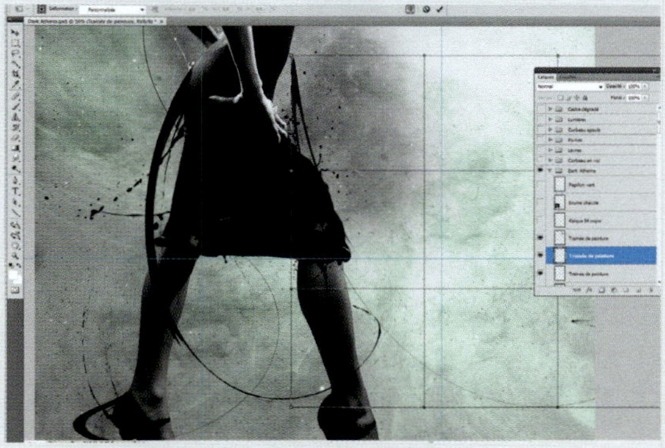

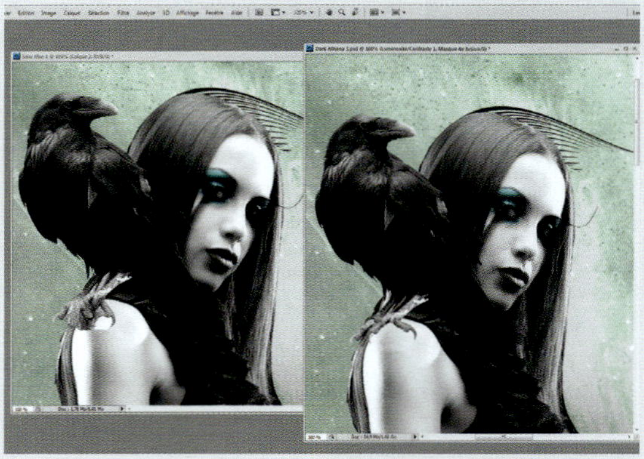

11 INTÉGRATION DU FAMILIER D'ATHÉNA

Téléchargez une photo de corbeau et détourez l'animal à la Plume, procédez de la même façon que pour notre modèle. Une fois la sélection définie, copiez-la et collez-la dans votre document. Redimensionnez le corbeau tout en veillant à garder des proportions réalistes et placez-le sur l'épaule de la fille. La patte du corbeau étant cachée par un élément de décor, dessinez la partie manquante de la patte à la Plume puis, une fois la sélection active, utilisez le Tampon pour effacer les traces de décor.

12 LE FAMILIER

Il est impératif de donner l'illusion au spectateur que le corbeau a toujours été présent sur cette photo. Activez la sélection du corbeau, faites Calque> Nouveau calque de réglage> Luminosité/Contraste. Réglez la Luminosité sur 25 et le Contraste sur 33. Créez un calque et placez-le derrière le corbeau. Prenez un pinceau à bord doux et la couleur blanche. Peignez un halo lumineux puis, avec le Doigt, étirez la forme de chaque côté.

13 EFFETS DE LUMIÈRE

Munissez-vous d'un pinceau à bord doux de taille moyenne et de couleur blanche. Repérez les zones exposées à la lumière sur notre modèle et amplifiez-les en peignant dessus. Plus la pression est forte, plus le motif que vous créerez sera imposant. Soyez délicat et léger pour l'ajout de ces points lumineux, le rendu n'en sera que meilleur.

14 DÉTAILS ET FIGURES

Ajoutez quelques détails sur Athéna. Ici, j'ai ajouté deux papillons pour donner plus de vie au visuel. Sur un nouveau calque, tracez un cercle à l'aide de l'outil Ellipse de sélection dans la barre de gauche sans oublier d'appuyer sur la touche Maj pour obtenir un cercle parfait. Prenez l'outil Dégradé linéaire allant de la couleur de premier plan au transparent et tracez-le dans votre sélection en partant du haut vers le bas. Répétez l'opération plusieurs fois, variez l'échelle du motif, changez la couleur et placez-les derrière le modèle au niveau des éléments sur lesquels nous voulons attirer l'attention, comme le corbeau, le visage d'Athéna ou encore les taches d'encre.

Nettoyer un détourage

Il se peut parfois que, malgré un détourage propre et précis, les contours de votre sujet ne soient pas parfaits. Pour régler ce problème, allez dans Calque> Cache> Supprimer la frange. Cette fonction nettoiera les contours de votre modèle et les rendra plus nets. Attention cependant, cette manipulation ne marche pas à chaque fois, il se peut qu'elle fasse l'effet inverse et altère fortement les contours.

15 LE CORBEAU ENSORCELÉ

Téléchargez l'image d'un corbeau en vol, détourez-le à la Plume comme précédemment et copiez/collez-le dans votre document. Placez-le sur la deuxième ligne de repère verticale, celle de droite. Augmentez le contraste de façon à ce qu'il ait la même intensité que l'autre corbeau.

16 EFFETS CRAYONNÉS

Pour créer les effets de gribouillages noirs, prenez un stylo Bic noir et gribouillez sur une feuille, en variant la pression de votre poignet. Faites comme si vous étiez en train de dessiner une toile d'araignée. Scannez ensuite la feuille à 250 dpi puis importez le dessin dans votre document en réglant son mode de fusion sur Produit. Dupliquez votre dessin et appliquez-lui une rotation dans le but de donner au motif une forme d'étoile.

17 EFFETS D'ÉCLABOUSSURES

Reprenez les photos d'éclaboussures que vous avez utilisées pour le modèle et placez-les sous le corbeau en vol, au niveau des ailes et de la queue. N'hésitez surtout pas à dupliquer les taches ou à en fusionner plusieurs pour obtenir un motif inédit. L'illustration deviendrait moins intéressante si un seul et même motif était répété à plusieurs endroits sur le visuel. Pensez à la source d'où proviennent ces éclats de peinture, ici ils viennent de la droite. Vous pouvez aussi changer la couleur d'une tache en faisant Image> Réglages> Négatif et ainsi la passer en blanc et la placer sur le corbeau.

Stock

Tout le monde n'est pas photographe, alors si vos propres photos ne font pas l'affaire pour vos travaux, n'hésitez pas à prendre un abonnement sur une banque d'images en ligne telles que iStockphoto, Crestock ou Fotolia. Certes, cela représente un investissement, mais il est parfois inévitable si vous voulez vous constituer un portfolio professionnel. Avoir de bonnes photos, de bons modèles, un bon éclairage, bref de bonnes bases pour de futures créations est une nécessité. Seul inconvénient parfois, le prix de certains abonnements… Fotolia ou iStock vous permettent d'acheter des photos à l'unité, alors que d'autres vous obligent à prendre un abonnement d'un mois voire plus pour un prix vraiment très élevé, et cela devient presque un luxe de s'en offrir un.

18 CHANGER DE TÊTE

L'effet crayonné/sort magique est assez convaincant mais l'expression du corbeau ne l'est pas assez. J'ai téléchargé une autre photo de corbeau, où l'animal a le bec ouvert. Détourez son bec et placez-le dans le document. Faites Édition> Transformation manuelle et placez le bec sur notre corbeau. Gommez les éléments qui ne nous intéressent pas. Veillez à régler la luminosité et le contraste afin que le bec soit parfaitement intégré à l'oiseau. Fusionnez à présent les deux calques, celui du corbeau en vol et celui contenant le nouveau bec.

19 TRAVAILLER LE DÉCOR DE L'IMAGE

Téléchargez une photo d'araignée, détourez-la à la Plume, placez-la dans le document, et alignez-la sur le corbeau en vol. Sélectionnez-la et faites Calque> Nouveau calque de réglage> Luminosité/Contraste et réglez le Contraste sur 20. Dupliquez-la, réduisez et placez d'autres araignées dans le décor. Ajoutons maintenant les toiles. J'ai procédé de la même manière que pour symboliser le sort, c'est-à-dire que j'ai gribouillé au stylo Bic noir sur une feuille puis scanné le motif que j'ai passé en négatif (Image> Réglages> Négatif) et placé dans les deux coins inférieurs de l'image et par-dessus les araignées. À l'aide de l'outil Doigt réglé sur une taille de 500 pixels et d'une intensité de 75 %, j'ai légèrement travaillé la forme de la toile en la courbant par endroits.

20 LE SOL

Prenez un pinceau à bord dur d'une taille de 4 pixels et décochez l'option Aérographe. Sur un nouveau calque placé sur le modèle principal, au niveau de ses chaussures, faites des effets artistiques, taches, traces de pinceau, coulures d'encre. Avec l'outil Doigt, tirez sur les extrémités des traits pour leur donner plus de continuité. Prenez un pinceau Effets spéciaux et tapotez à plusieurs endroits du sol pour salir l'image et lui donner ainsi un aspect plus manuel.

21 DONNER DE LA PROFONDEUR À VOTRE IMAGE

Téléchargez une dernière image de corbeau, détourez-la, définissez une sélection puis, sur un nouveau calque, remplissez-la de noir (Édition> Remplir). Glissez la silhouette du corbeau dans votre illustration, passez le mode de fusion sur Produit et réglez son Opacité sur 58 %. Placez-le en haut à gauche de votre image. Téléchargez une photo de plume sur Google et placez-la dans l'image en mode Produit. Dupliquez-la, faites varier la taille et placez-en à proximité des corbeaux. Placez-en une au premier-plan et appliquez-lui un Flou gaussien réglé sur 1,5 pixel (Filtre> Atténuation> Flou gaussien). Le fait de flouter un élément placé au premier plan donne de la profondeur à votre image et permet de situer les éléments en fonction des plans et de donner des informations sur les proportions.

22 TOUCHE FINALE

Sur un nouveau calque que vous placerez au-dessus de tous les autres, utilisez l'outil Dégradé radial du noir au transparent et faites-en un dans chaque coin de votre image. Créez un autre calque dont le mode de fusion sera réglé sur Couleur, placez-le sous le modèle et, à l'aide d'un pinceau à bord doux, faites des touches colorées sur les endroits qui vous paraissent importants, ou tout simplement pour faire ressortir un détail. Utilisez des couleurs pêchues ; ici j'ai utilisé un violet rose, un bleu vert et un jaune.

23 CRÉER LES BARRES LUMINEUSES

Pour créer les barres lumineuses traversant notre illustration, tracez un rectangle de sélection, appliquez un dégradé linéaire horizontal du blanc au transparent, puis faites pivoter le résultat et placez-le où bon vous semble.

24 DÉSTRUCTURATION D'ÉLÉMENTS

Vous aurez peut-être remarqué que sur certains sujets de l'illustration j'ai opéré des effets de déstructuration. Pour les obtenir, rien de plus simple. Sur un nouveau calque, tracez un rectangle de sélection et remplissez-le de noir. Dupliquez quatre ou cinq fois le rectangle, alignez-les entre eux puis fusionnez-les. Faites-les pivoter, sélectionnez-les, masquez le calque, placez-vous sur le calque de l'élément auquel vous voulez appliquer l'effet, puis copiez/collez la sélection. Il ne vous reste plus qu'à déplacer le morceau !

Contraste

Jouez sur le contraste de vos sujets dans vos illustrations. Ici, j'ai accentué le contraste et la luminosité afin d'obtenir un effet proche des œuvres de Frank Miller, où les ombres permettent de deviner les volumes. Osez marier la machine et le manuel, dessinez, scannez et créez !

25 ACCENTUER LA NETTETÉ DE VOTRE VISUEL

Bravo, votre illustration est terminée ! Enregistrez-la en deux versions : une que vous nommerez "Dark Athena" et qui sera la version originale, l'autre que vous appellerez "Dark Athena Print" qui vous servira à faire les derniers réglages pour l'impression. Sur cette dernière version, aplatissez votre image (Calque> Aplatir l'image). Passez l'illustration en CMJN (Image> Mode> CMJN). Dupliquez l'unique calque obtenu suite à cela, faites Filtre> Divers> Passe-haut puis passez le mode de fusion du calque sur Lumière vive et réglez l'Opacité sur 30 % (faites plusieurs essais avec vos propres réglages). Fusionnez les deux calques puis faites Image> Réglages> Nouveau calque de réglage> Luminosité/Contraste et entrez 5 pour la Luminosité et 12 pour le Contraste.

Ludovic Cordelières

Noir & blanc

Testez aussi le 100% noir et blanc qui donne des résultats fabuleux avec ce genre de montage.

SOLAR EMPIRE

Apprenez à créer des effets météorologiques et des décors volcaniques avec les outils de base de Photoshop.

Vous avez peut-être remarqué que dans certains magazines de sport, par exemple les revues consacrées au cyclisme, les affichistes n'hésitent pas à mettre en scène les produits d'une marque de manière spectaculaire. Nous allons créer un visuel dans la même veine que ceux dédiés aux marques sportives, en mettant en scène un vététiste traqué par des tornades dans un décor proche de l'apocalypse.

SUR LE CD : Vous devrez acheter et télécharger les photos sur ShutterStock: 28538479, 16887844, 18795460. Sur francais.istockphoto.com : 7590722, 5534572, 5458606 et 7516321..

NOTRE EXPERT
Ludovic Cordelières

Ludovic Cordelières, aka Rusalkadesign, est un jeune artiste de 26 ans. Retrouvez ses travaux sur : http://www.rusalkadesign.com.

01 PRÉPARATION DE LA ZONE DE TRAVAIL

Lancez Photoshop et créez un nouveau document. Faites Fichier> Nouveau et choisissez un format A4 à l'italienne en RVB à 300 dpi. Téléchargez la photo sur le lien suivant : http://www.shutterstock.com/pic.mhtml?id=24707893 (ou cherchez une alternative gratuite sur www.sxc.hu) puis ouvrez-la dans Photoshop. Glissez la photo dans le document, faites Édition> Transformation manuelle et réduisez-la de 20 % en entrant la valeur dans les cases Hauteur et Largeur. Le fait qu'elle ne couvre pas entièrement la zone de travail va nous donner la possibilité de créer notre propre décor.

02 PRÉPARER L'IMAGE

Dupliquez le calque de la photo. Placez-vous sur le calque tout juste créé, faites Filtre> Divers> Passe-haut et choisissez un Rayon de 2 pixels. Réglez ce calque sur Lumière vive et passez son Opacité à 40 %. Dupliquez ce même calque, passez-le en mode Couleur et réglez son opacité à 40 %.

03 ACCENTUER LA NETTETÉ

Sélectionnez vos trois calques, la photo et les deux copies et fusionnez-les en faisant un clic droit sur l'un des calques et en sélectionnant dans le menu Fusionner les calques. Dupliquez le calque nouvellement créé et faites Filtre> Divers> Passe-haut avec un Rayon de 2 pixels. Changez son mode sur Incrustation et son Opacité sur 50 % puis fusionnez les deux calques.

04 DÉTOURAGE DES ÉLÉMENTS

Nous allons à présent passer à l'étape la plus longue de ce tutoriel, la phase de détourage. Les éléments qui nous intéressent ici sont le cycliste et les rochers situés juste derrière lui. Commencez par le personnage, munissez-vous de l'outil Plume, zoomez sur votre document à 200 voire 300 % et détourez. N'oubliez pas de fermer votre tracé et de faire un clic droit à l'intérieur pour définir la sélection. La longueur du détourage est due à la complexité et surtout au nombre de pièces à découper, notamment au niveau des rayons de la roue avant du vélo. Passez du temps sur le découpage du personnage et soyez précis puisqu'il s'agit du sujet principal de notre illustration, suivi du décor. Détourez ensuite les rochers situés juste derrière.

05 CONSTRUCTION DU DÉCOR

Cette étape devrait se dérouler assez vite. Faites un croquis rapide de votre décor, le but n'étant pas de faire un tableau de maître. Utilisez l'outil Pinceau par défaut d'une taille de 3 pixels, Opacité et Flux à 100 %, et décochez Aérographe. Esquissez les éléments qui composeront votre décor. Libre à vous de suivre à la lettre ce tutoriel, dans tous les cas il est toujours agréable et intéressant de faire un travail de recherches et de placements pour rendre l'illustration attrayante. Ici, j'ai choisi de créer un décor volcanique, montagneux, et d'y intégrer des phénomènes météorologiques tels que les tornades pour amplifier le chaos et travailler leurs incidences sur le décor (fumée, poussière, lumières, etc.).

06 RAJOUTER DU DÉCOR

Avant toute chose, organisez clairement votre fichier en créant des groupes de calques, un pour chaque plan, et un autre groupe pour le ciel. Placez-vous sur le calque contenant les rochers et dupliquez-le, placez-le en fond, décalez-le sur la droite et faites Transformation> Symétrie horizontale. Placez-le à un endroit intéressant, le but étant de rajouter du décor avec les éléments existants. Vous pouvez aussi choisir une partie des rochers, la découper à l'aide du Lasso ou de la Plume et composer un nouveau décor. Fusionnez les deux calques contenant les rochers et baissez leur luminosité à 60 %.

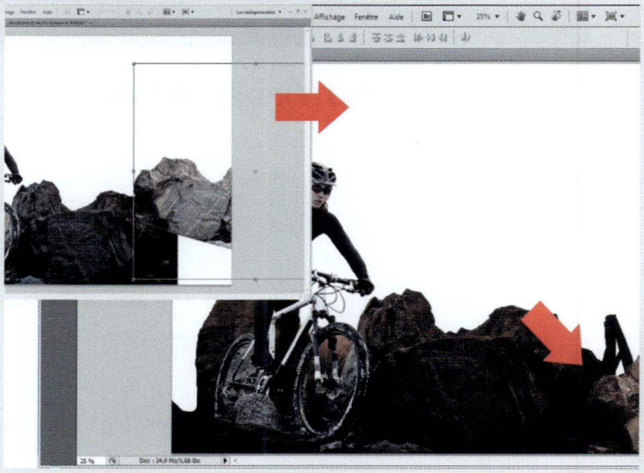

07 TRAVAIL DE FOND

Pour fabriquer le décor de fond, j'ai utilisé une photo de plaine embrumée téléchargée sur http://www.shutterstock.com/pic.mhtml?id=18987745. Placez votre photo dans le groupe de calques dédié à l'arrière-plan et changez son mode sur Couleur plus foncée. Dupliquez plusieurs fois ce calque et composez votre décor de fond, utilisez les transformations et rotations pour obtenir une scène totalement inédite et veillez à gommer tous les éléments qui ne vous intéressent pas. Cette étape doit vous permettre de placer rapidement votre fond et d'avoir une base solide pour la construction de la scène globale. Les détails n'ont pas une importance de premier ordre ici.

08 SECOND PLAN

Placez-vous sur le groupe de calques qui contient les éléments du second plan. Téléchargez une photo de paysage rocheux sur http://www.shutterstock.com/pic.mhtml?id=32522002 et placez-la dans la scène en mode Normal en supprimant les éléments que vous ne jugez pas intéressants pour votre illustration. Découpez des morceaux de rochers à l'aide de la Plume ou du Lasso et ajoutez-en où bon vous semble pour obtenir une zone accidentée, dangereuse. Faites de même avec la flore. Procédez comme pour l'étape précédente, dupliquez et conservez les éléments les plus importants, les plus parlants visuellement.

09 RAJOUTER DES DÉTAILS

Téléchargez une photo d'un pont de bois sur http://www.shutterstock.com/pic.mhtml?id=32522143, détourez-le à l'aide de la Plume puis placez-le dans votre scène. Dans cet exemple, j'ai opéré sur la photo du pont une Transformation> Symétrie Horizontale et j'ai placé l'élément sur la droite de l'image afin de rajouter du détail, de la profondeur et une information de localisation de la scène.

10 CHOISIR UNE AMBIANCE DE COULEUR

À ce stade du tutoriel, le décor commence clairement à prendre forme mais il n'est toutefois pas utile de trop le charger en matière car les éléments les plus importants vont bientôt entrer en scène : les effets météorologiques. J'ai choisi une ambiance de couleur orientée vers des tons ocre. Créez un nouveau calque (Calque> Nouveau Calque), placez-le au-dessus de tous les autres et changez son mode de fusion sur Incrustation. Munissez-vous de l'outil Dégradé linéaire et choisissez deux couleurs : la première, la plus claire dans des tons sables (R : 225 V : 195 B : 108), la seconde dans des tons terre de Sienne (R : 110 V : 64 B : 2), et tracez un dégradé du haut vers le bas de votre image en veillant à bien laisser la touche Maj enfoncée lors de votre action. Ce calque définit désormais l'ambiance de couleur de votre illustration, tous les éléments que vous serez amené à rajouter plus tard devront être placés sous ce même calque pour qu'ils adoptent la couleur ambiante.

11 PEINDRE DES TORNADES

Prenez l'outil Pinceau et dans le menu contextuel, juste à côté de la barre de diamètre, cliquez sur la petite flèche pour choisir une catégorie de pinceau. Allez ensuite sur Effets spéciaux puis cliquez sur Ajouter lorsqu'on vous le demandera. Prenez une forme de pinceau Craie et réglez sa taille sur 300 pixels. Définissez tout d'abord sa position et sa place dans la scène, puis commencez à peindre votre tornade. Vous devez débuter par les couleurs les plus foncées puis éclaircir au fur et à mesure pour rendre le volume de l'élément. Procédez par petites touches et n'hésitez surtout pas à vous documenter afin d'obtenir quelque chose de réaliste. Une tornade est un tourbillon de débris, vous ne devez donc pas obtenir quelque chose de lisse et propre. Une fois satisfait, faites Filtre> Atténuation> Flou gaussien et réglez le Rayon sur 1 pixel pour suggérer le mouvement, ou bien dupliquez votre tornade, appliquez-lui un flou léger, puis gommez aux endroits où vous ne voulez pas d'effet.

« J'ai aussi ajouté deux autres tornades entrelacées au fond sur la droite et quelques montagnes au centre. »

12 CRÉER LE CHAOS

Ajoutons d'autres tornades afin d'amplifier la violence de la scène. Plusieurs choix s'offrent à vous. Le premier consiste à dupliquer votre première tornade et à lui appliquer une déformation pour changer sa position ou son angle tout en veillant à bien la retravailler de manière à ce que l'on ne reconnaisse pas la première. Le second, vous l'aurez deviné, consiste à en créer plusieurs autres. Si vous choisissez cette option, conservez les réglages du pinceau de l'étape précédente. Créez un nouveau calque et prenez un pinceau à bord arrondi flou, réglez l'opacité sur 20 %, gardez la couleur marron que vous avez utilisée pour les tornades et ajoutez de la poussière au niveau des tornades, notamment à leur base. Ajoutez-en aussi sur le décor afin de le flouter et ainsi suggérer un vent de sable.

13 PEAUFINER LE DÉCOR

Afin d'accentuer l'atmosphère sableuse et poussiéreuse de l'illustration, j'ai continué de peindre avec le pinceau à bord flou et j'ai ajouté des particules (brume, poussière et sable). J'ai aussi ajouté deux autres tornades entrelacées au fond sur la droite et quelques montagnes au centre. Placez-vous sur le calque du cycliste et faites Ctrl/Cmd+clic pour activer sa sélection puis allez dans Calque> Nouveau calque de réglage> Balance des couleurs et rééquilibrez les couleurs de notre personnage pour qu'il se fonde parfaitement dans le décor et l'ambiance colorée en augmentant les tons moyens de rouge et de jaune. Gardez la sélection active et ajoutez un autre calque de réglage Luminosité/Contraste, réglez la Luminosité sur - 24 et le Contraste sur + 18. N'hésitez pas à expérimenter vos propres réglages en fonction des photos ou de l'ambiance colorée que vous aurez choisies.

14 AMBIANCE VOLCANIQUE

Après les tornades, nous allons nous atteler à créer les effets volcaniques. Créez un nouveau calque, changez son mode en Superposition. Prenez un pinceau à bord doux, réglez sa Taille sur 6 pixels et son Opacité sur 60 %, choisissez une couleur jaune orangée, zoomez sur votre document et dessinez la lave jaillissant d'un volcan ou coulant sur les flancs de la montagne.
La technique consiste à dessiner les coulures en suivant le relief de la montagne, puis d'augmenter la taille du pinceau à 140 pixels et d'ajouter par endroits des touches colorées afin de simuler les vapeurs d'explosion et la matière en fusion.

15 GAGNER EN RÉALISME

À présent, nous allons nous concentrer un peu plus sur le premier plan et gagner en réalisme en créant des effets de roche en fusion, de vapeur et de fumée. Sur un nouveau calque en mode Superposition, choisissez un pinceau Effets pointillistes d'une taille de 160 pixels et une couleur rouge orangé. Par endroits, tapotez pour figurer la roche en fusion. Diminuez la luminosité des motifs situés aux endroits ombrés de la roche.

16 VAPEURS

Pour créer les effets de vapeur, faites un nouveau calque en mode Éclaircir, changez son Opacité à 80 %, prenez un pinceau à bord doux et peignez la fumée au niveau des motifs de roche en fusion. Vous pouvez expérimenter plusieurs formes de pinceaux pour obtenir un meilleur effet de fumée. Personnellement, j'ai utilisé le pinceau par défaut de Photoshop et fait varier son opacité à chaque coup pour obtenir plusieurs couches et jouer ainsi sur la transparence pour donner l'illusion de la fumée.

17 RENFORCER LA RICHESSE GRAPHIQUE DE L'IMAGE

N'hésitez pas à afficher le calque contenant vos recherches de décor crayonné afin de voir si cela correspond à ce que vous aviez projeté de faire. J'ai fait en sorte de respecter le plus possible mon dessin, mais parfois d'autres idées font leur apparition en cours de route et vous n'avez guère d'autre choix que de changer totalement votre plan de travail originel. Au niveau du décor de fond, j'ai ajouté des ruines près du volcan, j'ai détouré une photo du Colisée et j'ai placé le monument sur la falaise en rajoutant de la fumée noire. Au premier plan, j'ai détouré une photo de serpent que j'ai inclus entre les rochers et rajouté encore un peu de fumée.

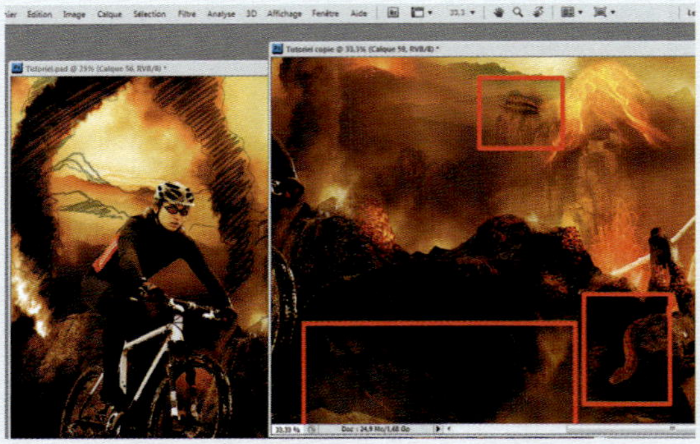

18 PRÉPARER LE CYCLISTE

Placez-vous sur le calque du cycliste, dupliquez-le et faites Filtre> Atténuation> Flou directionnel : Angle - 30° et Distance 95 pixels. Avec la Gomme, effacez les parties de l'image qui sont inutiles à la lecture de l'action. Ici, nous cherchons à simuler l'effet de vitesse. Sur un nouveau calque en mode Superposition que vous placez au-dessus de lui, ajoutez de la poussière et de la fumée beige en procédant de la même façon que pour les étapes précédentes. Par endroits, dessinez de la lave que vous recouvrirez de fumée pour plus de réalisme. Avec la Plume, définissez une zone qui correspond à la pente du terrain. Équipez-vous d'un pinceau Pointilliste de couleur rouge, Opacité et Flux à 100 % et une couleur rouge orangé. Décochez Aérographe et tapotez votre calque pour donner l'illusion de la lave coulant le long de la pente.

19 ENFLAMMÉ

Téléchargez une photo de flammes ou de feu. Glissez-la dans votre document, réduisez sa taille et passez-la en mode Densité linéaire -. Dupliquez et placez-en à divers endroits du personnage afin de l'enflammer. Dupliquez la photo et appliquez-lui plusieurs déformations pour obtenir un feu inédit à chaque fois. N'hésitez pas à utiliser l'outil Doigt pour étaler l'effet jusqu'aux mains. Ajoutez-en aussi au niveau des roues du VTT, à l'endroit où elles sont en contact avec la lave. Faites Édition> Transformation> Déformation pour plus de liberté dans les placements du feu.

« La déformation est assez complexe à appliquer, aussi vous pouvez créer le même effet avec le Tampon, en prenant des morceaux de ciel et en les copiant à l'intérieur du cercle de sélection. »

20 TRAÎNÉES DE FEU

Pour créer ces traînées de feu, faites un nouveau calque, réglez la taille du pinceau à bord doux sur 2 pixels puis, avec la Plume, dessinez un tracé. Sur le tracé, faites clic droit> Contour du tracé en choisissant le Pinceau.
Vous pouvez si vous le souhaitez ajouter une Lueur externe au tracé obtenu mais prenez garde de ne pas trop surcharger le sujet d'effets lumineux. Faites Filtre> Déformation> Coordonnées polaires> Rectangulaire en polaire. Appliquez la déformation deux ou trois fois à votre tracé pour obtenir un nouvel effet à chaque fois. Conservez une taille de pinceau assez petite afin d'obtenir des effets fins.

21 AMBIANCE SPATIALE

Donnons à notre illustration une touche spatiale en ajoutant une nébuleuse et des planètes. Avec l'Ellipse de sélection, tracez un cercle et remplissez-le d'un bleu clair. Dupliquez votre cercle une nouvelle fois, puis faites Filtre> Atténuation> Flou gaussien de 4 pixels et placez-le sous le premier. Prenez une photo de ciel et placez-la au-dessus de notre planète, déformez-la de manière à obtenir une sphère et ainsi créer une planète. La déformation est assez complexe à appliquer, aussi vous pouvez créer le même effet avec le Tampon, en prenant des morceaux d'image de ciel d'une photo et en les copiant petit à petit à l'intérieur du cercle de sélection. Dans les deux cas, cela reste assez long et délicat à faire.
Pour la nébuleuse, choisissez un bleu-vert (R : 62 V : 99 B : 69) et peignez sur un nouveau calque en mode Luminosité. Variez les tons de la couleur en prenant un bleu légèrement plus foncé ou plus clair dans la palette, faites comme si vous peigniez des nuages mais dont les formes seraient plus brutes et torturées.

22 CRÉER UN ANNEAU GAZEUX

Ajoutons des anneaux gazeux à notre planète. Créez un nouveau document et tracez un cercle que vous remplirez de gris. Dupliquez le cercle, baissez sa luminosité de - 20, répétez l'opération cinq à six fois tout en baissant la luminosité de chaque cercle. Fusionnez tous vos calques hormis le fond et supprimez le dernier cercle créé. Glissez les anneaux dans votre document, passez-les en mode Couleur plus claire à 90 % et appliquez-leur une Torsion, Perspective et Déformation pour l'intégrer à la planète.

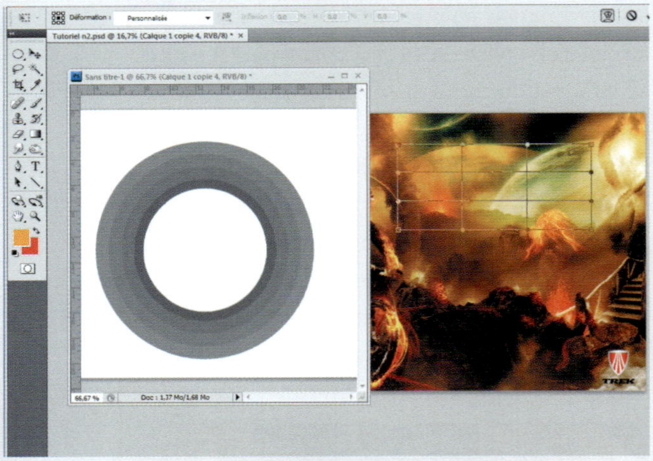

23 PEAUFINER LE VISUEL

Vous allez une nouvelle fois ajouter des détails pour que votre visuel gagne en richesse. Ajoutez de la fumée sur les rochers du premier plan en gardant la même technique que précédemment, peindre en blanc sur un calque en mode Superposition en jouant sur l'opacité de votre pinceau, le pinceau de base de Photoshop. Au niveau du sol, procédez de la même manière mais avec la couleur rouge et dessinez la matière en fusion s'attaquant à la roche. Pour obtenir des effets de traînées de flammes fines, utilisez l'outil Doigt à 80 % d'intensité pour étirer vos formes. Dessinez du feu derrière les rochers du premier plan pour figurer le volcan crachant en contrebas.

24 DERNIÈRES FINITIONS

Pour finir, dessinez des coulées de lave dans le fond au niveau du volcan, ajoutez si vous le souhaitez d'autres volcans ou planètes en dupliquant les éléments que vous aurez générés. Créez un nouveau calque en mode Lumière tamisée, prenez l'outil Plume et tracez un faisceau. Prenez la couleur blanche et, avec l'outil Dégradé linéaire, tracez en partant de la pointe. Dupliquez le rayon de lumière plusieurs fois en veillant à ce que toutes les copies aient le même point d'origine. L'objectif est de créer une source lumineuse, les rayons de soleil filtrés par les tornades.

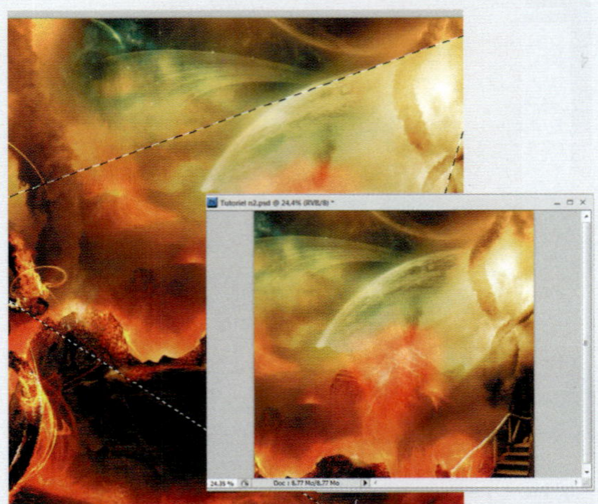

25 CONCLUSION

Votre illustration est terminée ! Aplatissez votre image et passez-la en CMJN pour l'impression (Image> Mode> CMJN). Vous pourrez constater que les couleurs se trouvent légèrement altérées suite à ce changement de mode. Dupliquez votre image puis faites Image> Réglages> Niveaux et renforcez légèrement les blancs et les noirs. Jouez sur la luminosité et le contraste, corrigez les couleurs et imprimez !

GIVE IT UP !
STEVE WATT FEAT. JEAN-PHILIPPE

DÉSÉQUILIBRE DYNAMIQUE

Créez un montage photo dynamique pour une pochette de CD en quelques clics.

Dans ce tutoriel, vous apprendrez à concevoir une "photo dynamique" en créant un effet de flottement et de déséquilibre. Vous y découvrirez toutes les phases techniques de prise de vue et toutes les différentes étapes de retouche graphique. J'ai réalisé cette photo pour EDS Production (qui est actuellement sous label Happy-Music), pour la pochette single du morceau "GIVE IT UP !" (musique électro-pop). Le cahier des charges dont je disposais me demandait de créer une mise en scène avec le chanteur Jean-Philippe et le compositeur DJ Steve Watt. La photo devait être simple mais aussi novatrice afin de sortir de la routine des pochettes actuelles. Ce single est un mélange de musique électro-pop et de voix rétro à la Motown. J'ai donc décidé de réaliser une image au décor minimaliste pour ne pas perturber le lecteur avec trop de superpositions visuelles (interférences), et de faire apparaître un compromis entre le côté rétro de la voix et l'aspect musique plus actuelle. J'ai créé ce contraste grâce aux divers objets agrémentant l'image, et surtout en bousculant quelque peu mes deux modèles, dans une situation que j'ai appelée "déséquilibre dynamique".

SUR LE CD : Il n'y a pas d'éléments sur le CD pour ce tutoriel.

NOTRE EXPERT
Thomas Muselet

Thomas Muselet est un photographe retoucheur professionnel de 31 ans évoluant dans la région de Lille. Passionné par la technique photographique et la retouche photo, il s'est spécialisé dans les photos d'artistes parmi les musiciens, les magiciens et les comédiens... Son univers graphique et ses mises en scène atypiques lui ont permis de développer un style particulier et de créer une véritable identité visuelle. www.thomas-muselet.com

01 MATÉRIEL PHOTO

Pour réaliser cette prise de vue, j'ai dû utiliser du matériel d'éclairage spécifique, adapté à la situation. En effet, photographier une image avec du mouvement (photo dynamique) n'est pas si simple à réaliser en conditions de studio à l'aide d'un éclairage artificiel. La majorité des gens s'imaginent qu'avec un flash de studio nous pouvons figer (saisir l'action) tout type de mouvement, sans obtenir de flou ou de traînée. Mais c'est malheureusement faux...
L'élément essentiel à prendre en compte est la durée de l'éclair du flash. Si elle est trop longue (ce qui est souvent dû à la qualité intrinsèque du flash), vous n'arriverez jamais à "geler" correctement un déplacement cinétique.
Voici pourquoi, pour cette séance, j'ai dû m'équiper de flash studio, avec une durée d'éclair très courte. Renseignez-vous sur la durée d'éclair de votre flash pour savoir si vous pouvez réaliser ce type d'image.

02 LE DÉCOR ET LES ACCESSOIRES

Pour les accessoires, j'ai choisi des choses simples pour ne pas embrouiller le lecteur avec trop d'éléments graphiques. Un décor blanc avec, au sol, du parquet vernis. Pour le côté rétro, j'ai fait revêtir à Jean-Philippe un costume "hors mode", je lui ai mis un pied de micro dans les mains et, pour couronner le tout, j'ai placé en arrière-plan un fauteuil rouge très clinquant et criard au possible. J'ai ensuite équipé Steve (le DJ) d'un ordinateur portable et d'un casque de DJ pour donner à l'image un côté électro-pop.

« L'élément essentiel à prendre en compte est la durée de l'éclair du flash. »

03 LA MISE EN SCÈNE

Cette photo n'est pas un montage. Les deux modèles ont été photographiés en même temps et dans la même action. Pour le chanteur, je lui ai demandé de se laisser littéralement tomber par terre plus d'une vingtaine de fois, jusqu'à saisir l'instant parfait… c'est-à-dire la limite du point de non-retour avant la chute. C'est ce qui a donné ce côté biscornu et bizarre au personnage… Ce n'est pas une posture naturelle, et c'est cette même position qui a créé en grande partie l'effet de déséquilibre de l'image. Sans une durée d'éclair assez courte, je n'aurais jamais pu figer parfaitement la chute du modèle. Pour le DJ, je lui ai fait adopter une posture d'apesanteur, comme s'il était déstabilisé par un fauteuil en mouvement.

04 EFFET DE FLOTTEMENT DU FAUTEUIL

Pour réaliser cet effet de flottement, j'ai utilisé le principe de superposition de deux images. J'ai d'abord choisi ma photo de mise en scène principale, avec le fauteuil posé sur des cales improvisées (image 1). Ensuite, j'ai de nouveau photographié mon fauteuil, mais cette fois-ci sans les cales (image 2). Cette technique de prise de vue va me permettre au montage de travailler avec deux images différentes (une photo avec les cales et une autre sans) et surtout avec le même éclairage, ce qui facilitera le post-traitement de la photo.

IMAGE 1

IMAGE 2

05 TRAITEMENT DU RAW

Toutes mes photos sont prises au format RAW. Appelé aussi “le négatif du numérique”, ce format me permet d’obtenir une image brute sans aucune compression et modulable à volonté avec un minimum de dégradation. J’ai utilisé Camera Raw de Photoshop CS3 et j’ai sélectionné d’abord ma photo (image 1) de mise en scène principale, avec mes deux modèles et les cales sous le fauteuil. J’ai effectué les premiers réglages de base : exposition, température de couleur, gestion des tons clairs et tons foncés, et contraste, et j’ai ensuite transposé ces mêmes réglages sur ma deuxième photo (image 2), celle avec le fauteuil, mais sans les cales.

06 MONTAGE

Pour réaliser le montage du fauteuil, j’ai utilisé Photoshop CS3. J’ai placé mes deux calques, avec en arrière-plan mon image n° 1 et au-dessus d’elle mon image n° 2 en prenant garde à ce que les fauteuils soient parfaitement alignés. J’ai appliqué une opacité de 70 % sur l’image 2 pour vérifier.

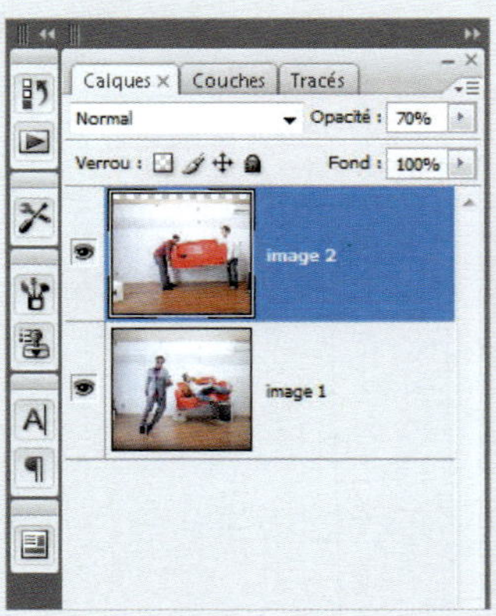

07 MONTAGE

Ensuite, j’ai appliqué un masque de fusion à mon “image 2” et, grâce à un pinceau à contour dégradé et de la couleur noire, j’ai effacé presque toute l’image, sauf le dessous du fauteuil (mur blanc et parquet). Grâce à ce procédé, j’ai pu commencer à imaginer le rendu final et faire apparaître un effet de flottement.

Zones surexposées

Lors de la décompression de votre photo en fichier Raw dans le plug-in Camera Raw de Photoshop, pour distinguer les zones surexposées (brûlées) de votre photo, placez-vous sur le curseur Exposition, et restez appuyer sur Alt, tout en déplaçant légèrement le curseur. Les parties rouge ou jaune apparentent, sont les zones surexposés de votre image.

08 MONTAGE J'ai ensuite fusionné mon calque “image 2” avec le calque “image 1” et, grâce aux outils Tampon de duplication et Correcteur, j'ai appliqué de petites finitions jusqu'à obtenir un rendu précis et réaliste. Pour les ombres du dessous du fauteuil, j'ai utilisé l'outil Densité pour récupérer d'éventuelles déformations et problèmes de contraste.

09 MONTAGE J'ai ensuite procédé au redressement de certaines zones de l'image. Pour cette étape, j'ai utilisé l'outil Déformation (Édition> Transformation> Déformation) et j'ai étiré l'image sur les deux coins supérieurs. Cette manipulation m'a permis de corriger les déformations de perspective souvent générées par les objectifs reflex.

10 MONTAGE J'ai ensuite remplacé le plafond en bois par la couleur blanche du mur de manière à gagner un peu de hauteur et surtout rendre plus harmonieuse la photo. Pour cette étape, j'ai utilisé le Tampon de duplication et j'ai rempli ma zone en respectant les dégradés de blanc de l'éclairage.

11 MONTAGE

Je me suis ensuite attaqué à la bande grise située derrière les modèles. En créant une sélection grâce à l'outil Rectangle de sélection et en ébavurant les côtés de la bande (que j'ai matérialisée en rouge) grâce à l'outil Tampon, j'ai créé un bande grise propre et précise. Cette opération a eu pour effet de dynamiser la photo et de structurer l'image.

12 MONTAGE

Le pied de micro n'était pas complet à la prise de vue, il me manquait un micro de type "années 60". J'ai donc dû l'incruster au montage. J'en avais préalablement photographié un. Après l'avoir importé dans Photoshop sous forme de calque et en le positionnant au-dessus de mon image principale à l'endroit adéquat, j'ai créé un masque de fusion et, avec un pinceau noir au contour dégradé, j'ai fait disparaître la matière autour du micro pour obtenir un effet réaliste.

13 MONTAGE

Enfin, j'ai retiré les derniers détails gênants pour "nettoyer" mon image en utilisant de nouveau le Tampon de duplication et le Correcteur, faisant disparaître les éventuelles taches sur le mur et le plancher, les imperfections du pied de micro ainsi que les prises de courant et tout ce qui était accroché au mur.

14 MONTAGE

Pour finaliser mon image, j'ai utilisé la Balance des couleurs (Image> Réglage> Balance des couleurs), supprimant la dominante de couleur rouge et renforçant le contraste avec Image> Réglages> Luminosité/Contraste pour donner un peu plus de caractère à la photo.

ATTAQUE SUR LA TOUR

ATTAQUE SUR LA TOUR !

Nous allons voir comme déformer le sens d'une image, lui donner une seconde vie et gérer les perspectives.

Parce qu'il nous arrive à tous d'avoir une image pour laquelle nous imaginerions bien un autre monde, une autre histoire... C'est ainsi qu'avec quelques images et une photo de base, Yvan Isnard nous explique comment nous libérer de nos chaînes. Il suffit de Photoshop et d'un peu de créativité. D'un appareil photo aussi pour ne pas hésiter à créer nos propres sources quand c'est nécessaire.
Dans un premier temps, il faut trouver une image. Elle doit laisser une porte ouverte à l'interprétation. Réunissez les éléments à partir de sites comme Stockxchng (www.sxc.hu), Flickr, ou autres. Il faut réfléchir au sens que nous allons lui donner mais ne pas s'interdire de laisser sortir les pulsions créatives qui peuvent arriver en cours de chemin. Un des objectifs de ce tutoriel est de se rendre compte de l'importance du respect des dimensions et de savoir aussi oublier cette règle ! L'image sélectionnée provient d'un concours publié par emob (http://www.emob.fr/). Il est important quand on est graphiste de participer à des concours qui permettent non seulement de se mesurer à d'autres mais aussi de voir les multiples facettes d'une image que nous n'aurions pas pu imaginer.

SUR LE CD : Vous trouverez sur le CD certaines des images et le lien vers les autres pour réaliser ce tutoriel.
Remerciement : Chris Martin, Robert Reich, Tom Merkli, Hans Thoursie, Sheila Lovett et eMob/UpShot.

NOTRE EXPERT
Yvan Isnard
Yvan Isnard est graphiste passionné de photographie habitant à Strasbourg. Il s'intéresse à toutes les branches de la création, les explorant toutes autant qu'il le peut. Du Street art à la photographie grande échelle, il manipule les images au gré de ses humeurs.

01 LE SYMBOLE

Une image peut être belle graphiquement mais c'est encore mieux quand elle transmet un message, ainsi réfléchissez au sens que vous voulez lui donner. Sur cette photo, j'ai décidé de faire un clin d'œil à un film (Flags of Our Fathers) mettant en scène non pas un drapeau américain mais un morceau de la tour Eiffel.

02 PRÉPARER LE TERRAIN…

Avant de travailler l'image, il est important de savoir ce que vous voulez faire. Commencez par importer l'image en la glissant dans Photoshop et n'hésitez pas à créer un nouveau calque pour crayonner une ébauche de la structure finale (pas besoin de faire de l'art ici). Dans le cas présent, j'ai imaginé l'accentuation des contours et la mise en place du décor.

03 MODIFIER L'IMAGE DE BASE

Il faut rendre vos images plus attractives, contrastez-les ! Les Niveaux sont très pratiques (Ctrl/Cmd+L). Mais il y a encore plus fort : il existe l'outil moins connu Image> Réglages> Tons foncés/Tons clairs qui permet de modifier la puissance de l'éclairage de façon non destructive comparé aux Niveaux.

04 DÉCOUPER LA TOUR

Pour cette étape, établissez un cadre de sélection autour de la zone que vous voulez découper en prenant soin de ne pas couper droit pour que cela paraisse naturel. Utilisez l'outil Tampon (S) pour dupliquer le ciel ; ici, le remplir d'une couleur ne suffirait pas.

05 DANS LES MAINS !

Vous voyez bien sur la photo de base que vous ne distinguez pas le haut de la tour. C'est en effectuant des recherches sur des sites d'images que j'ai trouvé une image de la tour Eiffel. Découpez la partie intéressante, c'est-à-dire le haut.

06 DÉPLACER L'INFANTERIE

C'est le moment de mettre nos soldats. Trouvez l'affiche de Flags of our Fathers sur le Net et détourez les soldats. Procédez en deux étapes : les personnages de gauche, puis ceux de droite, avant d'intégrer notre cowboy au milieu.
Le problème des pieds des personnages se règle en créant un contre-jour pour leur greffer de faux pieds. Déplacez-les de façon à donner l'impression qu'ils supportent la tour. Profitez également du décor. Sur cette photo apparaît une zone sombre s'assimilant assez bien à ce qui pourrait être l'ombre des soldats. Faites en sorte de placer les soldats à l'arrière comme si la zone était leur ombre.

Gagner du temps

Pour gagner du temps, réfléchissez plus loin. Par exemple, dans ce cas, plutôt que de passer un temps fou à détourer chaque espace dans le morceau de tour, passez le mode de fusion en Produit ; avec le nombre d'effets au final, ça ne se remarquera pas.

07 QUAND MÊME PAS NUS PIEDS

Pour cette étape, recherchez sur le CD la photo de boots militaires (377923_8518.jpg), découpez autour de telle façon que cela ressemble plus à une chaussure. Une fois cette opération réalisée, dupliquez-la autant qu'il y a de pieds. Profitez également de ce moment pour donner un aspect plus réaliste au soldat de droite.
Il apparaîtra plus visible que les autres, donc contrastez-le encore un peu (Ctrl/Cmd+M), dupliquez la masse à ses pieds en sélectionnant à peu près le bloc à la moitié et en copiant la partie sélectionnée. Collez-la, assemblez les deux parties bord à bord, faites Ctrl/Cmd+E pour aplatir ce calque avec celui du dessous et ainsi avoir un bloc avec une coupe plus réaliste. Pour la liaison entre les deux parties du bloc, sélectionnez l'ensemble du calque avec un Ctrl/Cmd+clic pour passer encore un petit coup de tampon entre les deux.

08 LE CIEL

Sur la plupart des images dont le ciel est visible, il est primordial de ne pas sous-estimer son importance. Ici, nous allons amplifier l'effet dramatique de la scène en y ajoutant un ciel bien garni. L'important est de texturer le vide. Intégrez une photo de nuage et adaptez sa taille au ciel de la photo. Nous allons appliquer un masque pour que les nuages remplissent la partie désirée. Faites Sélection> Plage de couleurs et échantillonnez dans le blanc. Avec une valeur de 28, nous obtiendrons la quasi-totalité du blanc de l'image. Nous aurons sélectionné également un peu de pixels du sol, mais cela contribuera à l'effet général, en plus d'éviter de devoir passer par la création d'un calque d'effet Nuages. Une fois la sélection établie, cliquez dans le menu du calque sur Ajouter un masque vectoriel. Passez ce calque en mode Produit à 60 % et augmentez les contrastes et la luminosité du calque Nuages pour obtenir un résultat plus proche de la réalité. Une fois satisfait du résultat, dupliquez ce calque, supprimez le masque en prenant soin de sélectionner le masque et non le calque, puis changez le mode de fusion en Densité couleur + avec une valeur de 75 % pour que toute la surface du ciel soit couverte.

09 SOUTIEN AÉRIEN

C'est avec les hélicoptères que la dimension de l'image va réellement changer. Ici, il faut bien sélectionner les photos à utiliser. Pour que l'image ne paraisse pas plate, il fallait avoir différents hélicoptères allant dans plusieurs directions différentes. Après avoir détouré de façon grossière les véhicules, il faut les importer et les placer en harmonie avec la tour. Ainsi les plus petits iront au fond, en jouant même sur une opacité à 60 % pour le dernier afin d'utiliser le nuage comme bribe de fumée.

10 LES OMBRES

Commençons par les ombres minimes, c'est-à-dire celle de la tour et celle formée par les soldats de gauche. Sélectionnez le calque des soldats de gauche et, sur un nouveau calque, remplissez la zone de noir (appuyez sur D pour réinitialiser les couleurs en noir et blanc, puis faites Alt+Entrée pour remplir la zone sélectionnée de noir. Appliquez une transformation sur ce calque (Ctrl/Cmd+T) puis faites un clic droit et choisissez Symétrie axe verticale. Glissez le calque à hauteur des pieds et, avec une perspective, déformez l'ombre en suivant le point de fuite du lampadaire. Ajoutez-y un Flou gaussien d'environ 20. Appliquez de la même façon une ombre à la tour, en conservant le mode de fusion Produit.

11 LA FUMÉE

Nous allons simuler un feu sur la tour. Pour que cela paraisse naturel, nous allons orienter la fumée vers le sol et aux différents étages de la tour. Utilisez une photo de fumée. Éclaircissez-la et sélectionnez la partie qui vous intéresse (préférez les côtés pour conserver l'effet vaporeux). Passez le calque en mode Produit. Vous pouvez également gommer la photo fumée2.jpg (sur le CD) pour conserver la volute centrale et l'ajouter à votre composition. Attention à déplacer l'ensemble des calques de fumée sous les hélicoptères.

La complexité des ombres

L'ombre la plus compliquée est celle du soldat de droite, construite en quatre calques. Le premier niveau, réalisé grâce à un pinceau noir avec une diffusion à 80 %, permet de flouter la zone découpée, le second calque est une duplication de la même façon que les ombres précédentes en passant ce calque en mode Lumière crue, en gommant la zone la plus haute (la tête) et en modifiant l'opacité à 50 %. Le troisième calque est constitué d'une ombre de la taille de l'ombre du cowboy. Ajoutez-y un Flou gaussien, mode de fusion : Densité linéaire +, Opacité 40 %. Le dernier est une duplication du calque précédent en mode Incrustation à 100 %. Remarquez que pour l'ensemble vous obtenez une ombre homogène, il faut donc bien travailler les parties de l'image qui attireront l'attention !

12 PAS DE FUMÉE SANS FEU

Pour aller de pair avec la fumée, nous allons ajouter des extrémités incandescentes aux métaux grâce) des images de flammes. Saturez l'image de rouge, dupliquez-la et réduisez pour que l'échelle paraisse naturelle. Une fois que vous avez placé assez de flammes, utilisez le mode de produit Densité couleur - et jouez sur la profondeur de la couleur avec les opacités.

13 LES LUMIÈRES

C'est là que tout va changer ! Il est temps de créer l'atmosphère feu et le coucher de soleil. Par-dessus tous les autres calques, créez un calque vide que vous allez remplir d'un dégradé radial allant de l'orange vers le violet. La touche de violet permet de diffuser une ambiance surréaliste dans la scène. Appliquez un mode de fusion Densité couleur + et une Opacité de 50 %. Mais comme ça ne suffit pas, dupliquez ce même calque et, afin de créer l'unité colorimétrique de toute l'image, placez-le en mode Teinte à 50 %. Grâce à ces deux calques, vous pouvez remarquer que les différences de couleurs du début ne se voient plus et que le contre-jour sur les personnages s'applique parfaitement.

14 FINALISATION

Nous avons presque fini ! Il ne reste plus qu'à ajouter un contour noir autour de la photo pour simuler un vignettage d'appareil photo, et surtout pour recentrer l'action. Je préfère mettre ce calque en Incrustation avec une opacité de 50 % de manière à ce que l'image soit plus réaliste.
Vous pouvez également placer des halos sur l'image. Sur un nouveau calque rempli de noir, appliquez le filtre Rendu> Halo et passez-le en mode Superposition (attention à avoir un fichier en RVB pour que cet effet soit disponible !).

DANS UNE GALAXIE LOINTAINE...

Réaliser une scène de space art n'est pas si compliqué....

S'il est un genre qui intrigue, nous fait voyager, qui fascine et fait rêver, c'est bien le space art.
Le "space art", genre particulier du digital painting, consiste à représenter des mondes lointains, imaginaires ou pas, en nous servant de nos logiciels préférés et bien sûr de nos propres talents et influences. La pratique de la 3D peut être d'une aide non négligeable, notamment pour la réalisation de volumes (planètes, astéroïdes...), mais ce n'est pas toujours nécessaire, comme nous allons le voir ici en utilisant Photoshop comme unique outil.

SUR LE CD : Vous trouverez sur le CD le fichier final au format PSD.

NOTRE EXPERT
Joe Vains
Joe Vains (Sylvain Guizard) crée divers supports publicitaires et de communication pour un grand groupe (La Poste). Durant son temps libre, il s'évade en créant des mondes imaginaires appartenant à des galaxies lointaines, très lointaines...

01 CRÉER UN FOND

Ouvrez Photoshop. Créez un nouveau document (Ctrl/Cmd+N) en mode RVB de 1600 x 1200, avec un fond noir. Rétablissez les couleurs par défaut dans le nuancier en appuyant sur la touche D. Créez un nouveau calque transparent par-dessus votre fond noir (Ctrl/Cmd+Alt/Opt+Maj+N). Nommez ce calque “planète”. Positionnez-vous dessus et, à l’aide de l’outil Ellipse de sélection (M), tracez un cercle parfait au centre de votre document en maintenant les touches Maj et Alt/Opt appuyées. Aidez-vous des repères, au besoin… Remplissez votre sélection de blanc (Ctrl/Cmd+Del). Désélectionnez (Ctrl/Cmd+D).

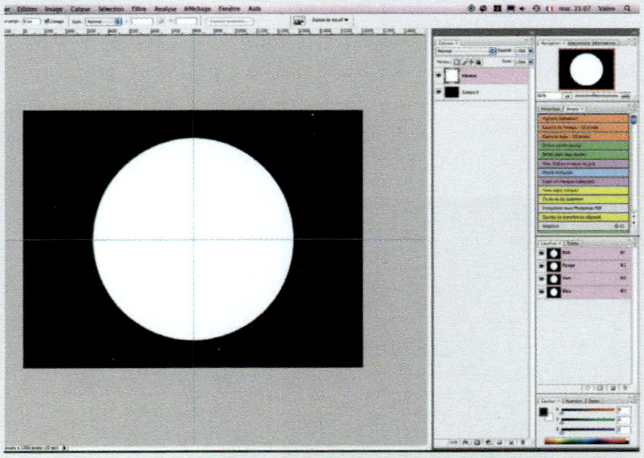

02 CRÉER LA SPHÈRE

Ajoutez un style de calque Incrustation en dégradé en cliquant sur la première icône qui se trouve en bas du panneau des Calques ou en double-cliquant sur sa vignette. Entrez les paramètres suivants : Mode de fusion : Normal, Opacité : 100 %, Style : Linéaire, Angle : 135°, Échelle : 50 %. Sans fermer cette fenêtre, faites glisser le centre du dégradé directement sur l’image pour le positionner vers les bords de votre planète. Tant que vous êtes dans cette fenêtre, cliquez sur Incrustation couleur, passez cet effet en mode de fusion Couleur. Choisissez une teinte assez claire (ici #91B6C9). Jouez avec l’opacité afin d’obtenir un rendu qui vous convienne. Validez en cliquant sur OK.

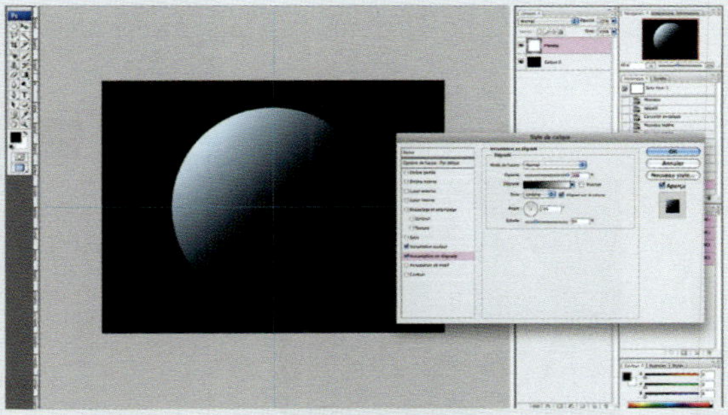

03 LES CONTINENTS

Ajoutez un nouveau calque (Ctrl/Cmd+Alt/Opt+Maj+N) que vous nommerez “continents”. Faites un Ctrl/Cmd+clic sur la vignette du calque “planète” afin de récupérer la sélection. Sur le calque “continents”, faites Filtre> Rendu> Nuages. Dans la foulée, appliquez Filtre> Rendu> Nuages par différence. Réappliquez ce filtre deux à trois fois de suite en appuyant sur Ctrl/Cmd+F.
Passez ensuite ce calque en mode Incrustation. Faites Filtre> Déformation> Sphérisation avec une valeur de 100 %. Pour finir, désélectionnez (Ctrl/Cmd+D).

04 UNE SURFACE RÉALISTE

Tout d'abord, téléchargez le fichier suivant : http://freestocktextures.com/texture/id/720. Vous pouvez bien sûr prendre n'importe quelle texture à portée de votre appareil photo. Avec l'outil "Ellipse de sélection", sélectionnez une portion circulaire en maintenant les touches Alt/Opt et Maj enfoncées. Sur notre sélection, faites Filtre> Déformation> Sphérisation, avec une valeur de 100 %. Copiez/collez-la dans notre document original (celui de notre planète), juste au-dessus de votre calque "continents". Faites Ctrl/Cmd+T pour ajuster ce nouveau calque à la taille de votre planète. Une fois cela fait, passez le mode de fusion de ce calque en mode Produit. Choisissez une teinte qui vous convient en faisant Ctrl/Cmd+U. Jouez sur la saturation et la teinte.

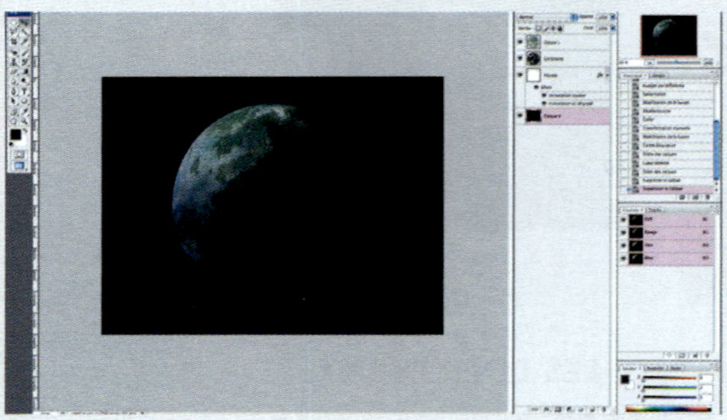

05 ATMOSPHÈRE, ATMOSPHÈRE...

Passons à l'atmosphère de notre planète... Créez une copie du calque "continents" et placez-la en-dessous du calque "planète". Ajoutez-lui un style de calque Lueur externe en double-cliquant sur sa vignette. Choisissez une teinte bleutée (ici, j'ai utilisé #6C6ABA). Entrez une valeur de 120 pixels dans le paramètre Taille. Laissez les autres valeurs par défaut. Validez en cliquant sur OK. Faites un clic droit sur l'icône des effets de votre calque "planète" (voir figure) et cliquez sur Créer un calque. Nommez ce nouveau calque "halo bleu". Refaites cette étape, mais choisissez le Blanc comme couleur et une Taille de 15 pixels. De la même manière, cliquez sur Créer un calque que vous nommerez "halo blanc".

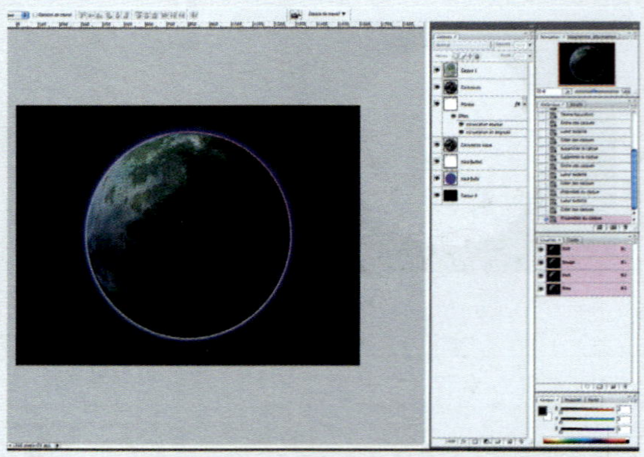

06 HALO

Nous allons accentuer l'aspect sphérique de notre planète. Pour cela, sélectionnez votre calque avec la texture que nous avons ajoutée, celui en haut de votre panneau. Cette fois, appliquez un style de calque Ombre interne, avec les paramètres suivants : Mode de fusion : Incrustation (choisissez le Blanc comme couleur), Opacité : 50 %, Angle : 135°, Distance : 65 pixels, Maigri : 0 %, Taille : 70 pixels. Validez ensuite par OK.

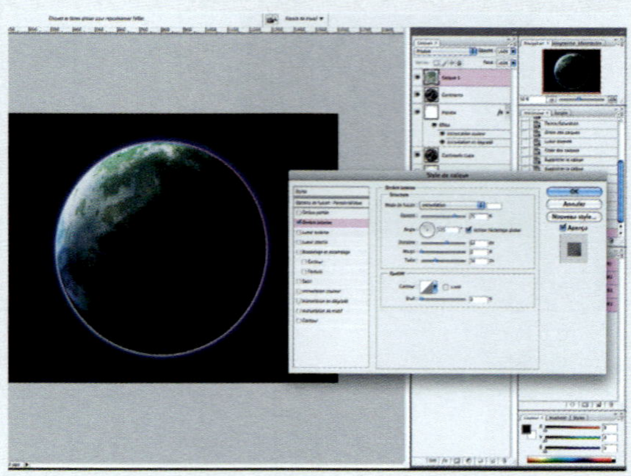

« Bien entendu, ce tutoriel n'est pas une finalité et vous pouvez l'adapter à votre guise. Rien ne vous oblige à créer une planète de couleur bleue... ni à y mettre des nuages. »

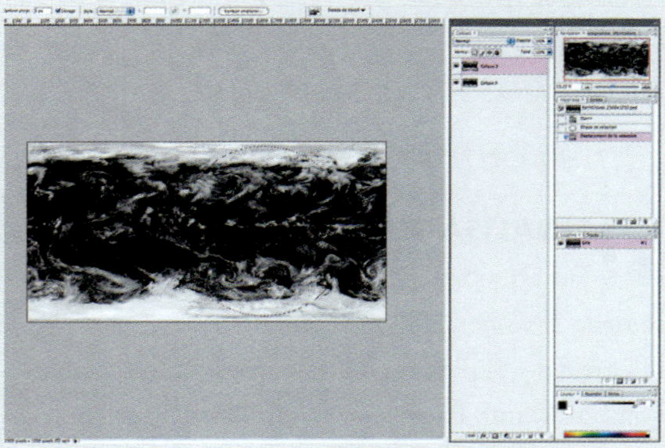

07 LA TÊTE DANS LES NUAGES...

Cette étape est un peu plus technique, mais c'est elle qui donnera du réalisme à votre planète. Elle vaut donc le coup de s'y attarder. Tout d'abord, procurez-vous le fichier suivant : http://www.box.net/shared/gv5u3ptaso. Ouvrez-le. Sélectionnez l'outil Ellipse de sélection (M). Faites un cercle parfait en maintenant les touches Maj et Alt/Opt appuyées. Copiez votre sélection (Ctrl/Cmd+C). Jusqu'ici, tout va bien...

08 APPLIQUER LES NUAGES

Créez un troisième document. Laissez les valeurs par défaut. Normalement, votre document nouvellement créé doit être de forme carrée et en mode Niveaux de gris. Collez votre sélection dans ce nouveau document. Si votre arrière-plan est blanc, passez-le en noir. Pour cela, sélectionnez le calque Arrière-plan et faites Ctrl/Cmd+I. Affichez maintenant le panneau Couches (situé derrière le panneau des Calques). Faites un Ctrl/Cmd+clic sur la vignette de la couche Gris pour sélectionner uniquement les zones blanches de notre fichier.

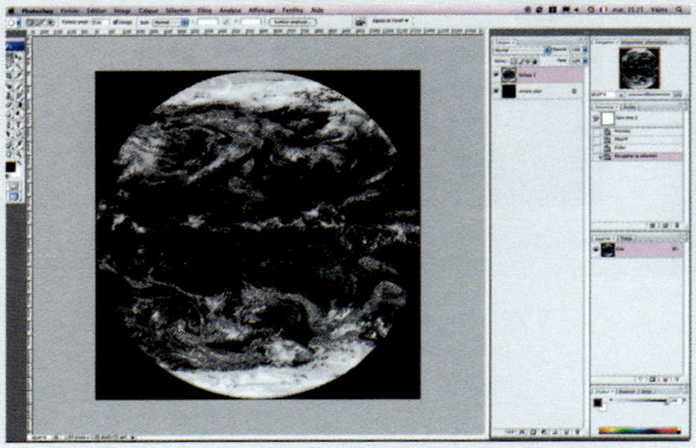

09 ADAPTER

Revenez dans le panneau des Calques. Créez un nouveau calque (Ctrl/Cmd+Alt/Opt+Maj+N) et remplissez la sélection courante avec du Blanc. Désélectionnez (Ctrl/Cmd+D). Faites glisser ce calque dans notre document principal (celui avec notre planète) en gardant la touche Maj appuyée. Pour cela, il faut que vos deux documents soient visibles à l'écran. Vous n'avez plus qu'à redimensionner votre calque (Ctrl/Cmd+T) à la taille de votre planète. Le plus dur est fait !

10 QUELQUES OMBRES…

Vous pouvez fermer tous les autres documents ouverts et vous consacrer à finir votre planète. Sélectionnez le calque que vous venez d’importer et nommez-le “nuages”. Appliquez-lui un style de calque Ombre portée avec les valeurs suivantes : Mode de fusion : Produit, Opacité : 75 %, Angle : 135°, Distance : 4 pixels, Grossi : 0 % et Taille : 4 pixels. Validez ensuite en cliquant sur OK.

12 GROUPER LES HALOS

En gardant la sélection active et l’outil Ellipse de sélection, déplacez-la comme sur l’illustration. Sélectionnez vos deux calques “halo bleu” et “halo blanc”. Groupez-les (Ctrl/Cmd+G). Ajoutez un masque de fusion à ce groupe en cliquant sur l’icône en bas du panneau des Calques.

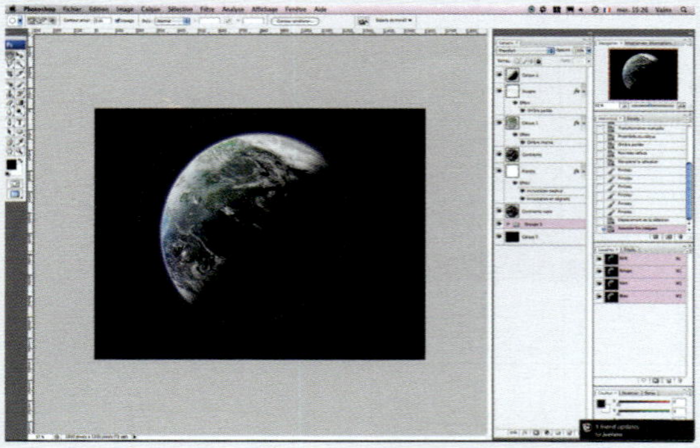

« Pour que notre planète soit un peu plus réaliste, il va nous falloir maintenant noircir la partie des nuages et du halo qui se trouve dans l’ombre. »

11 FINALISATION

Pour que notre planète soit un peu plus réaliste, il va nous falloir maintenant noircir la partie des nuages et du halo qui se trouve dans l’ombre. Réinitialisez les couleurs de fond et contour du nuancier en appuyant du D. Créez un nouveau calque au-dessus de tous les autres. Faites un Ctrl/Cmd+clic sur la vignette du calque “halo bleu” afin de sélectionner un cercle un peu plus grand que votre planète. Sélectionnez l’outil Pinceau (B), une opacité à 50 %, une forme de pinceau large (300 ou 400) et une dureté à 0 %. Peignez de noir la moitié de la planète qui n’est pas éclairée de manière à couvrir les nuages et l’atmosphère, comme sur l’image ci-dessous.

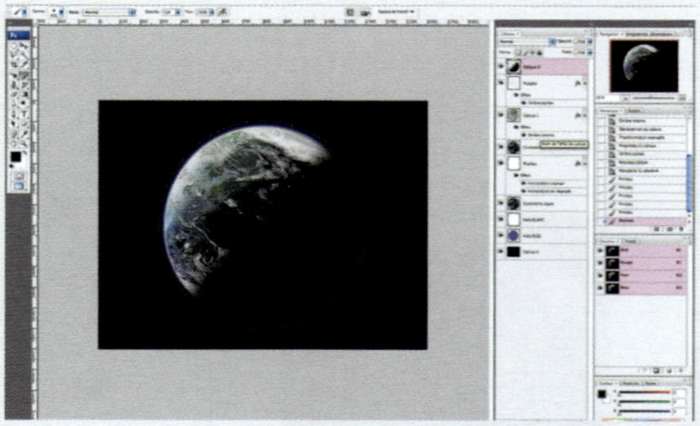

13 CONSEILS

Bien entendu, ce tutoriel n'est pas une finalité et vous pouvez l'adapter à votre guise. Rien ne vous oblige à créer une planète de couleur bleue... ni à y mettre des nuages. Vous pouvez par exemple peindre le calque "continents" de plusieurs couleurs afin de mieux faire ressortir la différence entre les mers et les continents. Variez les surfaces, glace, océans, déserts... Pensez aussi à essayer des éclairages différents tout en gardant à l'esprit que, dans votre composition finale, l'éclairage devra venir de la même direction pour tous les objets(planètes, satellites, anneaux, astéroïdes, vaisseaux, etc.).

MISE EN SCÈNE PÉTILLANTE

Initiez-vous au photomontage avec Photoshop.

Même si l'été est encore loin, cela ne nous empêche pas de mettre de la couleur dans nos créations. Ce tutoriel va vous montrer comment réaliser avec assez d'aisance une mise en scène pétillante sur Photoshop et vous initiera en même temps au photomontage. Nous verrons les modes de fusion, les masques d'écrêtage, les outils Plume, Dégradé et Pinceau.

SUR LE CD : Les photographies sur le CD sont mises à disposition uniquement pour un usage personnel.

NOTRE EXPERT
Maral Sabbagh
Maral Sabbagh, alias SilverSkins, est une jeune artiste autodidacte souhaitant faire du graphisme son métier. Vous pouvez retrouver certaines de ses créations sur son site http://silverskins.fr.

01 LE DOCUMENT

Créez un document rectangulaire (fond blanc par défaut) de 900 x 730 pixels.
Pour l'arrière-plan, créez un nouveau calque, sélectionnez l'outil Dégradé linéaire d'une couleur claire au blanc. Sachez que vous êtes libre de changer à n'importe quel moment le fond dégradé de votre composition si vous jugez qu'une autre couleur irait mieux. Ensuite, faites un clic droit et sélectionnez Fusionner avec le calque inférieur pour fusionner le calque dégradé à l'arrière-plan. Si vous ne savez pas quelle couleur prendre, utilisez un bleu azur par exemple.

02 DÉTOURAGE

Il vous faut prendre le flacon et les fleurs pour les détourer avec l'outil Plume, ou bien les masques de fusion. Si vous choisissez les masques, vous pourrez parfaire le détourage avec un pinceau d'une dureté de 0 %. Avec la Plume, une fois le tracé refermé, transformez-le en une sélection. Pour cela, allez dans le panneau Tracés et cliquez sur l'icône Récupérer le tracé comme sélection.

03 LES FLEURS

Ensuite, faites un clic droit dans la sélection, choisissez Calque par copier et glissez ainsi le flacon au milieu de votre document. Faites de même pour les fleurs, soyez précis dans le détourage pour que les contours soient propres. Détourez plusieurs objets ici et veillez à ce que les contours soient nets

« Vous pouvez retoucher les fleurs avec les outils Densité + et - à votre guise afin d'harmoniser votre création. »

« Pour renommer un calque, double-cliquez sur son nom, entrez un nouveau nom et validez. »

04 NETTOYAGE DU FLACON

Nous allons supprimer les traces, reflets et salissures sur le flacon. Prenez l'outil Tampon, cliquez dans une zone propre du flacon avec la touche Alt enfoncée puis cliquez ailleurs pour copier la zone. Cette zone sera dupliquée sur la zone à retoucher. Cela peut prendre du temps, alors courage et, surtout, amusez-vous !
Pour le bouchon, supprimez la charnière avec l'outil Rectangle de sélection et retirez tous les reflets pour lui donner un coup de neuf avec l'outil Tampon. Ensuite, sélectionnez avec le Lasso et faites un calque par copier, appliquez-lui un Flou gaussien de 4 à 5 pixels puis effacez ce qui déborde du bouchon. Si vous le souhaitez, vous pouvez aussi redessiner avec la Plume la forme du bouchon. Vous obtiendrez le résultat montré ci-contre.

05 OMBRE PORTÉE

Créez un nouveau calque nommé Ombre puis prenez l'outil Dégradé radial du noir au transparent. Ensuite, étirez votre dégradé à l'horizontale et aplatissez-le en réduisant sa hauteur. Mettez-le sous le fond du flacon pour donner une impression d'apesanteur. Réglez le fond à 50 % environ en haut du panneau Calques ; il ne faut pas que l'ombre soit trop imposante.

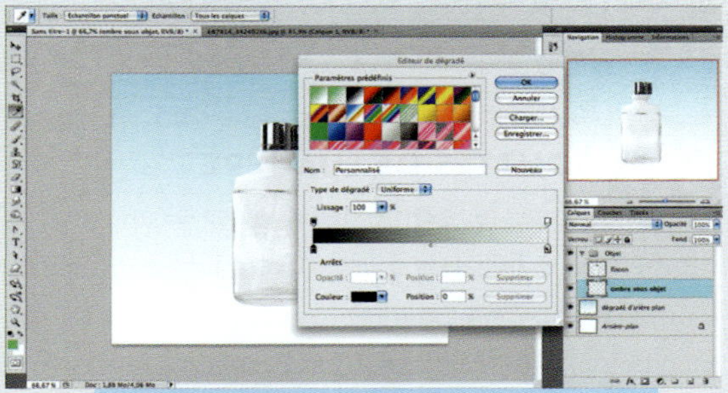

06 AJOUTER LES FLEURS

Glissez les fleurs (préalablement détourées) de manière esthétique sur le bas et le haut du flacon.

07 ORGANISATION

Profitez de cet instant pour renommer et grouper vos calques afin d'organiser votre fichier .psd. Pour renommer un calque, double-cliquez sur son nom, entrez un nouveau nom et validez avec la touche Entrée. Enregistrez votre travail.

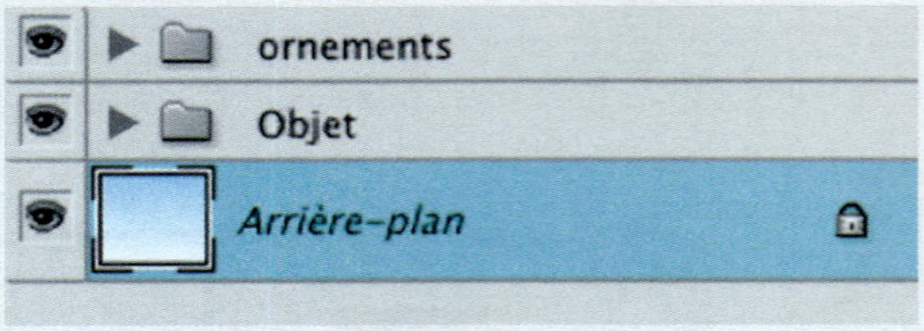

09 GOUTTES DE LUMIÈRE

Prenez la texture des gouttes d'eau lumineuses et faites de même. Cette fois-ci, utilisez le mode de fusion Couleur plus claire. Toutefois, vous pouvez être plus créatif et laisser les lumières déborder sur le bouchon, les pétales de fleurs, et

08 GOUTTES D'EAU

Prenez la texture avec les gouttes d'eau, redimensionnez-la et insérez-la dans la création. Réglez le mode de fusion sur Lumière vive. Vous pouvez aussi modifier la luminosité et le contraste de la texture pour qu'elle soit plus en phase avec le flacon au moyen du panneau Courbes. Ensuite, effacez ce qui déborde du bouchon et à côté du flacon avec la Gomme.

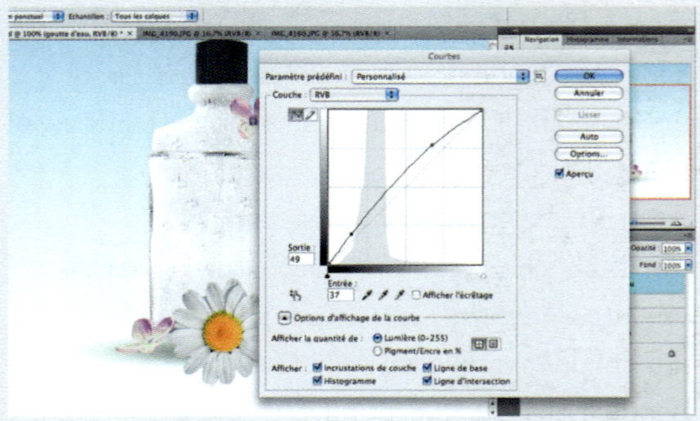

10 LE CŒUR

Après cela, nous allons réaliser le cœur derrière le flacon. Créez un nouveau calque en vous assurant qu'il se trouve en dessous du calque nommé Flacon. Ensuite, prenez un pinceau entre 6 et 9 pixels de Dureté 100 % et de couleur noire. Réglez directement votre calque en mode Incrustation. Dessinez un cœur à l'aide de l'outil Plume et, dans le panneau Tracés, faites un clic droit sur le tracé puis sélectionnez Contour du tracé> Forme> Simulez la pression> OK. Enfin, appliquez un Flou gaussien (dans Filtre> Atténuation) de la taille que vous désirez.

11 RUBANS ET COULEURS

Pour finir, dessinez aussi avec la Plume des fils de couleur jalonnant le flacon comme précédemment pour le cœur, mais sans simuler la pression. Enfin, modifiez la couleur du dégradé de fond en choisissant des tons verts.
Éveillez votre créativité, vous êtes libre !

ATTRACTION

Réalisez une création type couverture de magazine de mode dans un style moderne et aéré.

La réalisation d'une couverture de magazine de mode est très enrichissante. Le créateur doit marier le moderne et le classique pour ne pas choquer sans cesser d'innover. Les effets de lumières, les motifs et de formes abstraites sont alors privilégiés. Nous allons principalement nous intéresser à ces trois choses dans ce tutoriel.

SUR LE CD : Vous trouverez sur le CD le fichier final au format PSD avec les calques. Pour un usage personnel uniquement. Vous pourrez télécharger gratuitement les deux photos sur http://katanaz-stock.deviantart.com : Female_Stock_8_by_Katanaz_Stock et Female_Stock_9_by_Katanaz_Stock. Remerciement *Katanaz-Stock.

NOTRE EXPERT
Richard Hérout, *aka Lighht, est un jeune mordu de graphisme de 14 ans (un petit génie quoi !) qui vit en Normandie. Il aime particulièrement faire des photomanipulations et des illustrations. Ses photomanipulations ont souvent comme thème les différents sentiments qu'ont les êtres humains, de la joie à la solitude. Son style varie entre le mélange de moderne et de vintage, il adore le style des vieux comics.*

01 COMMENCEMENT

Créez un nouveau document RVB. Choisissez une taille proportionnelle à 565 x 800 et ajustez la résolution à 300 dpi.

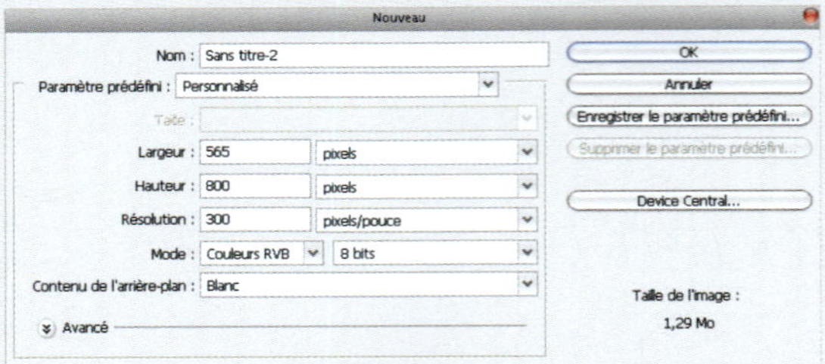

02 FOND GRIS ET STOCKS

Remplissez votre calque "Arrière-plan" d'un gris clair avec le Pot de peinture. Puis faites glisser les photos de la femme que vous avez détourées au préalable à la Plume. Référez-vous à l'encadré n° 1 pour leur incrustation.

03 MOTIFS ET CERCLE

Commençons par les motifs. Faites une sélection en parallélogramme grâce au Lasso polygonal par exemple. Remplissez ensuite cette sélection d'un motif à diagonales (fines). Répétez cette opération. Pour faire le cercle rose, créez un calque au-dessus de la tête de la femme au premier plan. Faites une sélection en cercle et appliquez un dégradé linéaire magenta vers violet en restant dans des tons vifs. Passez ce calque en mode Éclaircir. Dupliquez-le sous le calque de la même femme et passez-le en mode Normal. Effacez ensuite avec une Gomme à Dureté 0 % les cheveux qui ne paraissent pas fondus dans le cercle.

04 FORMES ABSTRAITES

À l'aide de l'outil Plume, faites un tracé complètement aléatoire et, après avoir créé un nouveau calque au-dessus de celui de l'arrière-plan et vous être assuré d'avoir un gris foncé comme première couleur, faites un clic droit sur le tracé dans l'onglet Tracés et choisissez Fond du tracé. Créez ensuite un nouveau motif en X entouré d'un carré. Créez un nouveau calque en masque d'écrêtage sur notre nouvelle forme abstraite et remplissez-le du nouveau motif. Faites Ctrl/Cmd+U sur ce motif et augmentez légèrement la Luminosité. Répétez cette étape plusieurs fois en variant les opacités des formes.

Contraste

Pour donner un effet contrasté aux photos, avec une lumière à différentes intensités, tout en ne désaturant pas totalement les photos, créez une Courbe de transfert de dégradé du noir vers le blanc au-dessus du calque des photos et passez-la en mode Lumière tamisée.

05 RÉPÉTITION DU MOTIF ET LIGNES

Créez un calque au-dessus de l'arrière-plan et remplissez-le de votre motif carré/barré. Appliquez une rotation d'environ 35°, gommez-le sur les bords pour le faire apparaître uniquement au centre de la création et baissez son Opacité à 16 %. À l'aide de la Plume, tracez quelques lignes et faites un Contour de tracé très fin et de couleur grise. Créez un calque en masque d'écrêtage sur ces lignes et peignez à quelques endroits en rose pâle. Pour finir, effacez les bords des traits avec une Gomme à Dureté 0 %.

06 LUMIÈRES

Les lumières sont essentielles dans ce genre de création. Créez un calque au-dessus de tous les autres, passez-le en mode Densité linéaire - (ajout). Peignez alors à différents endroits de la création en rose pâle et en blanc.

07 RÉSULTAT FINAL

Finissez en ajoutant un cadre ou une typographie si vous le désirez. N'oubliez jamais que les effets les plus réussis sont parfois les plus simples. Il ne sert à rien de rendre vos créations trop riches.

emka3000.com

WINTERTIME

Créez une ambiance hivernale avec des textures.

Utiliser des textures dans Photoshop est courant pour un graphiste. Cependant, il faut savoir le faire à bon escient. Michaël Mugnier, aka emka3000, vous explique dans ce tutoriel comment réaliser votre propre création en cherchant le bon mode de fusion et en ajoutant des formes tendance pour un rendu minimaliste. Nous verrons aussi les calques de réglage et leur importance. Nous constaterons que par moments une partie de l'image peut nous intéresser pour rendre la création plus attractive. De plus, nous verrons qu'il n'est pas nécessaire d'insister sur des éléments secondaires alors que les suggérer fonctionne aussi bien. Ce tutoriel est destiné aux débutants avertis, à vous de travailler le détail.

SUR LE CD : Vous trouverez sur le CD le fichier PSD final. Utilisez les liens indiqués dans le tutoriel ou faites un tour sur www.sxc.hu pour trouver des éléments pour votre montage.

NOTRE EXPERT
Michaël Mugnier, *aka emka3000, est un jeune artiste de 26 ans qui exerce ses talents sur Lyon, en freelance depuis un an après avoir travaillé en agence. Il est spécialisé dans les illustrations dont les domaines sont le sport et la musique. Site : http://www.emka3000.com.*

01 COMMENCER LE DÉTOURAGE

Ouvrez l'image du personnage et zoomez à 300 %. Avec la Plume, ajoutez des points autour du snowboarder jusqu'à en faire le tour. Une fois le contour terminé, faites un clic droit, choisissez Définir une sélection, cliquez OK puis faites Ctrl/Cmd+Maj+I pour inverser la sélection. Supprimez le fond avec Ctrl/Cmd+X.

02 AMÉLIORER LE PERSONNAGE

Allez dans Image> Mode> Niveaux de gris. Puis Image> Réglages> Luminosité/Contraste et mettez le Contraste à 100 %, le but étant de supprimer les couleurs pour pouvoir mieux travailler notre personnage principal. Repassez votre image en mode de couleurs CMJN.

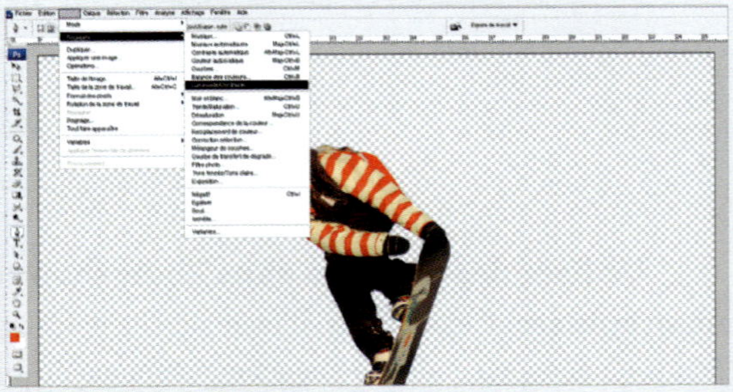

03 CALQUE DE RÉGLAGE

Nous allons ouvrir les calques de réglage qui se situent en bas du panneau Calques (rond noir et blanc). Choisissez le réglage pour la luminosité ; il permettra d'avoir vraiment ce que l'on veut et de pouvoir le changer comme bon nous semble dans la suite des opérations. Faites la même chose pour le réglage Filtre photo (réchauffant 85). Faites Alt/Opt+clic entre le calque de réglage et l'image pour les associer en écrêtage.

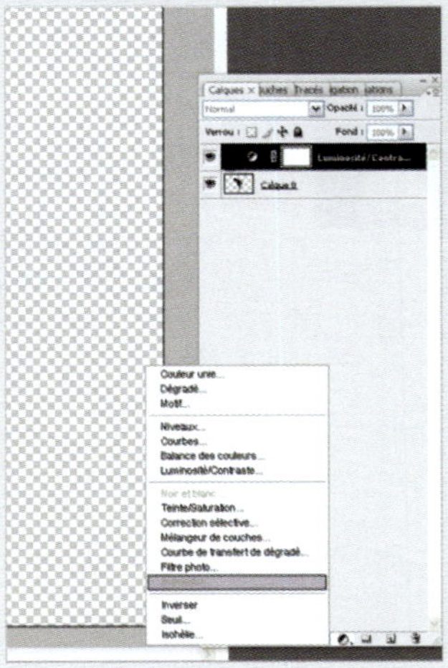

04 CRÉATION DU FOND

N'oubliez pas de faire des groupes pour mieux vous y retrouver. Masquez le groupe du personnage. Créez un nouveau calque (Ctrl/Cmd+Maj+N), remplissez-le d'un dégradé de bleu et importez la texture "Canvas sunset" (sur deviantart.com). Ajoutez un calque de réglage Teinte/Saturation. Associez-les en écrêtage en faisant Alt/Opt+clic entre les deux calques. Modifiez les curseurs pour obtenir une image dans les tons verts et passez le mode de fusion sur Lumière tamisée.

05 TEXTURER L'ENSEMBLE 1/2

Nous avons nos bases pour la création. Dorénavant, tout va se jouer sur le choix de vos textures. Importez l'image paint (http://www.texturise.com/?attachment_id=658). Choisissez le mode de fusion Éclaircir, Opacité 60 %. Faites Calque> Pixellisation> Objet dynamique. Gommez les bords de l'image avec une forme floue pour mieux l'intégrer.

06 TEXTURER L'ENSEMBLE 2/2

Importez la texture grunge (http://tinyurl.com/ygj6tml). Choisissez le mode de fusion Incrustation avec une Opacité à 100 %. Gommez les contours comme précédemment. Trouvez une image de galaxie et faites de même en mode de fusion Superposition. Placez cette image au-dessus du groupe du personnage. L'action se répète jusqu'à satisfaction.

07 PLACER LA MONTAGNE

Ce qui est intéressant dans cette composition, c'est de donner un aspect brouillon. Importez une photo de montagne en mode de fusion Incrustation et enlevez les bords de façon irrégulière.

08 EFFET DE CRAQUELURE

Restons dans le même procédé. Ouvrez dans un autre document une image de craquelure, passez en niveau de gris et faites Image> Réglage> Luminosité/Contraste. Réglez la Luminosité à 35 % et le contraste à 35 %. Faites-la glisser dans votre composition et placez-la au-dessus du calque "tache jaune" en mode de fusion Incrustation. Une grosse partie du travail est effectuée.

09 METTRE LES FORMES EN PLACE

Créez un nouveau calque et sélectionnez l'outil Ellipse. Créez une ellipse en maintenant la touche Maj afin d'obtenir un cercle. Choisissez une couleur de premier plan et faites Alt/Opt+Suppr pour le remplir de la couleur sélectionnée. Faites Ctrl/Cmd+D pour désélectionner et réglez Fond : 50 % en haut du panneau Calques.

10 TACHES NOIRES

Faites réapparaître le groupe du personnage en cliquant sur l'œil. Ouvrez des images de taches d'encre et faites Images> Mode> Niveau de gris et Image> Réglages> Négatif afin d'obtenir une tache noire. Réglez le mode de fusion sur Produit. Vous pouvez dupliquer le calque autant de fois qu'il vous plaît avec la manipulation Ctrl/Cmd+J. Placez-les autour du personnage..

11 AJUSTER LE CONTRASTE DU PERSONNAGE

Zoomez à 100 % à l'endroit où la tache touche le personnage. Allez dans les calques, sur celui du personnage. Double-cliquez sur le calque de réglage Luminosité/Contraste. À vous de faire les réglages pour que les taches s'intègrent parfaitement. En modifiant les valeurs de Luminosité à 30 % et de Contraste à 70 %, cela devrait fonctionner.

12 POUR PLUS D'EFFICACITÉ

Pour un meilleur rendu, zoomez à 200 % sur l'endroit de la tache qui touche le personnage. Cliquez sur le calque du snowboarder, utilisez l'outil Densité + et appliquez-le sur le calque du personnage. Cela permettra de viser les parties à assombrir avec précision.

13 D'AUTRES DÉTAILS COMME DES HALOS

Ouvrez ou créez une image fractale (ou jetez un œil sur deviantART). Faites-la glisser sur votre composition. Effacez les bords et réglez le mode de fusion sur Superposition. Dupliquez-la pour en mettre un nouveau sur son casque. avec un rayon de 19 pixels.

14 POUR FINALISER LA COMPOSITION

Créez un nouveau calque et placez-le au-dessus de tous les autres. Prenez l'outil Pinceau (forme de base, taille 8 pixels), sélectionnez la couleur blanche et faites des traits comme bon vous semble. Cela donnera un effet sympa à votre création.

15 AJOUTER DES ÉLÉMENTS

Maintenant, retournez au calque précédent (les courbes du haut) et appliquez ces réglages : Options de fusion> Lueur externe. Mode de fusion : Superposition, Opacité 70 %, Bruit 0, Taille 20, Technique : Plus tamisée et Étendue 50 %.

16 DERNIÈRE TEINTE

Créez un nouveau calque de réglage Filtre photo que vous placerez tout en haut de la composition. Choisissez Filtre refroidissant (LBB) à 10 %. Enregistrez votre création en .psd pour pouvoir la retravailler plus tard au besoin.

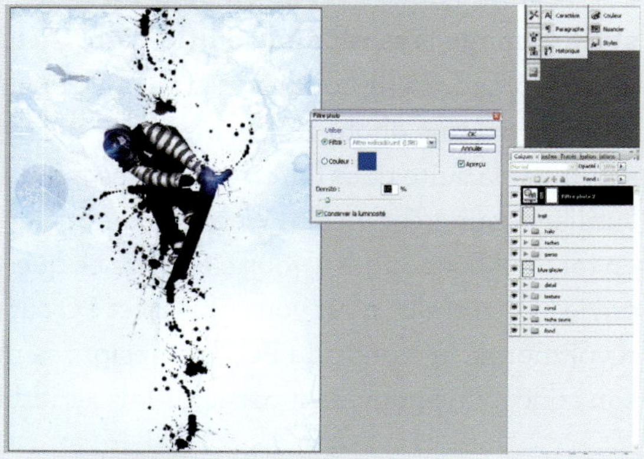

TABLET PC

Voyons comment réaliser une Tablet PC style Web juste avec Photoshop.

Comme nous l'avons vu pour l'iPhone, voici un style d'image très répandu sur le Web. Ce tutoriel va vous apprendre à reproduire un Tablet PC comme si vous en aviez tiré une photo. Le but bien sûr est de vous en servir par la suite pour faire vos propres montages ou de l'utiliser pour créer un site Web, un bouton par exemple, en tant qu'icône ; libre à vous d'en faire ce que vous avez envie ! On a choisi pour vous un Tablet PC car cet objet révolutionne le monde du PC. Son design, sa nouveauté, son concept ne pouvaient pas nous laisser indifférents.

SUR LE CD : Vous trouverez sur le CD le fichier final avec les calques.

NOTRE EXPERT
Alexandre Bourlet
Notre expert est un jeune graphiste - Webdesigner qui aime partager ses connaissances à travers des tutoriels.

« Nous utiliserons beaucoup la Plume dans ce tutoriel. Si vous ne connaissez pas bien cet outil, je vous conseille de lire la page qui lui est dédiée pour apprendre à l'utiliser. »

01 PRÉPARATIONS

Pour ce tutoriel, nous allons créer un document RVB de taille 1100 x 900 pixels avec un arrière-plan Blanc. Nous utiliserons beaucoup la Plume dans ce tutoriel. Si vous ne connaissez pas bien cet outil ou si vous avez encore quelques problèmes avec, je vous conseille de lire la double page prévue à cet effet pour apprendre à l'utiliser. (p. 318)

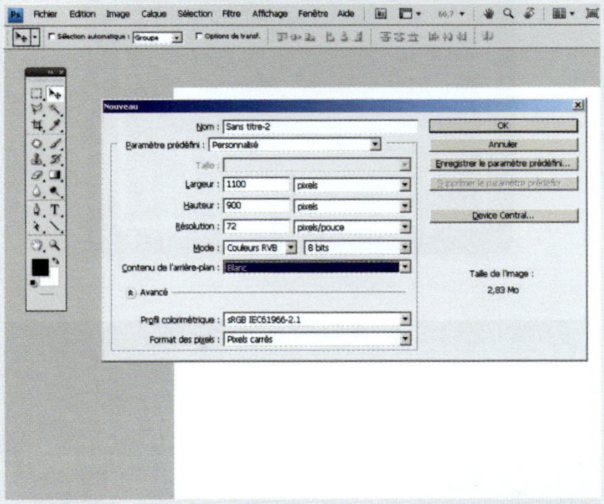

02 FORME DE BASE

Nous allons créer notre base. Pour cela, créez un nouveau calque (Ctrl/Cmd+Maj+N) nommé "Base". À l'aide de l'outil Plume (P), tracez un rectangle aux bords arrondis. Si vous voulez plus de réalisme, arrondissez légèrement les côtés de ce rectangle (d'où l'utilité de la Plume). Définissez une sélection (clic droit sur le tracé> Définir une sélection). Laissez les paramètres par défaut et validez. Remplissez votre sélection de la couleur #4D4D4D, puis désélectionnez (Ctrl/Cmd+D).

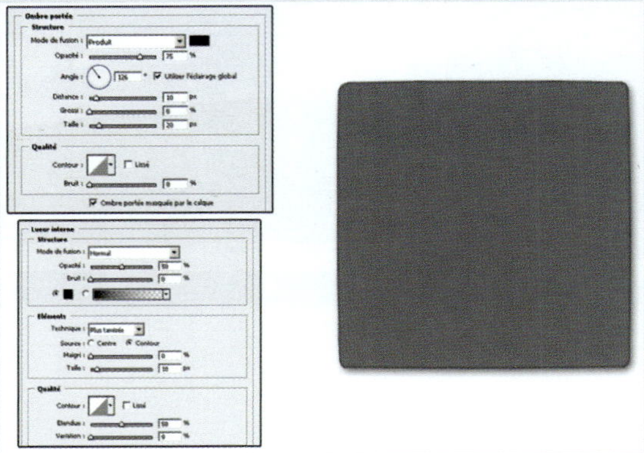

03 STYLE DE CALQUE

Pour ajouter un style de calque (ou Option de fusion) à notre calque, cliquez sur le symbole *fx* en bas du panneau Calques. Cliquez sur Ombre portée, ajoutez-lui un Angle de 126°, une Distance de 10 px et une Taille de 20 px. Cochez aussi Lueur interne avec un Mode de fusion : Normal, une Opacité de 50 % et une Taille de 10 px. Lorsqu'une fonction n'est pas citée, laissez-la par défaut.

04 OMBRES

Pour donner déjà plus de réalisme, nous allons ombrer les côtés haut et bas qui sont arrondis. Récupérez la sélection du calque “Base” (Ctrl/Cmd+clic sur la vignette de celui-ci). Créez un nouveau calque nommé “Arrondi” et, à l’aide de l’outil Pinceau (B) de Rayon 150 pixels et Dureté 0 %, tracez une ligne noire en haut et en bas du calque. La sélection nous a permis de ne pas dépasser de la forme.

05 CONTOUR D’ÉCRAN

Créez un nouveau calque nommé “Contour écran”. Avec l’outil Rectangle arrondi de Rayon 5 pixels, créez un rectangle de couleur #CCCCCC aussi grand que sur l’illustration. Récupérez la sélection de celui-ci (Ctrl/Cmd+clic sur la vignette) puis allez dans Sélection> Modifier> Contracter, contractez de 13 pixels puis appuyez sur la touche Suppr de votre clavier. Ne désélectionnez pas, nous avons besoin de cette sélection pour l’étape suivante.

06 ÉCRAN

Avec votre sélection toujours active, créez un nouveau calque nommé “Écran” et remplissez votre sélection de noir #000000. Faites une capture d’écran de votre bureau et ouvrez cette image dans un nouveau document. Sélectionnez tout (Ctrl/Cmd+A), faites Édition> Copier (Ctrl/Cmd+C) puis fermez ce document. Retournez sur celui du Tablet PC et faites Édition> Coller dedans (Ctrl/Cmd+Maj+V). L’image se colle dans le calque. Désormais, vous pouvez transformer votre bureau, il restera dans la sélection du calque “Écran”.

Les dégradés

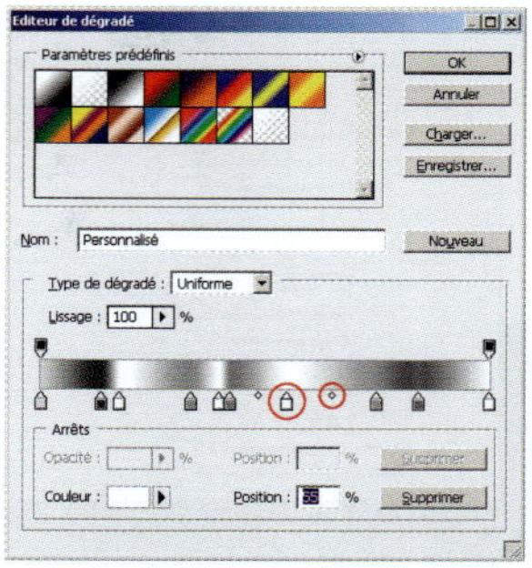

Lorsque vous désirez faire un dégradé sur une composition, vous avez plusieurs choix dans la bibliothèque de Photoshop. Mais il n'y a pas forcément ce que vous recherchez. Quand vous avez votre fenêtre de dégradé, vous pouvez changer les couleurs, l'opacité et la position de chaque poignée (Étape de dégradé) grâce aux options en bas de la fenêtre Éditeur de dégradé. Lorsque vous voulez ajouter une couleur, cliquez en dessous de l'aperçu du dégradé, entre les deux autres poignées existantes, mais à la même hauteur qu'elles. Lorsque vous voulez jouer sur l'Opacité, vous ajoutez une poignée au-dessus de l'aperçu. Maintenant, si vous avez envie que votre couleur soit plus ou moins élargie, vous pouvez sélectionner la poignée de cette couleur et faire glisser les petits losanges (au milieu de la couleur).

07 CONTOUR DE LA POIGNÉE

Créez un nouveau calque nommé "Contour poignée". À l'aide de l'outil Rectangle arrondi de Rayon 80 pixels, créez un grand rectangle au-dessus de l'écran comme sur l'illustration, peu importe la couleur.
Dans les Calques, réglez le Fond de ce calque à 0 %. Ajoutez-lui un Biseautage et estampage avec une Profondeur de 1 %, Taille 1 pixel, Angle de 126° et réglez les Mode des tons clairs et les Mode des tons foncés en Normal, de couleur noire (#000000) à 75 % d'Opacité.

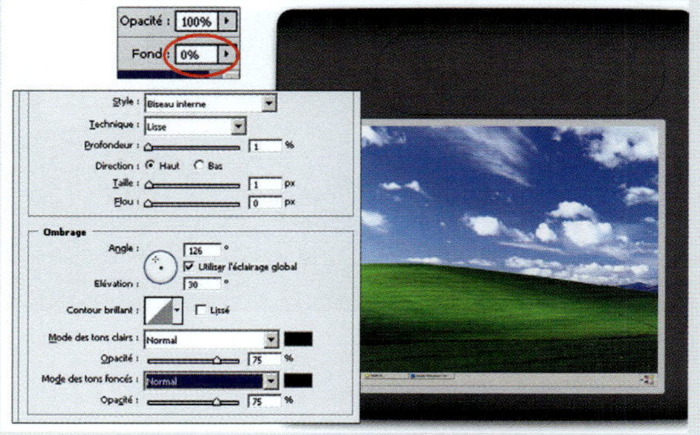

08 POIGNÉE

Nous allons continuer dans le même esprit que l'étape précédente. Sur un nouveau calque nommé "Poignée", avec l'outil Rectangle arrondi, tracez un rectangle blanc (#FFFFFF) à l'intérieur du contour mais beaucoup plus petit.
Ce qui représente le "trou" pour passer la main. Ajoutez-lui une Ombre interne avec une Distance de 10 pixels et une Taille de 20 pixels puis une Lueur externe avec un Mode de fusion Normal, de couleur noire #000000, un Grossi de 20 % et une Taille de 75 pixels.

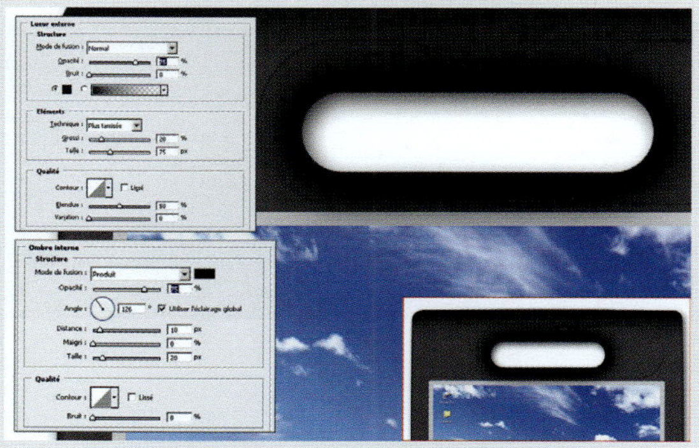

« Pour comprendre la manipulation du dégradé, consultez l'encadré consacré à cette explication. »

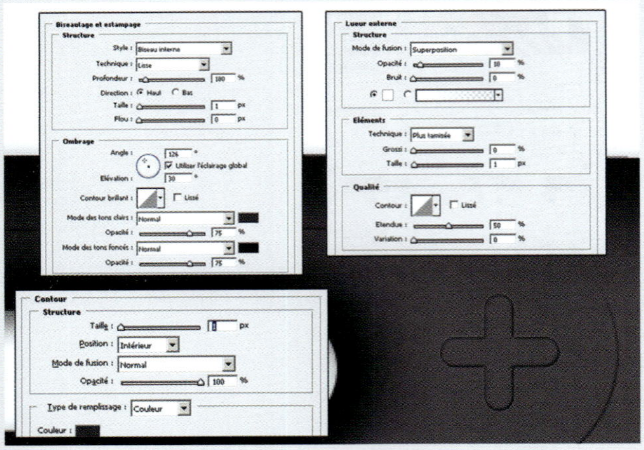

09 CROIX

Toujours dans le même style, sur un nouveau calque nommé "Croix", à l'aide de l'outil Rectangle arrondi, tracez deux rectangles (vertical et horizontal) qui se rejoignent en leur centre de couleur #4D4D4D. Ajoutez une Lueur externe d'Opacité 10 %, de couleur blanche et d'une Taille de 1 pixel ; Biseautage et estampage avec une Taille de 1 pixel ; Mode de tons clairs en Normal de couleur #333333 et Mode de tons foncés en Normal de couleur #1A1A1A ; Contour de 1 pixel, Intérieur de couleur #333333.

10 SURFACE DE LA CROIX

Créez un nouveau calque "Surface croix". À l'aide de l'outil Ellipse, faites un cercle parfait (en maintenant le touche Maj) de couleur #4D4D4D au centre de la croix. Ensuite, ajoutez-lui un Contour de 1 pixel avec un Type de remplissage en Dégradé du noir #000000 au transparent puis de nouveau au noir #000000. Pour comprendre la manipulation du dégradé, consultez l'encadré consacré à cette explication.

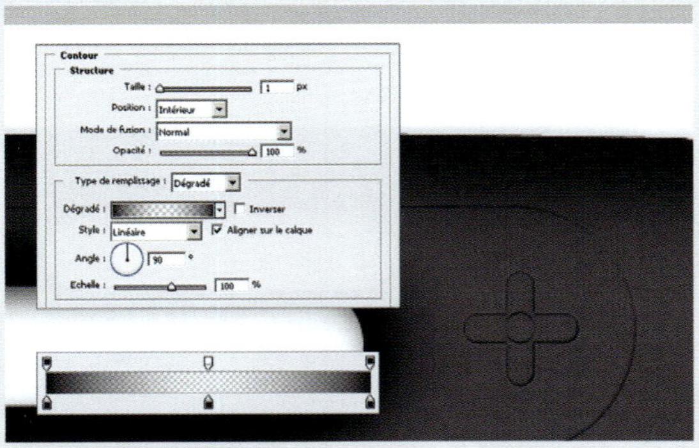

11 BOUTONS

Dupliquez le calque "Surface croix" en allant dans Calque> Dupliquez le calque (Ctrl/Cmd+Maj+J), renommez-le "Bouton" puis déplacez-le en haut à gauche de la croix. Copiez le style de calque du calque "Croix" (clic droit sur le calque> Copier le style de calque) et collez-le (clic droit sur le calque> Coller le style de calque) sur le calque "Bouton". Changez la Taille du Biseautage et estampage à 3 pixels.

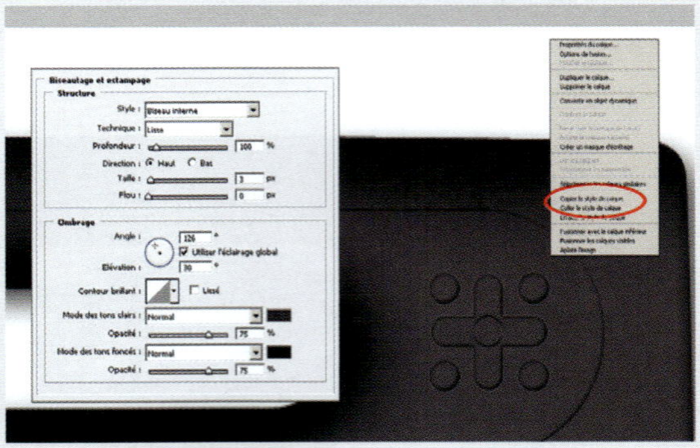

12 SYMBOLES

Créez un nouveau calque “Rond” et, à l’aide de l’outil Ellipse, tracez un cercle parfait de couleur blanche à l’intérieur du premier bouton. Récupérez la sélection du calque, contractez de 2 pixels et supprimez la sélection. Désélectionnez puis dupliquez le calque, placez ce nouveau calque sur le bouton de droite. Sur un nouveau calque nommé “Carré”, faites de même avec un carré parfait cette fois-ci.

13 SYMBOLES ET LETTRES

Créez un nouveau calque nommé “Fond Lettre” à l’aide de l’outil Ellipse. Tracez deux cercles parfaits de la même taille que celui de l’étape précédente sur chaque bouton du bas. Avec l’outil Texte, mettez un A et un B respectivement sur le bouton gauche et le droit en Arial Bold de Taille 4 points et de couleur #4D4D4D.

14 JAUGE

Nous allons créer un nouveau calque nommé “Jauge”. À l’aide de la Plume, faites un tracé comme sur l’illustration. Définissez votre tracé en sélection, puis remplissez-le d’une couleur. Ajoutez à ce calque une Incrustation en dégradé de la couleur #4BC383 au #7BE450. Puis ajoutez un Contour de 1 pixel et de couleur #333333. Ensuite, sur un nouveau calque nommé “Puces”, avec l’outil Ellipse faites trois cercles de plus en plus petits de couleur blanche pour marquer les leds.

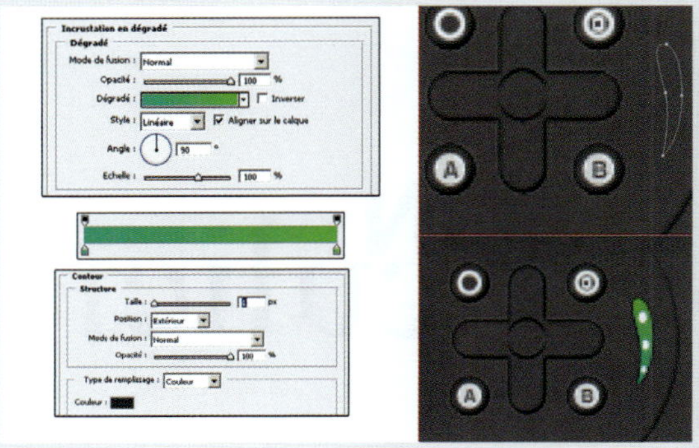

15 SYMBOLE DE LA JAUGE

À l’aide de l’outil Plume, vous pouvez maintenant faire les petits symboles de Wifi, Batterie et de Bluetooth sur différents nouveaux calques. Il suffit pour chaque symbole de régler le Crayon sur 1 pixel, de faire clic droit (dans le document avec l’outil Plume)> Contour du tracé puis de sélectionner l’outil Crayon. Validez. Vous avez un contour de tracé de 1 pixel.

SON
particulier

TRANSFORMER UNE PHOTO EN ESQUISSE

Superposez les styles pour renforcer l'authenticité.

Ajouter un effet pictural à une photographie lui donne du cachet. Il s'agit ici de donner l'impression d'une déconstruction de l'image, comme si le portrait était réalisé à l'envers, du résultat final vers le crayonné.

Sur le CD : Vous trouverez sur le CD le fichier final aplati. Photo n° 1008872 sur sxc.hu.

NOTRE EXPERT
Thibaut Hofer
Thibaut Hofer est graphiste et pousse ses recherches personnelles et professionnelles dans les domaines du prépresse et de l'open source. Rédacteur technique et traducteur dans la presse spécialisée, il est également auteur pour Dunod et Elephorm.

01 PRÉPARER LE TERRAIN

Ouvrez l'image n° 1008872 sur sxc.hu. Copiez votre Arrière-plan (Ctrl/Cmd+J), ce qui le transformera automatiquement en calque normal. Pour le manipuler avec plus de facilité, rendez-vous dans Filtre> Convertir pour les filtres dynamiques. Cette action transforme votre calque en objet dynamique, vous autorisant à lui appliquer des filtres et réglages sur lesquels vous pourrez revenir par la suite.

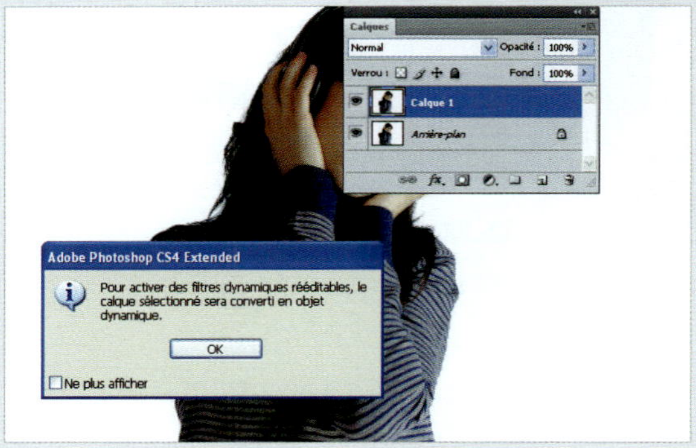

02 DÉTOURAGE PAR LES COUCHES

Masquez l'arrière-plan puis détourez votre sujet : dans les Courbes, sélectionnez celle présentant le meilleur contraste (généralement la bleue), puis dupliquez-la et renforcez ce contraste avec les Niveaux ou les Courbes. Votre sujet doit être noir, son arrière-plan blanc ; au besoin, retouchez les zones noires et blanches avec un pinceau.

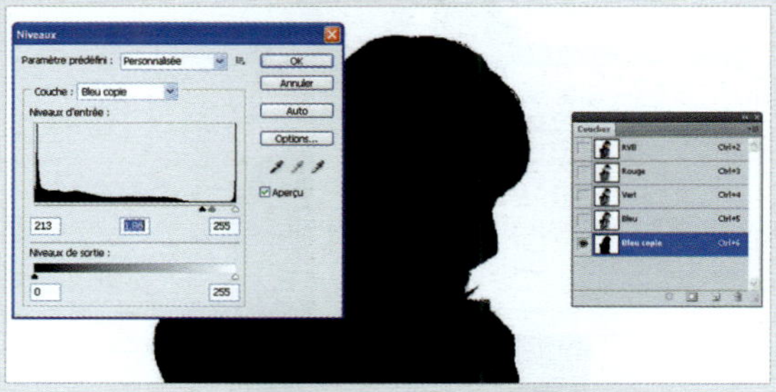

03 CRÉER LA SÉLECTION

Une fois votre contraste optimal, créez-en une sélection : maintenez la touche Ctrl/Cmd enfoncée et cliquez sur la vignette de la couche. Revenez au panneau Calques puis appliquez un masque à votre objet dynamique. Cliquez sur la vignette du masque et inversez-le (Image> Réglage> Négatif) pour détourer le sujet.

04 DOUBLE OBJET DYNAMIQUE

Transformez de nouveau votre calque et son masque en objet dynamique (Calque> Objets dynamiques> Convertir en objet dynamique). Pourquoi doubler la transformation ? De cette façon, il est toujours possible de retoucher le masque d'origine en double-cliquant sur l'objet pour en modifier le contenu, mais il est aussi possible d'appliquer un masque à votre nouvel objet dynamique sans impacter le précédent.

05 AGRANDIR LA ZONE DE TRAVAIL

À présent, agrandissez votre surface de travail avec la commande Image> Taille de la zone de travail. Entrez une hauteur de 7 cm. Positionnez ensuite votre visuel dans la composition, par exemple en le centrant.

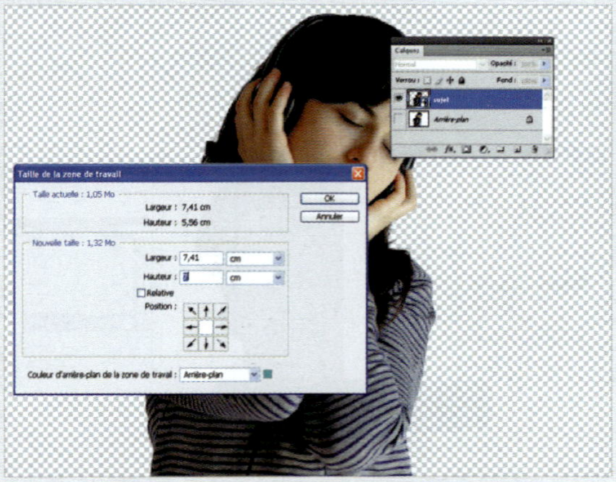

06 FONDU POINTILLISTE

Appliquez un masque de calque à votre objet dynamique pour lui offrir une composition en dégradé. Retouchez ce masque avec un pinceau de type Effet pointilliste, préférable pour sa rondeur. Variez les diamètres et l'opacité pour masquer le bas de votre sujet.

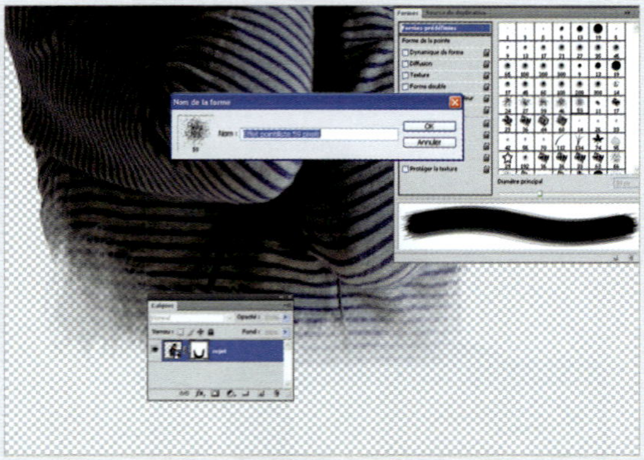

07 DÉSATURER LE SUJET

Transformez une fois encore votre calque et son masque en objet dynamique, puis dupliquez votre objet et désaturez-le. L'action Désaturer du menu Image> Réglages est inaccessible, vous devrez donc passer par le panneau Réglages, choisir Teinte/Saturation et baisser le curseur de la Saturation à 0.

08 OBJETS DYNAMIQUES EN TIROIR

Sélectionnez votre objet dynamique et le calque de réglage qui lui est appliqué, puis convertissez-le de nouveau en objet dynamique. Créer des objets dynamiques en tiroir permet d'appliquer librement filtres et réglages à un premier instantané dynamique, ici notre précédent couple objet dynamique/réglage de saturation. Sans cette action, le filtre de la prochaine étape n'aurait été appliqué qu'à l'objet dynamique, sans son calque de réglage.

09 CONTOUR LUMINEUX

Appliquez à votre nouvel objet dynamique un Filtre> Esthétique> Contour lumineux d'épaisseur 1. Les autres réglages dépendent des dimensions de votre visuel – ici le visuel est très petit – et de vos préférences. L'objectif est d'obtenir des lignes de contraste nombreuses, mais pas nécessairement vives.

10 APPLIQUER EN NÉGATIF

Rendez-vous dans Calque> Pixellisation> Objet dynamique pour pouvoir appliquer un Réglage> Négatif à partir du menu Image. Passez ensuite le Mode de ce calque en Produit pour masquer les zones blanches.

« L'objectif n'est pas de proposer un rendu pictural réaliste mais de dégrader progressivement le sujet dans une décomposition artisanale. »

11 NIVEAUX

Appliquez ensuite un réglage Niveaux pour renforcer la visibilité globale des lignes en rapprochant fortement le curseur noir du blanc. À l'aide d'un masque de calque, cachez les zones où vous pensez que les lignes sont trop visibles, par exemple sur l'arête du nez. Cachez aussi les endroits où le contour est trop épais ou apparaît inutile, comme les cheveux.

12 EFFET PICTURAL

Ajoutez un fond blanc puis un masque de calque à votre premier objet dynamique dans la pile des calques, ainsi qu'au contour lumineux. Utilisez un pinceau de type Effet pointilliste, comme précédemment, puis masquez certaines parties du contour de votre personnage. L'objectif n'est pas de proposer un rendu pictural réaliste mais de dégrader progressivement le sujet dans une décomposition artisanale.

13 UNIFORMISER LA TEINTE DU PULL

Tout en haut de la pile des calques, remplissez un nouveau calque d'une couleur échantillonnée sur le pull, puis recouvrez la surface dudit pull avec cette couleur, par exemple en utilisant une sélection de votre sujet comme masque. Passez ce calque en mode Couleur.

14 ESQUISSER LE PULL

Dupliquez ce calque et son masque, passez son mode à Normal puis retouchez le masque à l'aide d'un Pinceau à bord dur mais d'Opacité réduite. Multipliez les passes pour faire apparaître des aplats de couleur, comme si vous étiez en train de composer votre portrait à l'envers : du fin au large, du méticuleux à l'imprécis.

15 ESQUISSE SUR LA PEAU

Répétez l'opération pour les zones de peau : un calque en mode Normal qui laisse apparaître des aplats de couleur. À la différence de l'étape précédente, utilisez la Pipette pour effectuer plusieurs échantillonnages selon les surfaces à recouvrir, et un Pinceau de plus petite taille.

16 LE TRAIT AU NOIR

Puisque nous avons décidé d'inverser le processus d'esquisse, il nous faut achever ce portrait par une reprise grossière des lignes de force du sujet. Pour cela, munissez-vous d'un Pinceau dur de 1 pixel de diamètre, tracez vos traits au noir sur les contours et crayonnez grossièrement les zones d'ombre.

17 MODIFIER LES TONS ROUGES

Tout en haut de la pile des calques, ajoutez un calque de réglage Teinte/Saturation et ajustez les teintes de votre composition. Commencez par régler les rouges : Teinte à environ 20, Saturation aux environs de 35 et Luminosité à - 25.

18 LES TONS JAUNES ET BLEUS

Diminuez la Teinte des jaunes de 20, augmentez la Saturation à 30 environ puis, comme pour les rouges, baissez la Luminosité à 25. Comme vous avez respecté la teinte originale du pull dans votre retouche picturale aux étapes 13 et 14, vous pouvez en modifier uniformément les valeurs. Dans notre exercice, le curseur Teinte est baissé à environ 160, la Saturation à 70 et la Luminosité est restée inchangée.

20 ARRIÈRE-PLAN

Choisissez une couleur de premier plan en rapport avec votre composition et utilisez-la pour remplir votre calque contenant votre fond blanc : Édition> Remplir> Couleur de premier plan.

19 RÉUNIR LES CALQUES

Sélectionnez l'ensemble des calques qui composent votre visuel et ses retouches, assemblez-les dans un objet dynamique. Il doit normalement vous rester trois calques : ce nouvel objet dynamique, votre fond blanc et l'Arrière-plan masqué.

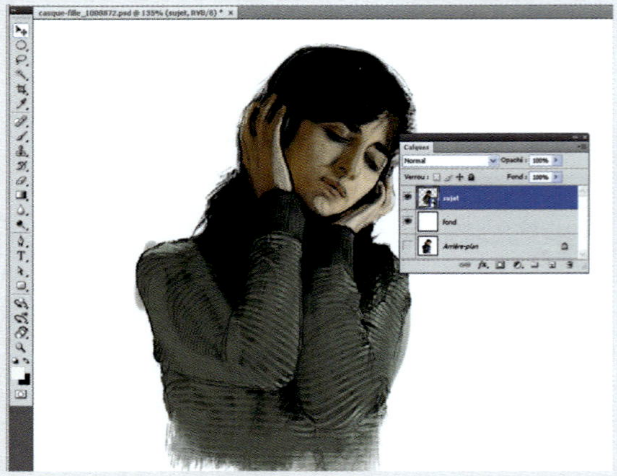

21 MASQUER PARTIELLEMENT LA COMPOSITION

La superposition des calques et des modes a rendu certaines zones semi-transparentes moins fluides avec le fond. Appliquez un masque de calque à votre objet dynamique et utilisez de nouveau un Pinceau Effet pointilliste pour créer une transition plus tempérée avec le fond.

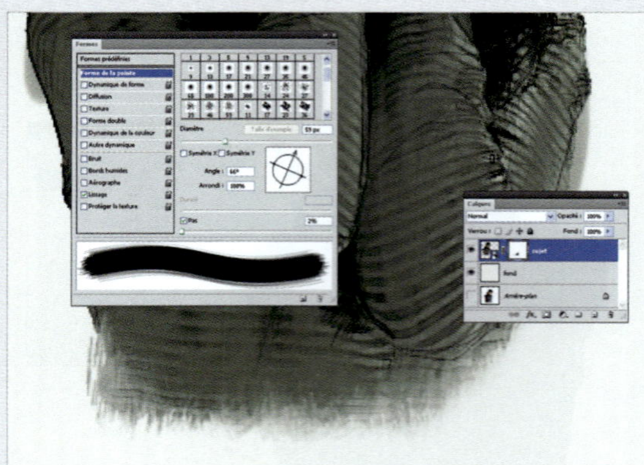

22 TEXTE

Pour composer votre texte, si vous utilisez plusieurs mots, alternez les polices, et surtout leurs caractéristiques : ici, la police sans empattement est une Helvetica Bold, celle avec empattement est une Caslon Pro Regular.

23 FINALISATION

Pixellisez chacun des calques composant votre texte (Calque> Pixellisation> Texte) pour les modifier directement en mode bitmap. Jouez avec les masques de calque et les sélections remplies pour produire un texte au style personnalisé. Une repasse au trait comme à l'étape 16 peut ajouter du caractère à votre typographie. Au final, recadrez votre zone de travail soit avec l'outil Recadrage, soit avec une sélection suivie de l'action Recadrer du menu Image.

Les objets dynamiques

Les objets dynamiques ne se limitent pas à regrouper vos calques de travail, mais peuvent devenir vos calques de travail. N'hésitez pas à multiplier les objets dynamiques dès qu'une action contraignante et destructrice se met sur le chemin de votre créativité : lorsque vous souhaitez appliquer un second (ou un troisième...) masque de calque à une forme déjà masquée, lorsque vous souhaitez déformer votre typographie en conservant la possibilité d'en modifier la police ou les caractéristiques, ou en corriger l'orthographe, lorsque vous souhaitez réduire la taille d'un élément tout en vous réservant la possibilité de récupérer sa taille originale sans générer un crénelage marqué, etc.

Expérimentez, usez et abusez des objets dynamiques, mais méfiez-vous de leur gourmandise en termes de mémoire vive : la taille de votre fichier de travail peut très rapidement augmenter !

HRDCR GMNG

TITRE D'ARCADE

Retombez en enfance en vous offrant un montage typographique très ludique.

Si vous n'êtes plus tout jeune, vous vous souvenez sans doute de ces jeux d'arcade qui pullulaient dans les années 80 : caractères pleins, arêtes vives, effets de relief et de dégradés. Si au contraire vous êtes trop jeune pour avoir connu cette décennie épique, les artistes électro puisant leur inspiration dans les sons 80's ne manquent pas, et du coup les graphistes s'inspirant de l'imagerie de cette époque non plus. Cette nouvelle qualité graphique laisse de côté les pixels et joue énormément sur la finesse.

SUR LE CD : Vous trouverez sur le CD le fichier final avec les calques et la police DejaVu.

NOTRE EXPERT
Thibaut Hofer
Thibaut Hofer est graphiste et pousse ses recherches personnelles et professionnelles dans les domaines du prépresse et de l'open source. Rédacteur technique et traducteur dans la presse spécialisée, il est également auteur pour Dunod et Elephorm.

01 QUELLE POLICE ?

Créez un nouveau document de 3500 x 3500 pixels en 300 dpi. Composez votre texte dans une police grasse et centrez-le. Ici, c'est la DejaVu Sans Bold (domaine public), dérivée de la BitStream Vera, qui a servi de support. L'heure est à l'élision : évacuez les voyelles de votre phrase pour ne garder que les lettres indispensables à la prononciation. Dans cet exemple, le texte HARDCORE GAMING devient HRDCR GMNG, en corps 119.

02 INTERLIGNAGE ET APPROCHE

Appelez le panneau Caractères (Fenêtre> Caractères ou Ctrl/Cmd+T) et ajustez leur interlettrage à 106 points. Nous voulons que la surface occupée par le texte forme un rectangle : ajustez l'interlettrage manuellement et caractère par caractère pour que l'approche ne laisse qu'un faible espacement entre les lettres. Augmentez ensuite la taille du texte GMNG à environ 140 points pour qu'il rattrape en largeur le texte HRDCR.

03 LISSAGE DU TEXTE

Photoshop propose quatre types de lissage en plus de l'option Sans, proposée par défaut. Nous avons abordé en introduction la question de la finesse : l'option Sans ne peut donc pas convenir. Zoomez fortement, par exemple à 300 %, pour choisir votre style de lissage. Pour contribuer à renforcer les arêtes de votre typo, vous pouvez privilégier Forte.

04 AMORCER LE RELIEF

Il existe une méthode très efficace pour créer un relief dans Photoshop, particulièrement recommandée à ceux qui n'ont pas les options 3D de la version Extended : sélectionnez votre calque texte, maintenez la touche Alt/Opt enfoncée et appuyez sur une flèche directionnelle pour déterminer le sens dans lequel sera projeté le relief. Créez une première copie vers le haut.

« Lorsque vous avez une dizaine de copies dans votre pile de calques, faites passer le calque original tout en haut et appliquez-lui un remplissage quelconque pour visualiser le relief. »

05 ANGLE DE VUE

Le relief que nous souhaitons offrir au texte prolonge notre vue dans une perspective très légère, comme si nous regardions de face un texte flotter. Réduisez votre toute récente copie de calque avec la commande Édition> Transformation> Homothétie (Ctrl/Cmd+T) qui préservera les proportions du visuel. Pour obtenir une réduction centrée, utilisez les options de l'outil dans la barre des menus : réduisez à 99,5 % pour éviter de laisser apparaître un effet d'escalier.

06 RELIEF

Répétez les étapes 4 et 5 pour chacune des copies que vous effectuez : Alt/Opt+flèche du haut, puis Ctrl/Cmd+T et réduction homothétique à 99,5 %. Lorsque vous avez une dizaine de copies dans votre pile de calques, faites passer le calque original tout en haut et appliquez-lui un remplissage quelconque pour visualiser le relief.

07 OBJET DYNAMIQUE

Sélectionnez toutes les copies dans le panneau Calques et transformez-les en objet dynamique, par exemple via la commande Calque> Objets dynamiques> Convertir en objet dynamique. En double-cliquant sur un objet dynamique, vous ouvrez un fichier PSB qui vous permet de modifier les calques composant votre objet.

08 DÉGRADÉ JEU VIDÉO

Donnez à présent son effet jeu vidéo au texte de premier plan : ouvrez les styles de calque en bas du panneau Calques et sélectionnez d'abord l'Incrustation en dégradé. Modifiez simplement le dégradé en cliquant sur la barre le représentant dans l'encadré Dégradé. Dans l'Éditeur de dégradé, choisissez comme base le dégradé Chrome et modifiez l'ordre des couleurs qui le composent comme dans la capture ci-contre. Ajoutez également une teinte de bleu plus foncé.

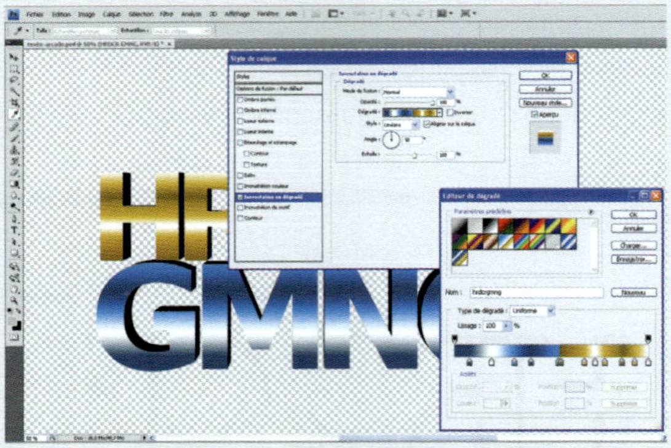

09 LUEUR INTERNE

Appliquez un style qui mettra en valeur les arêtes de votre composition typographique : Lueur interne. Pour la Structure, optez pour un aplat blanc en Densité couleur - et à 20 % d'Opacité environ. Pour les Éléments, choisissez l'option Précise et augmentez vivement les valeurs Maigri et Taille. Enfin, dans Qualité, privilégiez un contour en S.

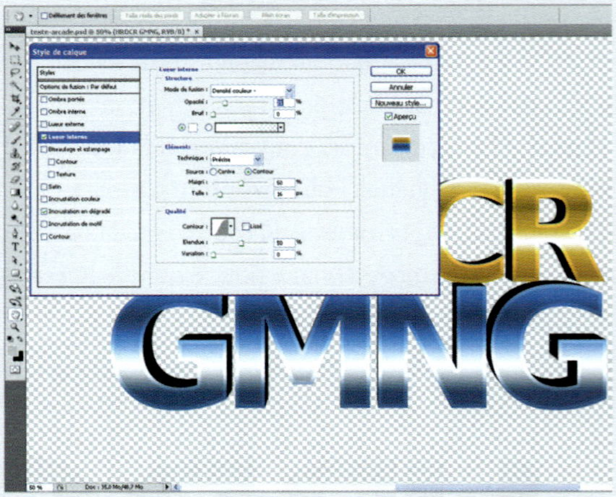

10 BISEAU INTERNE

Renforcez l'impression de relief marqué amorcée par la Lueur interne en la complétant par un Biseau interne très marqué : au minimum, doublez sa profondeur.

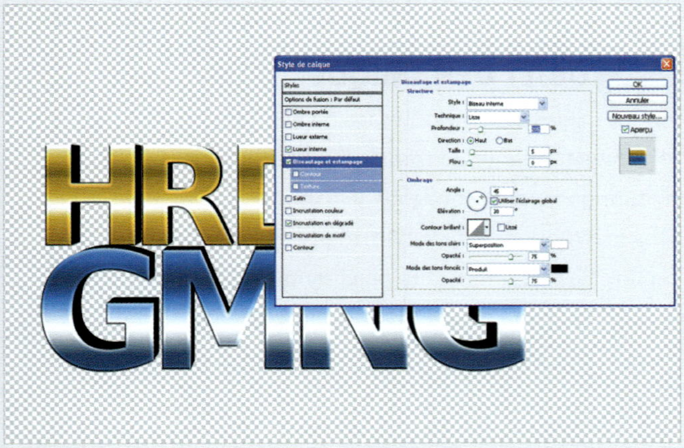

11 SATIN

Pour donner plus de texture à votre composition, ajoutez un dernier style Satin. Appliquez le mode Densité linéaire - à du blanc, en réduisant l'Opacité à 20 %. Augmentez Taille et Distance pour ne pas obtenir des vagues trop visibles, changez le Contour en une forme sinusoïdale et, surtout, décochez Inverser.

« Pour replonger dans l'univers béni des jeux vidéo des années 80, créez un rappel de pixellisation. »

12 COPIE DE STYLES

Lorsque vous souhaitez appliquer plusieurs styles identiques entre au moins deux calques, il y a plus rapide que de les reprendre un par un : maintenez la touche Alt/Opt enfoncée et faites glisser la ligne Effets à copier vers le calque de destination. Procédez ainsi pour dupliquer les styles de votre calque texte à votre objet dynamique.

13 ADAPTER LES STYLES

Évidemment, les styles copiés ne correspondent pas tous les quatre à ce qu'il convient d'appliquer au relief. Seuls l'Incrustation en dégradé et le Satin ne sont pas à modifier. Double-cliquez sur la mention Effets, décochez Biseautage et estampage et cliquez sur Lueur interne : passez son mode en Densité linéaire + et appliquez un dégradé de noir vers transparent en relevant l'Opacité. Du côté des Éléments, revenez à Plus tamisée, réduisez à 0 le Maigri et poussez au-delà de 80 la Taille.

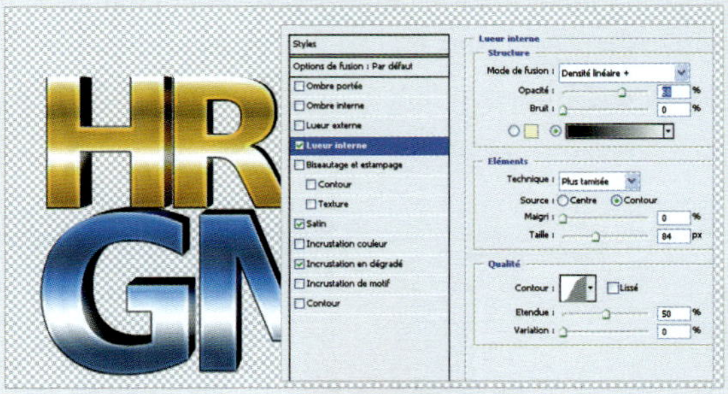

14 LUEUR EXTERNE

Pour replonger dans l'univers béni des jeux vidéo des années 80, créez un rappel de pixellisation. Dans la Lueur externe, passez un remplissage noir en mode Produit et augmentez-en le Bruit. Poussez la Taille à 80 et dans Qualité élevez Étendue à 60 et Variation à 15 environ.

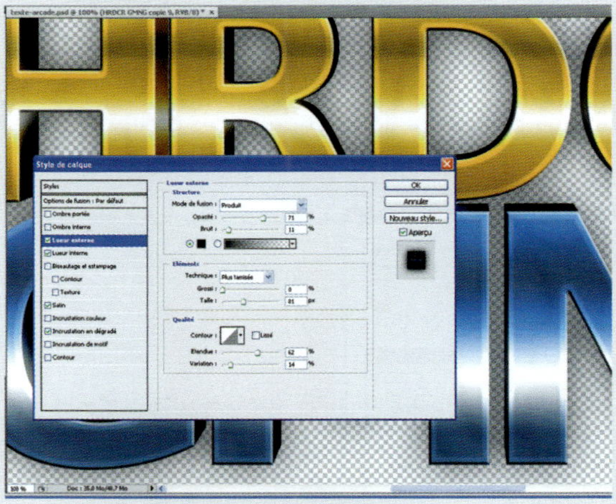

15 TRANSPARENCE

Nous voulons que le visuel laisse apparaître une transparence en arrière-plan. Pour la simuler, remplissez un calque d'arrière-plan de la même couleur que celle utilisée pour votre zone de travail, par défaut un gris 75 %. Cela vous permettra de visualiser la transparence finale dans un contexte homogène.

16 VERTICALITÉ

Pour trancher avec l'horizontalité du titre et bénéficier de toute la hauteur de votre document en 3500 x 3500 pixels, tracez un bloc vertical centré. Peu importe sa couleur de remplissage.

17 DE LA COULEUR !

Créez un nouveau masque d'écrêtage à partir du menu Calque et remplissez-le d'une couleur unie. Appliquez-lui tout de suite un style Incrustation en dégradé et utilisez le dégradé Rouge-jaune-bleu dans les dégradés préenregistrés de Photoshop.

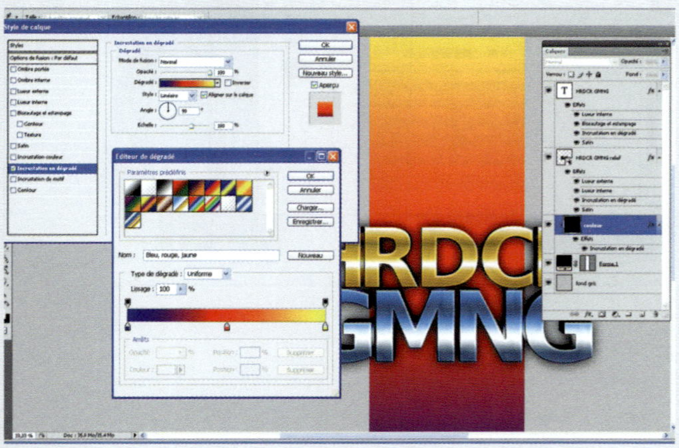

18 STRIES

Dupliquez le calque et son style de remplissage en dégradé et positionnez-le juste au-dessus. Il doit lui aussi être écrêté si ce n'est plus le cas après copie. Entrez dans le style et changez le dégradé Rouge-jaune-bleu par le dégradé Rayures transparentes, lui aussi présent par défaut dans Photoshop, et ajustez-en l'angle. Retournez dans le panneau Calques, réduisez drastiquement l'Opacité (5 % ici) et passez son mode de fusion sur Produit.

19 ÉTOILES

Pour accentuer les effets de réverbération attendus par le texte, ajoutez des étoiles. Une méthode très simple pour créer vos propres étoiles consiste à croiser deux blocs de sélection rectangulaires – dans notre cas de 3 pixels de large – et de cliquer en leur centre avec un Pinceau large – ici 300, le maximum préenregistré – à bord doux. Disposez de vos étoiles comme vous le sentez : placement, taille, opacité… Lorsque vous avez plusieurs calques d'étoiles, regroupez-les dans un objet dynamique.

20 RAIES

Déclinez toujours la verticalité de votre visuel en ajoutant des raies lumineuses. Munissez-vous de l'outil Rectangle de sélection et changez son Style pour Taille fixe, puis entrez une largeur de 3 pixels et une hauteur de 3500. Créez des sélections irrégulières sur toute la largeur de votre bande colorée, puis remplissez-les de blanc.

21 AJOUTER UN MASQUE

Pour renforcer le dynamisme de vos raies, appliquez-leur un masque de calque en le remplissant avec un dégradé noir vers blanc en Losange. Ajoutez enfin un Flou gaussien léger.

PAINT IT BLACK

PAINT IT BLACK

Voici un montage tout en subtilité dans ses teintes.

Jouer avec le ton sur ton de noir n'a rien d'évident, mais cela rend vos compositions plus profondes. L'utilisation de nuances de gris, voire celle de plusieurs procédés d'impression, donne du relief à l'invisibilité. Les couleurs elles-mêmes, lorsqu'elles sont présentes, affichent une fadeur menant à une atmosphère étouffante et surréaliste. En outre, la meilleure lisibilité pour un texte réside dans la combinaison texte blanc/fond noir.

SUR LE CD : Vous trouverez sur le CD le fichier texture.jpg et le fichier source au format PSD.

NOTRE EXPERT Thibaut Hofer
Thibaut Hofer est graphiste et pousse ses recherches personnelles et professionnelles dans les domaines du prépresse et de l'open source. Rédacteur technique et traducteur dans la presse spécialisée, il est également auteur pour Dunod et Elephorm.

01 FORMAT AFFICHE

Ouvrez un nouveau document dans Photoshop. Dans les options de création du document, sélectionnez le Paramètre prédéfini Papier format international qui vous donnera accès aux formats de type A : dans la Taille, choisissez le format A3.

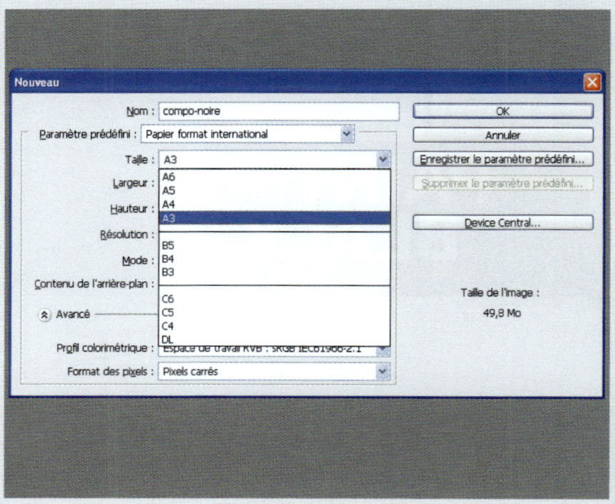

02 BORDS PERDUS

Vous destinez naturellement votre affiche à l'impression. Or les options prédéfinies de Photoshop ne tiennent pas compte d'une contrainte liée à l'impression : les bords perdus. Selon que votre imprimeur travaille avec des bords perdus de 3 ou 5 mm, ajoutez cette valeur à chaque bord. Si comme dans cet exemple vous avez 3 mm de bords perdus, ajoutez 6 mm en largeur et en hauteur. Si vous avez le noir en couleur d'arrière-plan, choisissez-le dans les options de Remplissage. Sinon, pensez à remplir votre document de noir à son ouverture.

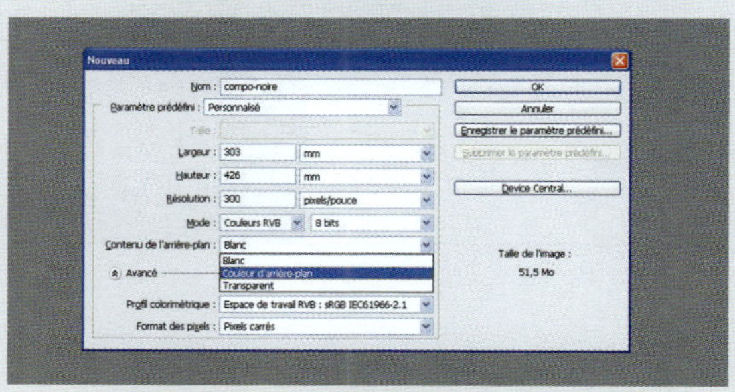

03 TYPOGRAPHIE

Choisissez une famille dont les polices se déclinent au moins de grasse à fine, comme la DéjàVu Sans, disponible en licence libre. Alternez les graisses d'une même police pour jouer sur les contrastes, et privilégiez un interlettrage optique lorsqu'il s'agit d'un titre avec de très grands caractères.

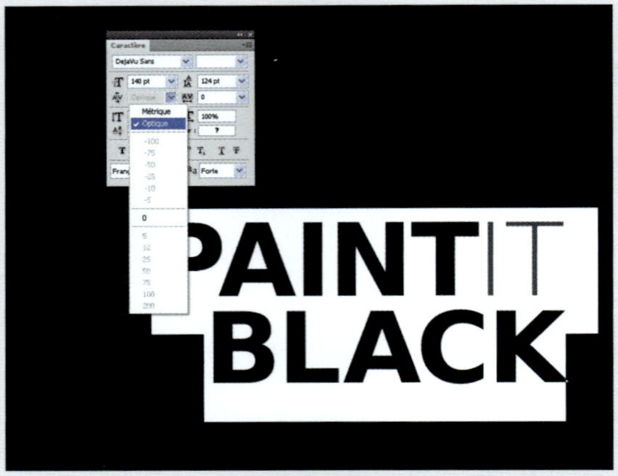

04 TEXTURE

Faites Fichier> Importer et sélectionnez le fichier de texture présent sur le CD. Faites-le pivoter et redimensionnez-le pour qu'il couvre toute la surface de l'affiche. Lorsque vous validez, l'import se transforme automatiquement en objet dynamique. Baissez son opacité légèrement.

05 BACK IN BLACK

Immédiatement au-dessus de votre objet texture, créez un nouveau calque que vous remplissez de noir. Passez son mode à Incrustation et, depuis le bas du panneau Calques, ouvrez le style de calque Incrustation en dégradé avec un dégradé noir vers blanc (au besoin, inversez-le). Dans les options de style, diminuez l'Opacité sous 30 % et donnez-lui un Style Réfléchi.

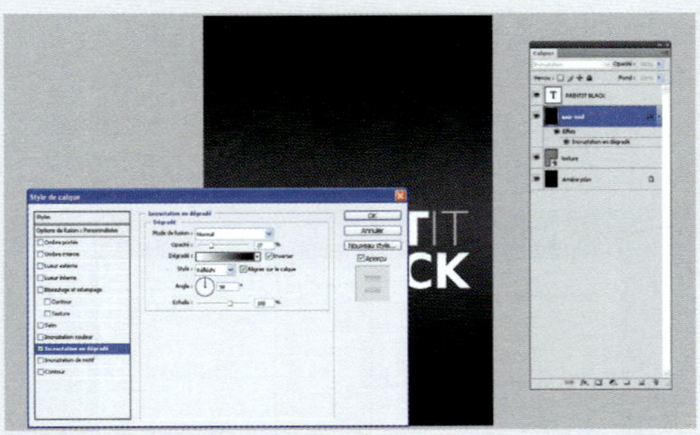

06 OMBRE PORTÉE AU TEXTE

Créez un relief diffus pour votre texte en ouvrant un style Ombre portée avec ces valeurs : Opacité à 40 % environ, Distance et Grossi à 2 ou 3, avec une Taille inférieure à 50 pixels.

07 TEXTE DÉGRADÉ

Pour renforcer l'intégration du texte, appliquez-lui un style Incrustation en dégradé en mode Obscurcir à 40 % d'Opacité environ. Optez pour un dégradé de Style Losange de gris léger vers blanc et poussez son Échelle à 150 %.

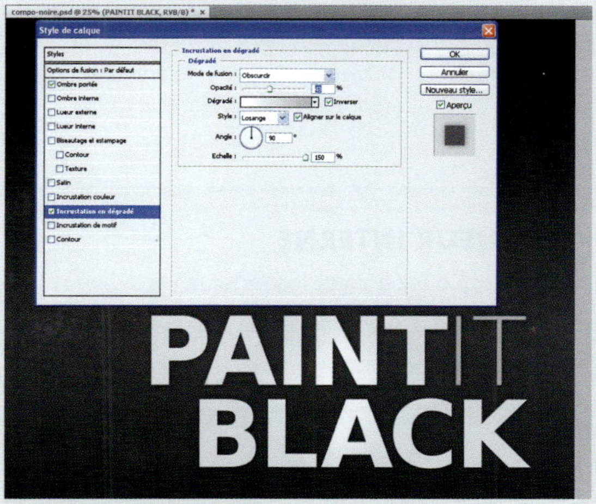

08 FLOTTEMENT

Copiez le calque noir sur lequel vous avez appliqué un style en dégradé et placez-le tout en haut de la pile de calques. Passez son mode en Superposition et ouvrez le Style. Poussez son Opacité à 100 %, en mode Produit avec un dégradé de deux gris : l'un à 40 % de Luminosité, l'autre à 80 % environ. L'action a pour effet de renforcer le sentiment de flottement de la composition.

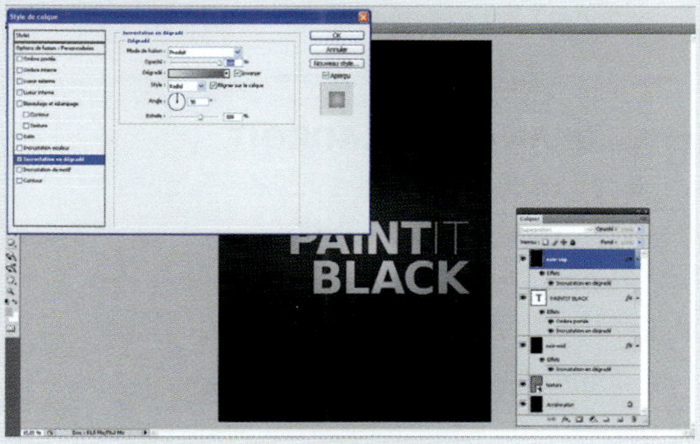

09 OVOCYTE

Tracez une forme vectorielle noire elliptique, passez son mode à Superposition et ouvrez le style Lueur interne. Passez le mode du style à Incrustation, réduisez son Opacité à 15 environ et appliquez du blanc. Pour donner à la forme une ressemblance avec un ovocyte, appliquez un Maigri de 40 %, une Taille de 250 pixels et surtout un Contour en U avec une Étendue de 85 % ou plus.

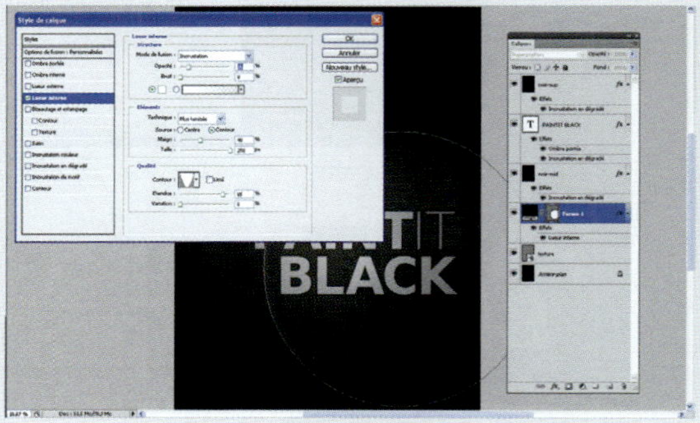

10 NÉGATIF

Dupliquez cette forme et supprimez son style. Double-cliquez sur la vignette de calque pour changer la couleur de remplissage. Cette fois, remplissez le calque de blanc. Changez enfin son mode en Différence pour qu'il crée un négatif discret du calque inférieur.

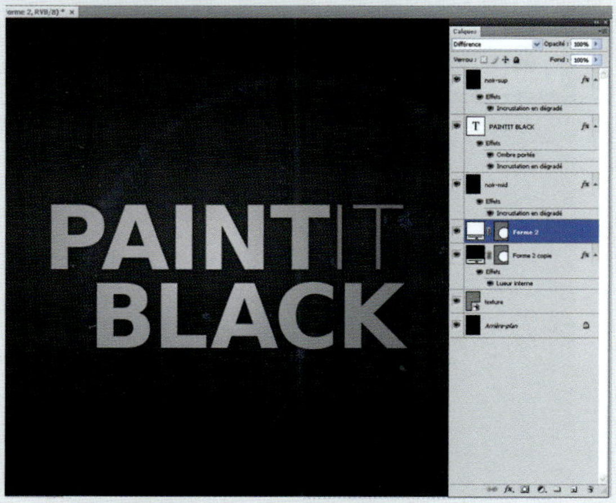

Lisibilité et visibilité du texte

Il est question ici de réduire interlettrage, interlignage et d'utiliser un alignement optique. Ces actions sont bien entendu à réserver à des phrases courtes, (si possible sur grand format). Pourquoi ? La perception des caractères par l'oeil est fonction de la distance à laquelle il est lue, perçue, voire entr'aperçue. Le degré d'attention porté à un texte dépend notamment de sa longueur. Souvent, le cerveau réagit instinctivement en complétant une information initiale vue ou lue, par une information cognitive. Par exemple, la mise en exergue des deux mots "PAINT" et "BLACK" suffit ici à comprendre la phrase (et la référence musicale, pour ceux qui l'ont reconnue) et la finesse et l'accolement du mot "IT" sont donc justifiés, et de fait les faibles interlignage et interlettrage le sont également. L'alignement optique permet d'offrir aux caractères une disposition moins arithmétique, et d'en faciliter la perception par l'œil. Sur un petit texte dense, cette option risque au contraire de fausser la chasse et de créer des rivières (espaces blancs) dans le texte.

11 LOSANGE MALADROIT

À l'aide de la Plume en mode Calques de forme, tracez un quadrilatère inégal, avec l'arête la plus importante dressée vers le haut de l'affiche. Baissez le Fond de la forme à 0 % pour conserver la visibilité des styles à venir. Vous pouvez retoucher cette forme avec la flèche blanche de l'outil Sélection directe.

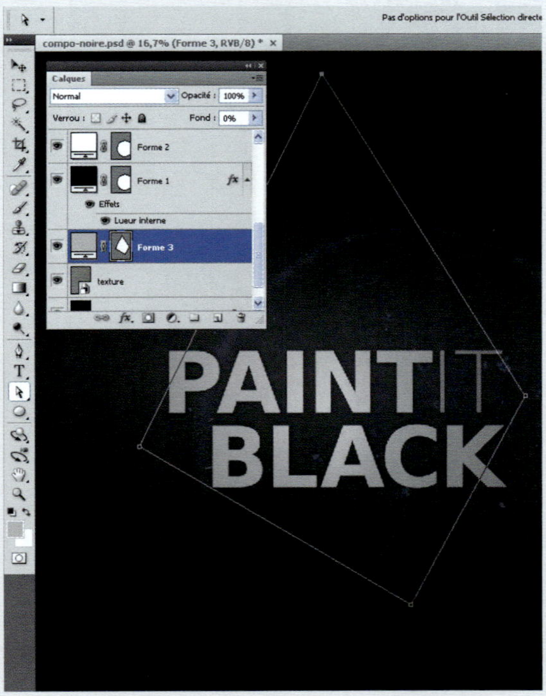

12 LUEUR INTERNE

Appliquez à votre losange un style Lueur interne blanche avec une Taille de 174 pixels et une Étendue de 100 %.

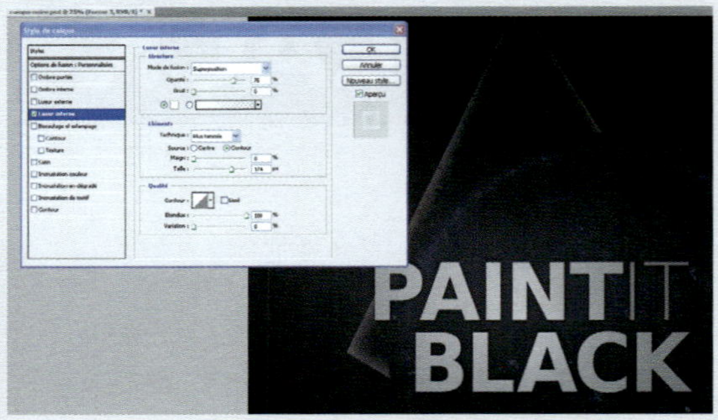

13 BISEAU INTERNE

Pour donner du relief à votre losange, appliquez un Biseau interne dont vous réduisez légèrement Profondeur et Taille.

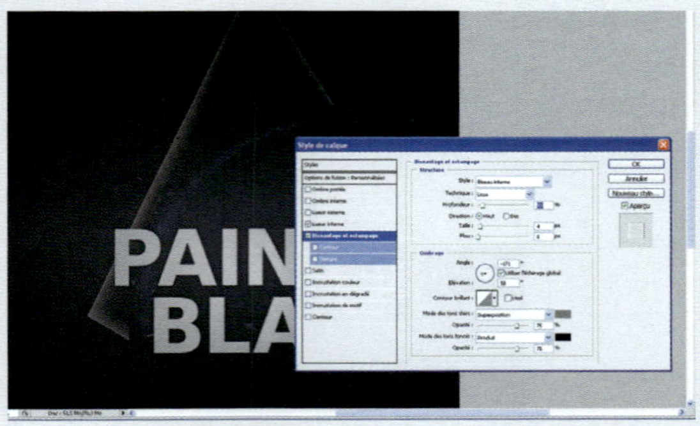

« Attention lorsque vous travaillez le noir : les gammas sont différents d'un système d'exploitation à l'autre. »

14 UN PEU DE COULEUR

Renforcez la profondeur de votre composition en y ajoutant un peu de couleur : avec le style Incrustation de couleur, appliquez un rouge vif à votre losange en mode Produit, ce qui aura pour double effet de ne coloriser que les parties blanches sous-jacentes et de renforcer le négatif de l'ellipse inférieure. Diminuez l'Opacité du style à 10 % environ.

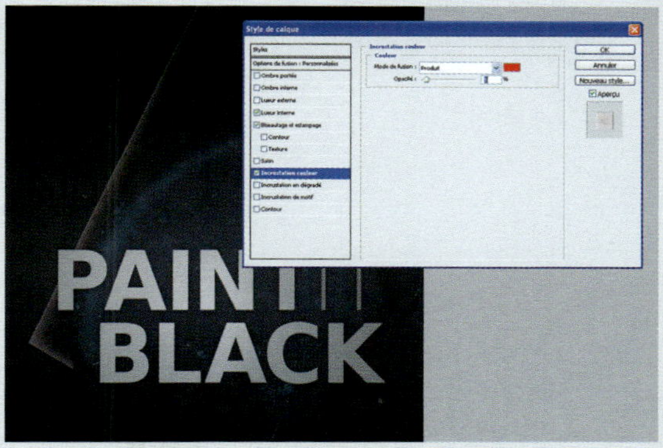

15 CONTRASTE ET COULEURS

Vous pouvez jouer sur la profondeur de votre composition en ajoutant un calque de réglage Teinte/Saturation à votre calque de texture. Il vous est alors possible de désaturer complètement votre texture pour affadir les couleurs, ou de modifier les teintes pour donner à votre composition l'ambiance souhaitée.

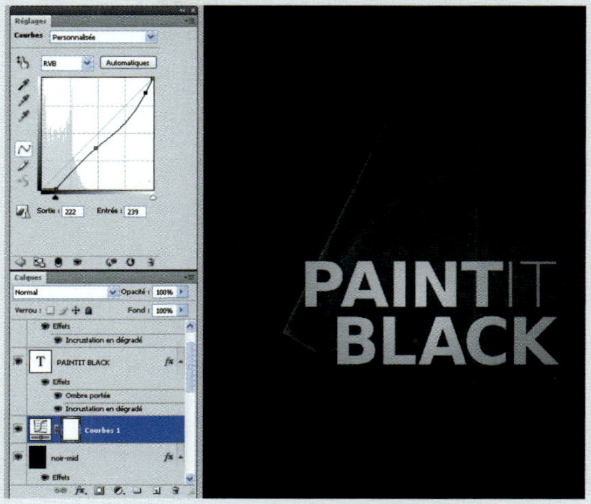

16 COURBES

Enfin, n'hésitez pas à rehausser le contraste en faisant appel au réglage Courbes, appliqué à tout le document ou aux calques du bas de la pile. Pour renforcer les contrastes avec délicatesse, créez une forme en S et modulez précautionneusement les points qui la composent. Attention lorsque vous travaillez le noir : les gammas sont différents d'un système d'exploitation à l'autre : 1,8 pour OS X, 2,2 pour Windows. Cela peut tout changer dans la perception de la profondeur du noir.

SPACE INVADER

Photoshop est incroyable pour réaliser des photomanipulations harmonieuses et efficaces.

Sur le CD : Vous trouverez sur le CD la liste des photos à télécharger pour ce tutoriel.

NOTRE EXPERT
David Delin
David Delin, aka 28162, graphiste autodidacte et passionné par l'art numérique, est issu d'une culture urbaine et allie modernité et élégance dans ses illustrations avec une pointe de poésie.
www.28162.com

Dans ce tutoriel, nous allons créer une illustration proche du matte-painting en faisant un collage d'éléments pour créer une scène réaliste. Nous utiliserons ici les calques de réglage, les modes de fusion ainsi que les modes Incrustation et Densité, et bien sûr le plus important, "l'imagination", sans laquelle rien ne serait possible. Vous vous rappelez sûrement du film Independance Day ? Eh bien cette illustration en est quelque peu inspirée.

01 CHOIX DES PHOTOS

En se baladant sur des banques d'images telles que stock.xchng, on peut parfois tomber sur des petits trésors qui facilitent l'inspiration, comme la photo qui nous servira de décor dans cette illustration. Téléchargez les photos suivantes sur le site sxc.hu : décor (1234362), pont (535405), raton laveur (903391), coucher de soleil (1168963), garçon (1126889), jumelle (140545).

02 DÉCOR

Ouvrez l'image "décor" et créez un tracé à l'aide de l'outil Plume (P). Zoomez suffisamment pour avoir un bon résultat. Une fois votre tracé terminé, faites un clic droit et choisissez Définir une sélection. Copiez/collez votre sélection sur un nouveau calque et nommez-le "décor".

03 TEINTE/SATURATION ET NIVEAUX

Notre image d'origine est assez claire, faites Ctrl/Cmd+U et appliquez une Saturation à - 35. Ouvrez le panneau Réglage des niveaux (Ctrl/Cmd+L) et entrez les réglages suivants : Tons foncés : 6, Tons moyens : 0,88, Tons clairs : 245.

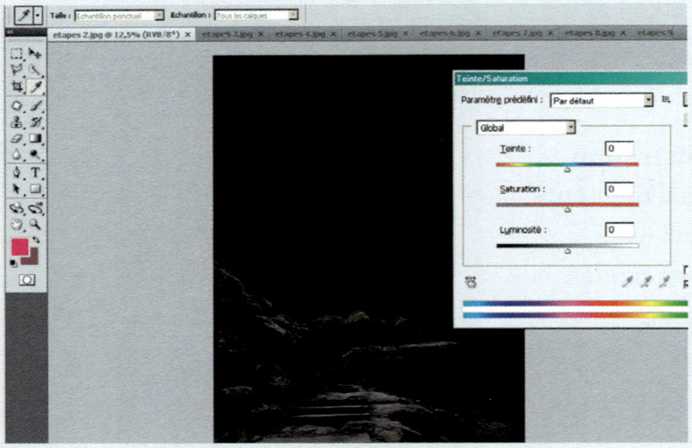

04 AJOUTER UN NOUVEAU CIEL

Prenez la photo “coucher de soleil” et faites-en un nouveau calque que vous nommerez “coucher de soleil”. Placez-le sous le calque “décor”. À l'aide de l'outil Rectangle de sélection (M), créez une sélection de la partie haute de notre photo et, avec Ctrl/Cmd+T, agrandissez-la. Nous améliorerons notre ciel plus tard, mais cela nous permet de situer l'ambiance de notre illustration.

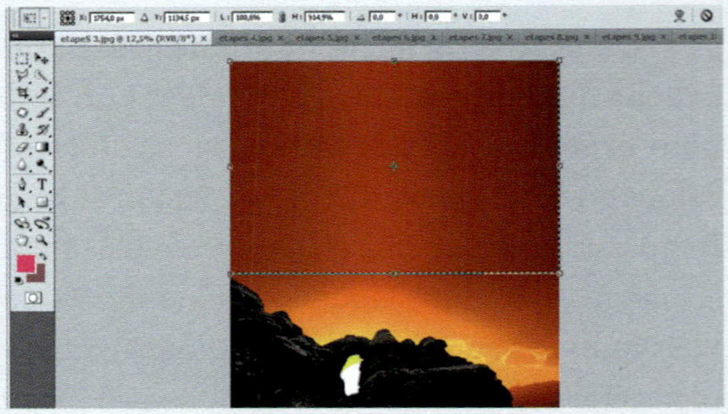

05 INTÉGRATION

Ajoutez un nouveau calque au-dessus du calque “décor”. Tout en maintenant la touche Ctrl enfoncée, faites une sélection du décor en cliquant sur sa vignette. Remplissez la sélection de la couleur #953D0F ou faites un échantillon de couleur sur votre ciel avec l'outil Pipette (I). Passez le calque en mode Lumière tamisée.

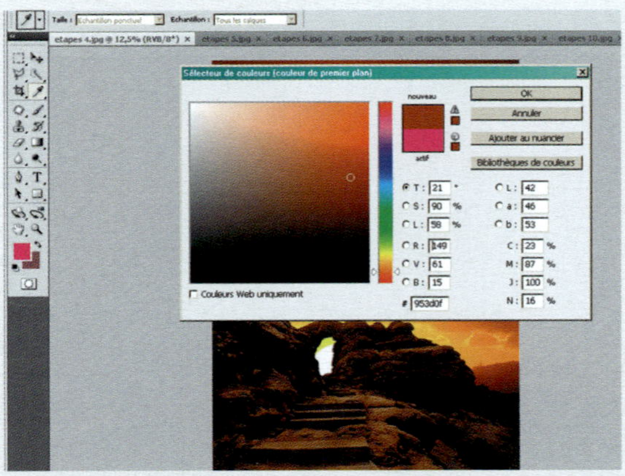

06 PLANÈTE

Sur un nouveau calque, créez un cercle et remplissez-le de gris. Trouvez une belle texture pour le relief de votre planète (vous en trouverez régulièrement sur le CD du mensuel, sinon vous pouvez aussi en trouver sur le site stock.xchng). Maintenez la touche Ctrl et cliquez sur la vignette du calque pour faire une sélection du cercle. Faites Filtre> Déformation> Sphérisation 100 %. Fusionnez avec le calque “cercle”.

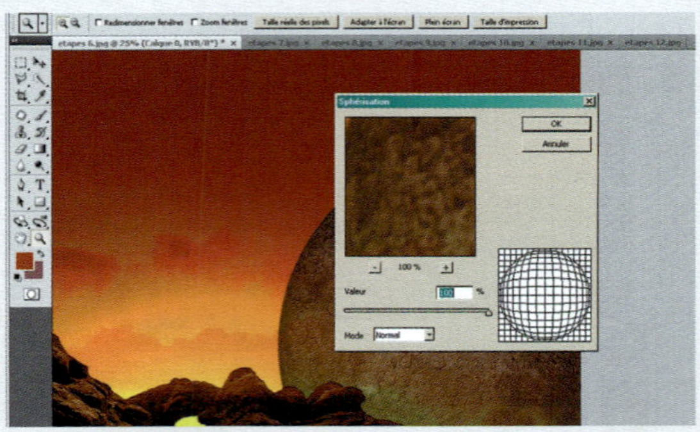

Astuce

Vous pouvez aussi utiliser l'outil Densité -/+ pour assombrir/éclaircir certaines parties plus que d'autres mais faites attention, cet outil peut faire autant de merveilles que de catastrophes.

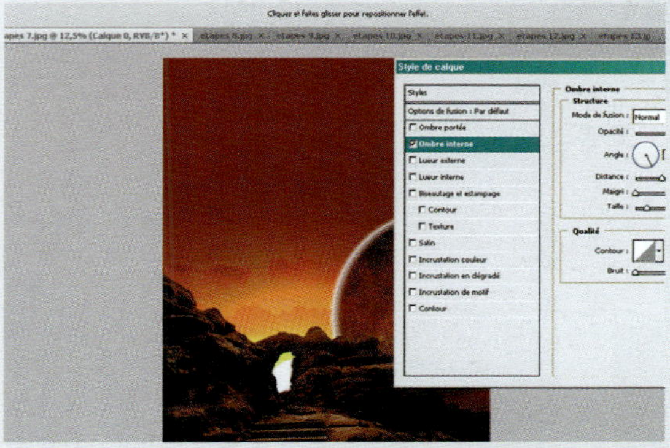

07 LUEUR EXTERNE/INTERNE

Placez le calque "planète" sous le calque "décor". Double-cliquez dessus et ajoutez une Lueur externe et interne blanche. Vous êtes libre de choisir vos paramètres, mais aidez-vous de l'illustration finale si vous voulez rester fidèle à cet exercice. Ajoutez un masque de fusion et, à l'aide d'un pinceau noir à bord doux, et avec une Opacité réglée sur 30 %, effacez la partie basse de la planète. Baissez l'Opacité du calque à 75 %.

08 PONT

Détourez la photo "pont" et copiez/collez-la entre les calques "décor" et "planète". L'image d'origine est positionnée vers la gauche. Faites Édition> Transformation> Symétrie horizontale pour la tourner vers la droite.

09 PONT SUITE

Ajoutez un nouveau calque au-dessus du calque "pont". Tout en maintenant la touche Ctrl enfoncée, faites une sélection du pont en cliquant sur sa vignette. Remplissez de nouveau la sélection de la couleur #953D0F et passez-la en mode Lumière tamisée.

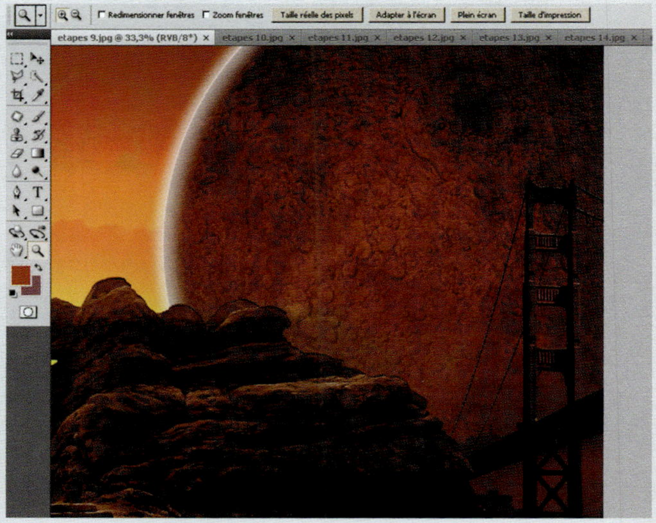

10 CIEL

Revenons sur notre ciel. Ajoutez un nouveau calque au-dessus du calque nommé “coucher de soleil”. Appliquez un Dégradé linéaire (G), de la couleur du ciel vers le transparent. Répétez l’opération sur un nouveau calque, mais avec un dégradé allant du noir vers le transparent. Réduisez l’Opacité de ce calque à 60 %.

11 GARÇON

Voilà, notre personnage peut maintenant entrer en scène. Après l’avoir détouré, placez-le comme sur la capture sur une des marches du décor. Faites Ctrl/Cmd+M et baissez légèrement la courbe (Entrée : 117 et Sortie : 139).

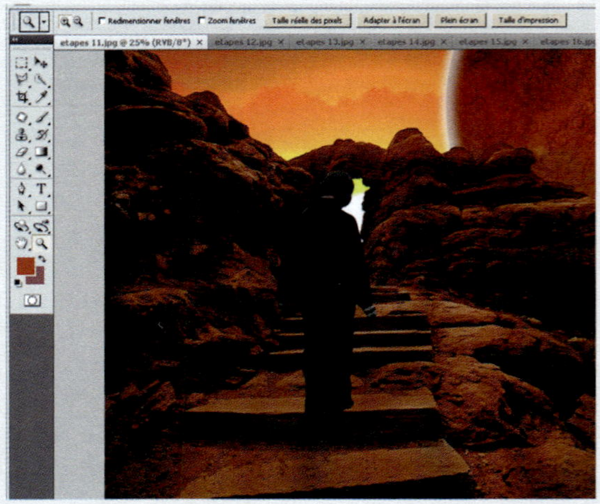

12 OMBRE

Créez une sélection du garçon et remplissez-la de la couleur noire. Faites Édition> Transformation> Déformation et déformez l’ombre. Appliquez un Flou gaussien de 5 pixels. Réglez l’Opacité sur 50 %.

13 INTÉGRATION

Maintenez Ctrl et cliquez sur la vignette du calque du garçon pour faire une sélection. Sur un nouveau calque, placé au-dessus, remplissez-la de la couleur #953D0F. Passez le calque en mode Densité couleur -.

14 LUEUR

Créez de nouveau une sélection du calque du garçon et remplissez-la de blanc. Appliquez un Flou gaussien de 8.

15 ESCALIER

Sur un nouveau calque, à l'aide l'outil Lasso polygonal (L), faites une forme comme sur la capture et appliquez un Dégradé linéaire (G) du blanc vers le transparent. Passez le calque en mode Densité couleur - et réduisez l'Opacité à 70 %.

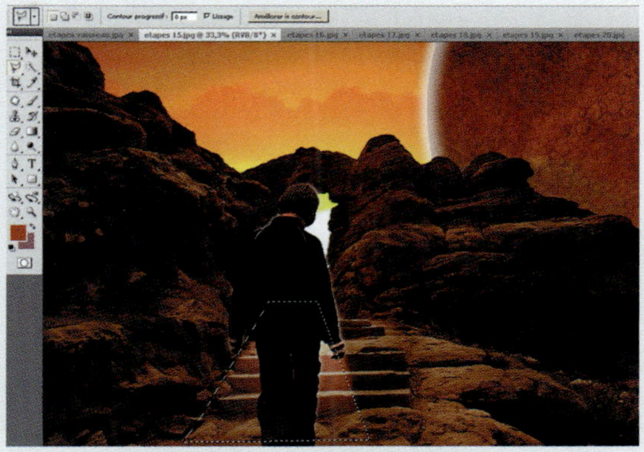

16 FAISCEAUX

Pour les faisceaux, créez une ligne blanche et appliquez un Flou directionnel plus ou moins important, 30 à 40 devrait convenir. Maintenant, dupliquez ce calque autant de fois que vous le souhaitez et disposez les copies comme sur la capture.

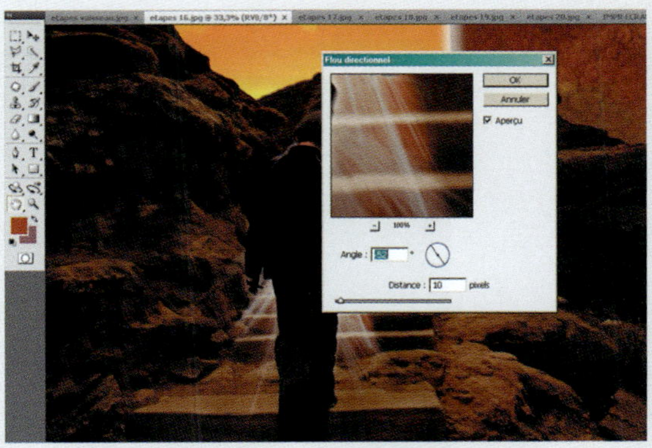

17 RATON LAVEUR

Après l'avoir détouré, placez l'animal sur le côté droit du décor. Faites Ctrl/Cmd+L et baissez légèrement les Tons moyens.

18 OMBRE ET INTÉGRATION

Comme dans quelques-unes des étapes, maintenez la touche Ctrl enfoncée et faites une sélection du raton laveur. Remplissez-la de la couleur #953D0F. Passez le calque en mode Lumière tamisée. Faites une ombre et ajoutez un masque de fusion. À l'aide de l'outil Dégradé linéaire (G), appliquez un dégradé du noir vers le transparent pour effacer l'extrémité de l'ombre, réduisez le calque à 70 %.

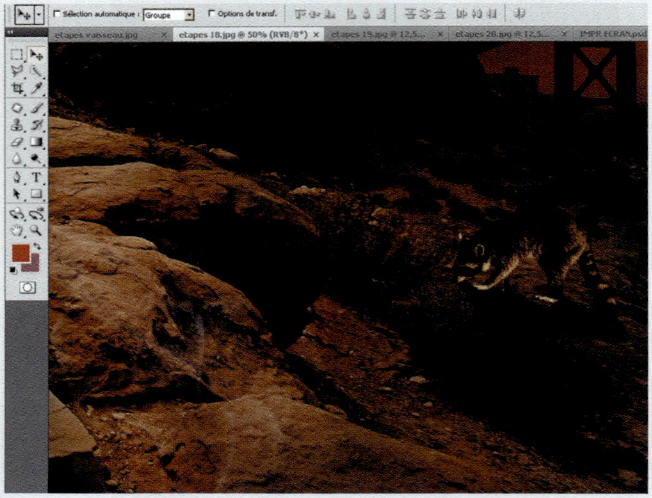

19 JUMELLE

Quand je suis tombé sur cette image, je me suis dis qu'elle serait parfaite pour en faire un pseudo-vaisseau. Après l'avoir détourée, dessinez un rectangle jaune qui nous servira ici de hublot. J'ai laissé volontairement visibles les inscriptions, elles servent d'immatriculation pour le vaisseau. Une fois le hublot réalisé, prenez un pinceau rond à bord doux, de la couleur qu'il vous plaira. Nous allons simuler les réacteurs en action. Ici j'ai pris un rouge pâle puis un blanc. Voilà notre vaisseau terminé. Fusionnez le tout, dupliquez-le puis placez les copies sur la droite.

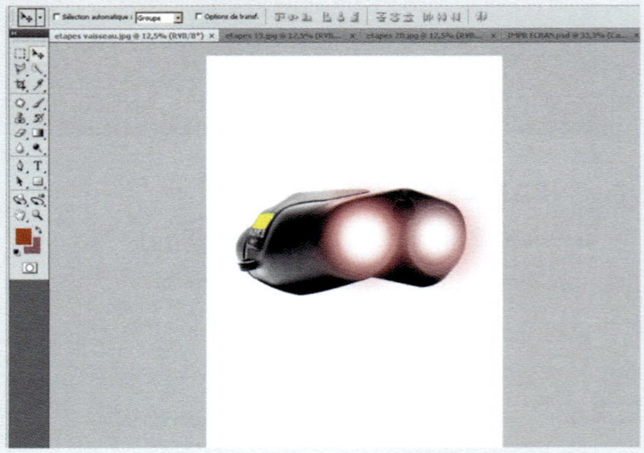

20 DERNIERS RÉGLAGES

Notre illustration est quasi terminée. Fusionnez le tout et dupliquez. Passez ce calque en mode Produit et réduisez l'Opacité à 40 %. Ajoutez un calque de réglage Courbes et éclaircissez un peu le tout. Fusionnez l'ensemble… et voilà, votre illustration terminée !

David Delin

Courbes

Lorsque vous utilisez un calque de réglage en mode Courbes, amusez-vous à changer individuellement chacune des couleurs (rouge/vert/bleu), cela peut modifier radicalement l'ambiance d'une créa.

COLOR
BEAUTY

COLOR BEAUTY

Un peu de kitsch et de glamour dans Photoshop...

Les formes de pinceaux sont au cœur de ce tutoriel ; nous allons en utiliser plusieurs. Voici donc comment améliorer une photo à l'aide de l'outil Pinceau et de ses formes. Vous allez voir qu'il n'y a pas besoin de savoir dessiner et que ces ornements à l'apparence savante sont disponibles en téléchargement gratuit sur le Web. Il s'agit donc de trouver les bibliothèques adaptées à vos images. Le vrai travail d'un designer est souvent de marier les éléments et d'avoir l'œil. Passez du temps à chercher les bons éléments avant d'ouvrir Photoshop !

SUR LE CD : Vous trouverez sur le CD les éléments nécessaires pour la réalisation de ce tutoriel ainsi que l'image finale avec les calques.
Remerciements : BRob26, http://www.houseoflime.com et PAULW.

NOTRE EXPERT
Marc Fanelli-Isla

Marc Fanelli-Isla est journaliste et traducteur pour divers magazines tels que Vous et Votre Mac, Men's Health et Webdesign. C'est la musique et la volonté de maîtriser le processus de création artistique de la production à la promotion qui l'ont mené au Webdesign. Il crée en 2009 Gardelino.com qui réunit les meilleurs talents du Web dans le but de proposer des services de Webdesign-Multimédia-Marketing 3.0 aux particuliers et aux entreprises.

GARDELINO.COM
WEBDESIGN-MULTIMEDIA-MARKETING 3.0

01 UNE BELLE PHOTO

Un bon modèle, une bonne photo en haute définition et un fond détouré ou uni sont requis pour ce tutoriel. Si vous n'êtes pas doué pour le détourage, essayez ce genre de modèle : http://www.officialpsds.com/coco-stock3554.html.

02 DE BONNES FORMES

Allez sur l'Adobe MarketPlace (http://tinyurl.com/ydbpspn) et téléchargez un des dossiers de formes gratuites (Free). Ensuite, installez-les en glissant le fichier .abr dans le panneau Formes ou en passant par le dossier Presets/Brushes de Photoshop. Il existe des milliers de formes de pinceaux, cherchez sur deviantArt par exemple.

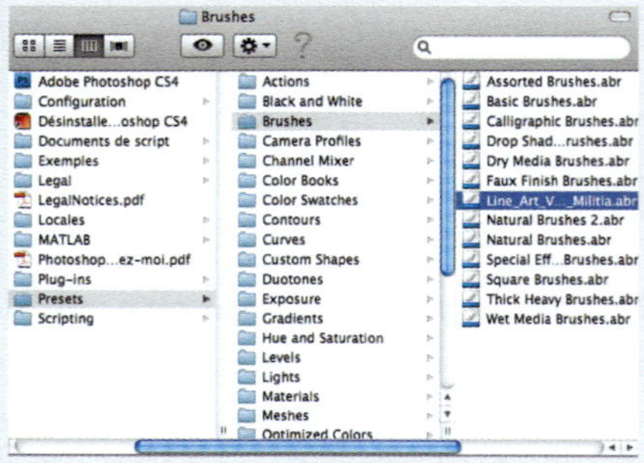

03 LIGNES

Créez un calque. Sélectionnez l'outil Pinceau et retrouvez la forme Flowing Lines ou une similaire dans "Forme". Placez-la dans la photo à hauteur du cou. Utilisez la couleur #FFFFFF (blanc). Faites un clic droit sur le calque et sélectionnez Options de Fusion> Ombre portée en Mode de fusion Normal avec une Opacité de 12 % et la couleur noire (#000000) pour donner de la consistance aux lignes.

04 BLEU DÉGRADÉ

Créez un calque. En fonction des couleurs initiales de l'image, sélectionnez des couleurs en harmonie pour vos formes. Ici, un dégradé de bleu-vert pour contraster avec la chevelure et se fondre dans la couleur de fond. Toujours avec le Pinceau, choisissez une forme de points de trame et placez-la deux fois : en haut à droite et en bas à gauche.

05 ÉTOILES

Créez un nouveau calque. Ici, toujours avec l'outil Pinceau, nous utilisons des formes issues de l'ensemble suivant : http://tinyurl.com/36paulw. Gardez une petite taille de forme pour mettre ces ronds et étoiles tout autour du modèle.

06 FLOU

Créez un nouveau calque. Prenez un pinceau de Taille 200 à 300 pixels pour cette image. Utilisez du Cyan et du Gris et dessinez des formes comme dans notre exemple.

07 FANTASY

Changez le mode de fusion de ce calque sur Superposition et réglez l'Opacité à 82 % (jouez avec le pourcentage pour bien intégrer les formes au fond).

08 TEXTE ET LUEUR INTERNE

Ajoutez le texte "COLOR BEAUTY" comme sur l'image avec la police Fontanesi (http://www.dafont.com/fontanesi.font). Dans cette étape, nous allons travailler sur le texte. Faites un clic droit sur le calque Texte, sélectionnez Options de fusion et utilisez les réglages suivants pour Lueur interne : Opacité 72 %. Cliquez sur la case de couleurs dégradées #00B2B8 pour l'étape de dégradé de gauche et #FFFFFF pour l'étape de dégradé de droite. Source : Contour, Taille : 88 px et Etendue : 50 %.

« Importez deux photos du modèle et baisser l'opacité pour donner cet effet incrusté. L'opacité sert souvent à cela, pensez-y ! »

09 BISEAUTAGE

Toujours dans les Styles de calques, cochez Biseautage et estampage puis entrez ces réglages : Style : biseau Interne, Technique : Ciselage Léger, Profondeur : 201 %, Direction : Haut, Taille : 75 px, Flou : 4 px, Angle : 9, Elévation : 42, Mode des tons clairs : Superposition, Couleur : 4FBCE5, Opacité : 100 %, Mode des Tons foncés : Superposition, Opacité : 0 %, Couleur : 81E7FE.

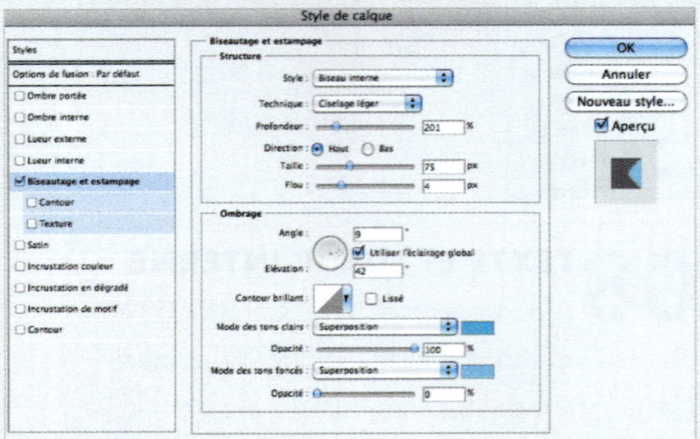

11 COULEUR

Toujours dans la boîte de dialogue des Styles, cochez Incrustation couleur et réglez en mode Normal, Couleur : #00B2B8 (cliquez sur la case colorée pour changer le code) et Opacité 100 %.

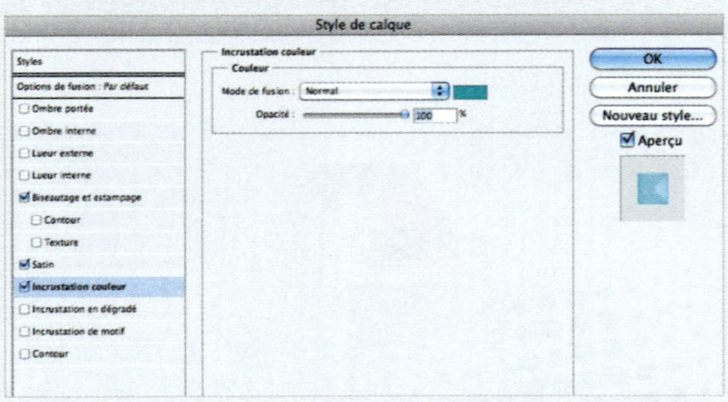

10 SATIN

Cochez Satin et entrez ces réglages : Mode de fusion : Superposition, Couleur : E4F5FC, Opacité : 65, Angle : 19, Distance : 8 px, Taille : 133 px.

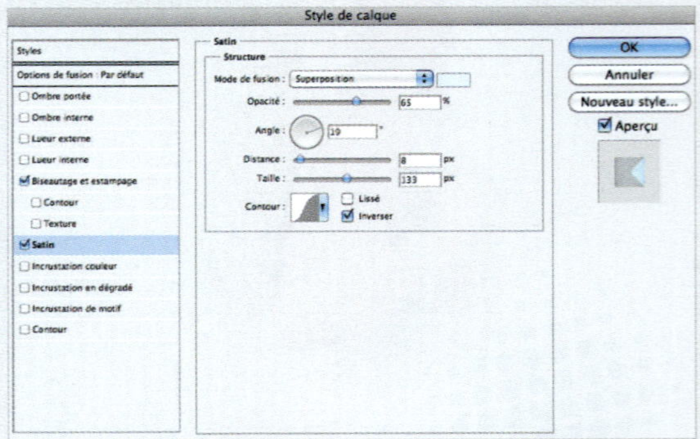

12 POSES

Maintenant, je vais importer deux photos du modèle dans un nouveau calque et baisser l'opacité pour donner cet effet incrusté. L'opacité sert souvent à cela, pensez-y !

13 BRACELET

Créez un nouveau calque. Nous allons faire briller le bracelet du modèle pour renforcer l'aspect bling-bling de la créa. Prenez un Pinceau à forme ronde de 50-75 pixels, réglez le mode du Pinceau sur Superposition et l'Opacité à 90 %. Utilisez la couleur #00B2B8 comme dans notre cas.

14 BRILLANCE

Créez un nouveau calque. Choisissez la forme SS-Sparklies (étincelles) dans la liste et placez-la sur la lumière apportée au bracelet pour donner un effet diamant étincelant d'un clic. La positionner sur un nouveau calque permet de la déplacer avec l'outil Déplacement (V) au besoin.

15 UN LOGO ?

Enfin, vous pouvez placer votre logo, blanc de préférence, si vous en avez un, histoire que l'on sache qui est l'auteur de cette belle réalisation !

MILK

Pourquoi rechercher une police
quand on peut créer facilement la sienne ?

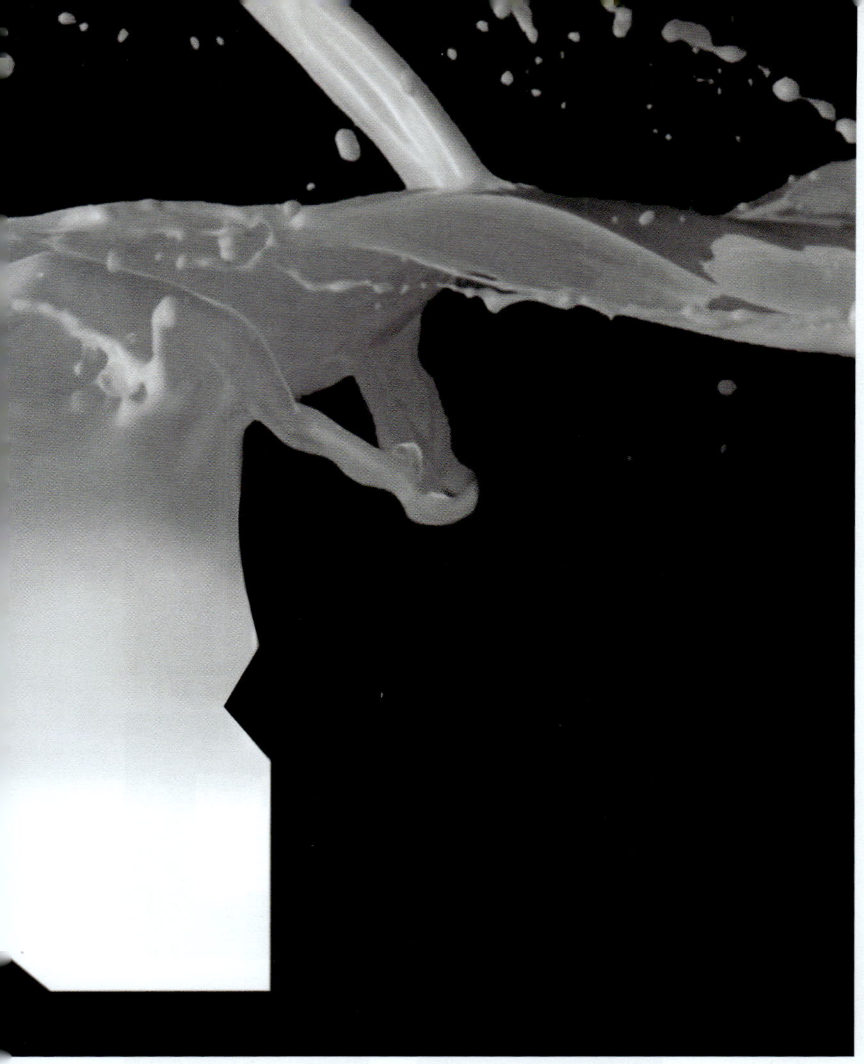

Photoshop dispose d'outils de découpage qui permettent de produire des lettres ou tout autre objet sans être un pro du dessin. De plus, vous aurez ainsi moins de risque de retrouver un design similaire chez un autre artiste. Ici, la problématique n'est pas l'arrière-plan, car il est uni, mais la fusion de deux éléments : des lettres et le lait. Une fois terminé, vous serez capable de mélanger plusieurs éléments en utilisant cette méthode, ce qui est très utile pour réaliser des effets spéciaux sur Photoshop. C'est parti !

SUR LE CD : Vous trouverez sur le CD trois images offertes par Fotolia pour réaliser ce tutoriel. Remerciements à Okea, Nikola Bilic et Gleb Semenjuk.

NOTRE EXPERT
Fabio Sasso, adaptation Marc Fanelli
Fabio Sasso est un graphiste et Webdesigner originaire de Porto Alegre (Brésil), fondateur d'abduzeedo.com. N'hésitez pas à le contacter en passant par le site Abduzeedo. Vous pouvez aussi le suivre sur Twitter ou sur son site personnel : fabiosasso.com.

01 FOND NOIR

Ouvrez un nouveau document de la taille de votre choix selon la destination. Réglez la résolution à 300 dpi, la couleur d'arrière-plan sur #000000 (le code couleur pour noir) et cliquez sur OK.

02 CARRÉ BLANC

Sur un nouveau calque, prenez l'outil Rectangle de sélection et faites un carré en bas à gauche en maintenant la touche Maj enfoncée. Faites un clic droit sur votre sélection et choisissez Remplir> Contenu> Avec> Blanc. Alternativement, vous pouvez créer directement un carré blanc avec l'outil Rectangle puis le pixelliser.

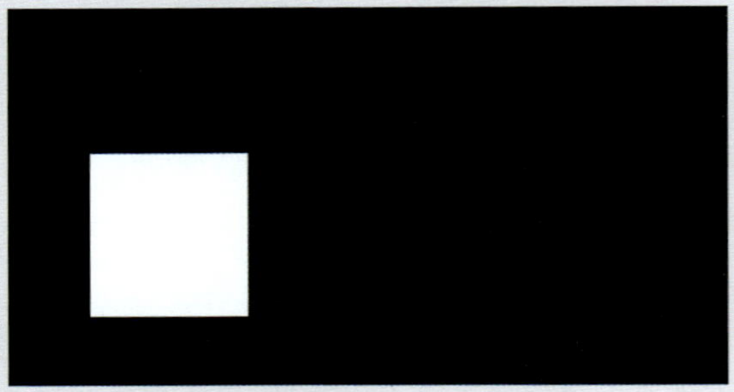

03 LA LETTRE M

Sélectionnez l'outil Plume et dessinez les encoches du M sur le carré blanc, pas besoin qu'il soit trop droit. Faites un clic droit sur le tracé et sélectionnez Définir une sélection, intervertissez-la (Ctrl/Cmd+Maj+I) puis faites Édition> Couper, vous aurez ainsi un beau M tout blanc.

04 LA LETTRE I

Sur un nouveau calque, faites un rectangle carré blanc de la même hauteur, collé au M, et pixellisez-le. Reproduisez l'étape 3 pour faire le I.

05 LA LETTRE L

Faites le L de la même façon avec l'outil Rectangle de sélection ou Rectangle en prévoyant un carré moins large.

06 LA LETTRE K

Faites le K comme le M à l'étape 2 avec un carré aussi large et aussi haut, toujours avec l'outil Rectangle de sélection et en dessinant de petits triangles en haut, en bas et à droite du carré blanc.

07 DU LAIT !

Voilà, vous avez écrit le mot "MILK", "lait" en anglais, en inventant votre propre police. De cette façon, aucun risque de retrouver votre façon d'écrire chez un autre designer. Je vous recommande de souvent utiliser cette méthode pour personnaliser vos designs.

09 TRANSFORMATION

Avec Édition> Transformation> Homothétie, redimensionnez ces éclaboussures de lait de sorte qu'elles émanent du haut de la lettre M. Étirez la forme pour la faire déborder sur la lettre.

08 NETTOYAGE

On parle de lait, mais l'image manque cruellement d'animation à ce stade. Utilisez les photos à votre disposition sur le CD. Préparez-vous à les ouvrir une par une. Commencez par un premier fichier d'éclaboussures et importez-le dans votre zone de travail. Comme l'image a un arrière-plan uni noir, nous pouvons utiliser l'outil Gomme magique. Pour trouver cet outil, faites un clic droit sur l'outil Gomme pour le faire apparaître. Assurez-vous que le calque tout juste ajouté est sélectionné et cliquez où vous voulez sur le fond noir pour effacer cette couleur. Vous pouvez également utiliser un masque.

Votre propre police

Pourquoi toujours utiliser les polices du web quand Photoshop peut vous aider à personnaliser vos lettres. Partir d'une forme carrée ou ronde puis jouer avec les masques et la Plume vous donneront un alphabet bien plus original, profitez-en !

10 DÉFORMATION

Maintenant, nous allons fusionner le calque "MILK" et le calque M pour donner l'impression que le lait sort vraiment du M. J'aime me servir de Déformation, faites Édition> Transformation> Déformation. Ceci va vous permettre de bouger les contours d'un objet sans modifier l'image entière. Prenez l'outil Rectangle de sélection et sélectionnez le haut des éclaboussures, copiez/collez et faites Ctrl/Cmd+T pour le transformer encore, sélectionnez le point de rencontre entre la lettre et le lait et joignez-les avec votre souris.

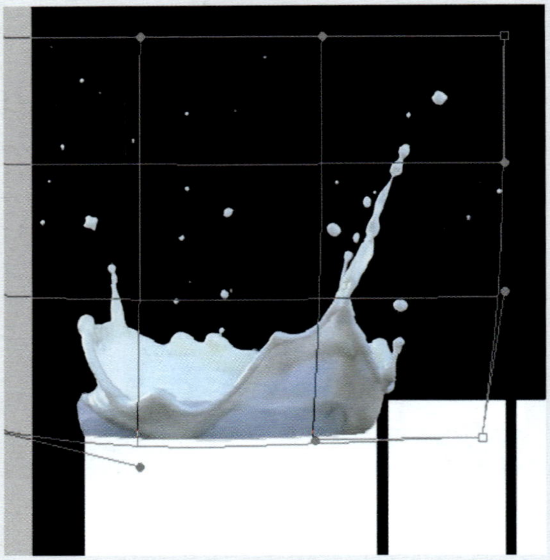

11 LES AUTRES LETTRES

Faites-en de même avec les autres lettres en important les éclaboussures dans un premier temps puis en les déformant pour les faire correspondre, nous allons par la suite les fondre ensemble. Sélectionnez l'outil Doigt. Réglez l'opacité à 80 % et allez au-dessus des bords du calque "milk" pour le fusionner avec la lettre. Si vous n'aimez pas certaines parties du texte, effacez-les avec un masque de fusion.

12 DU LAIT, TOUJOURS DU LAIT

Répétez cette étape de lissage pour chaque lettre. N'hésitez pas à passer du temps à bien aligner les éléments pour plus de réalisme.

Transformation

Avant de retoucher un élément, transformez-le pour l'adapter. Avec la déformation, toutes les formes peuvent s'imbriquer et donner l'impression d'être liée.

« Si vous n'aimez pas certaines parties du texte, effacez-les avec un masque de fusion. »

13 K SPÉCIAL

Pour le K, effacez un peu plus de texte pour mieux le fusionner, baissez l'opacité de du pinceau pour ne pas tout effacer et mieux le fusionner. Si certaines photos de base ont une légère teinte jaune orangé, utilisez par exemple la fonction de Désaturation (Image> Réglages) pour passer toute l'image en noir et blanc.

PERFECTLY LOVELY

PERFECTLY LOVELY

Besoin d'un flyer sexy pour votre prochaine soirée ?

L' arrière-plan est un élément capital. Il habille vos personnages, votre texte et donne du relief à votre design. Nous allons voir ici comment vous servir d'outils simples pour donner du tempérament à votre fond. Nous avons choisi un modèle déjà détouré provenant du site Official PSDS, mais vous pouvez choisir n'importe quelle photo de départ pour une création plus personnelle.

SUR LE CD : Les fichiers nécessaires à la réalisation de ce tutoriel se trouvent ici : http://www.goboxy.com/photoshop/10-high-resolution-flowing-line-brushes/
Vous trouverez des modèles sur http://www.officialpsds.com

NOTRE EXPERT
Marc Fanelli-Isla

Marc Fanelli-Isla est journaliste et traducteur pour divers magazines tels que FHM, Vous et Votre Mac, Geek et Webdesign. Tout a commencé par la musique qui l'a mené naturellement vers le Webdesign et le Web 2.0 dans le but de maîtriser le processus de création artistique de la production à la promotion. Il a depuis créé Gardelino.com qui réunit les meilleurs talents du Web pour proposer ses services aux particuliers et aux entreprises de Webdesign-Multimédia-Marketing 3.0.

01 ZONE DE TRAVAIL

Faites Fichier> Nouveau et renseignez les paramètres suivants : 500 x 500 pixels, résolution 300 dpi et couleur noire (#000000).

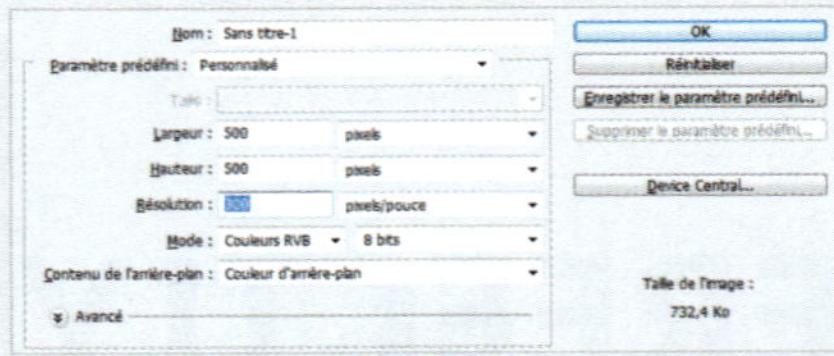

02 CRÉER LE ROND

Créez un nouveau calque à l'aide de la deuxième icône en partant de la droite en bas du panneau Calques. Réglez la couleur de premier plan sur #922F00. Sélectionnez l'outil Pinceau avec une forme ronde d'une taille de 569 pixels. Laissez la Dureté à 0 pour que la couleur se fonde dans le noir, placez l'outil au milieu de la zone de travail puis cliquez.

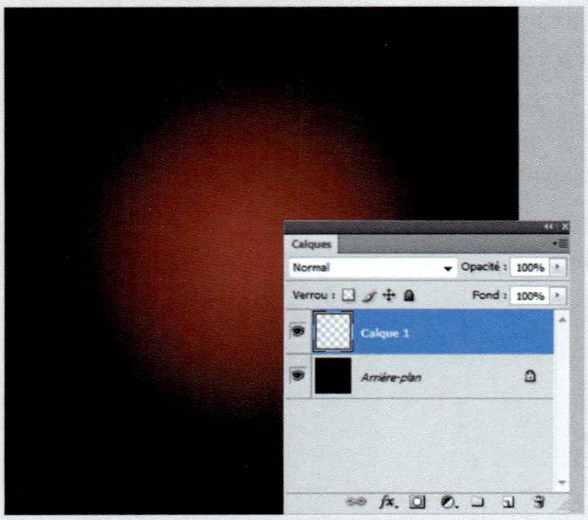

03 INTENSIFIER

Nous voulons un centre plus éclairé. Pour ce faire, nous allons dupliquer le calque (en nous assurant que le calque est bien sélectionné puis en faisant Ctrl/Cmd+J ou un glisser-déposer de ce calque sur l'icône Nouveau calque en bas du panneau Calques. Changez le mode de fusion de ce nouveau calque sur Densité couleur -.

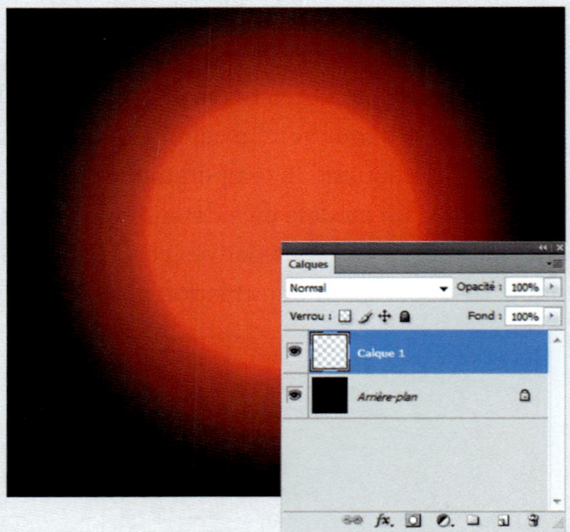

04 FUMÉE

Cette précédente manipulation prépare le terrain pour intégrer une texture et la faire ressortir. Nous allons intégrer un effet de fumée. Créez un nouveau calque, réglez la couleur de premier plan sur Blanc et celle d'arrière-plan sur Noir. Allez dans Filtre> Rendu> Nuages.

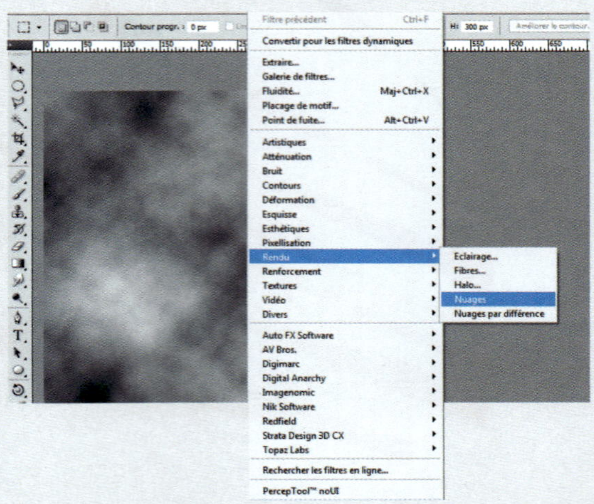

05 BROUILLARD

Baissez l'opacité de ce calque "Fumée" à 30 % puis faites Filtre> Rendu> Halo. Changez ensuite le Mode de fusion du calque sur Lumière tamisée. Vous aurez ainsi un effet brouillard.

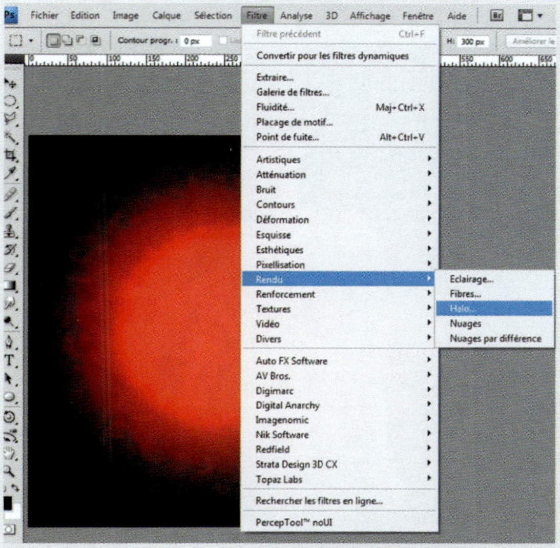

06 DÉGRADÉ

Créez un nouveau calque et utilisez le même Pinceau qu'à l'étape 2. Placez ce calque au milieu de votre pile de calques et réglez le mode de fusion sur Lumière tamisée. Ensuite, ajoutez un style de calque Incrustation en dégradé et réglez le mode de fusion sur Lumière tamisée. Utilisez les couleurs #44BEFD et #00157C.

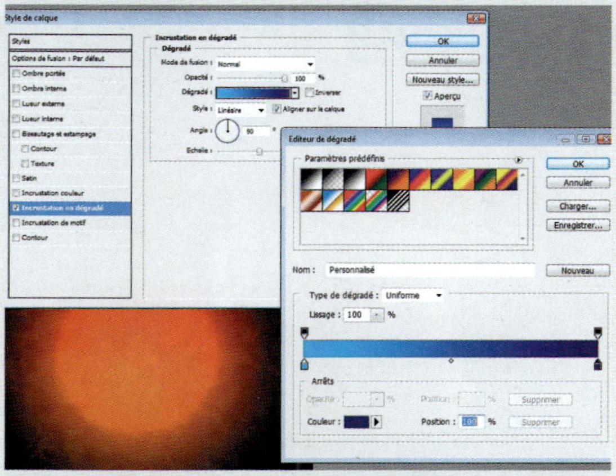

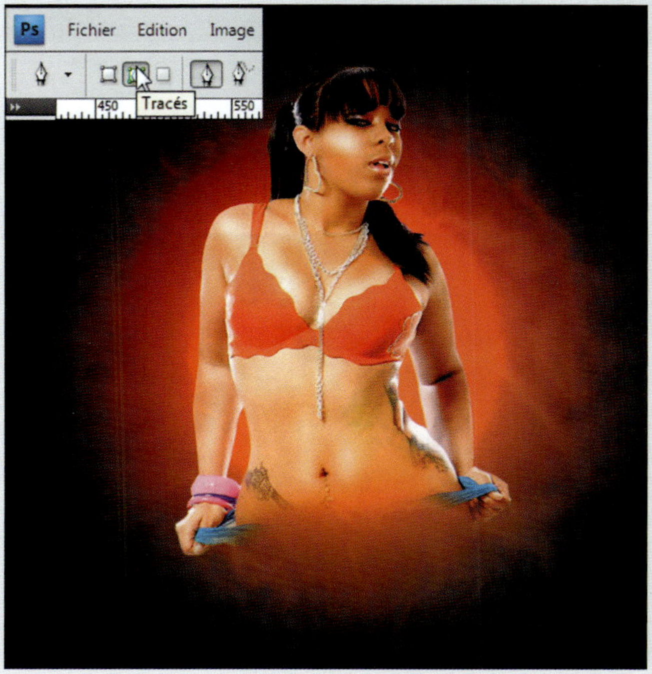

07 SEXY GIRL

Allez sur officialpsds.com pour récupérer des images libres de droits. Nous allons utiliser http://officialpsds.com/SILVER-KOLLECTION-80-PSD40433.html mais nous vous conseillons d'utiliser vos propres photos pour des créations plus personnelles. Importez-la au milieu de la zone de travail sur un nouveau calque. Ajoutez-lui un masque de fusion, réglez la couleur de premier plan sur Noir. Sélectionnez un pinceau de 100 pixels en mode Normal et peignez sur le masque pour effacer le bas de la jeune fille afin qu'elle se fonde dans le décor.

08 CRÉER LES FORMES

Sélectionnez l'outil Plume en mode Tracés et placez trois points pour dessiner une forme comme sur notre exemple. Placez le troisième point sur le premier pour refermer le tracé.

09 COUPER

Faites un clic droit dans le document, sélectionnez Définir une sélection puis cliquez sur OK. Faites Édition> Copier avec fusion> Coller et avec Transformation> Homothétie puis déplacez-le comme dans notre exemple.

10 MIROIR

Revenez sur le calque de la fille et faites plusieurs tracés comme à l'étape 8, puis répétez l'étape 9 afin de multiplier les formes décalées.

11 FUSIONNER

Nous allons maintenant fusionner ces calques de forme. Sélectionnez-les tous et faites clic droit> Fusionner les calques. Baissez l'Opacité à 32 %.

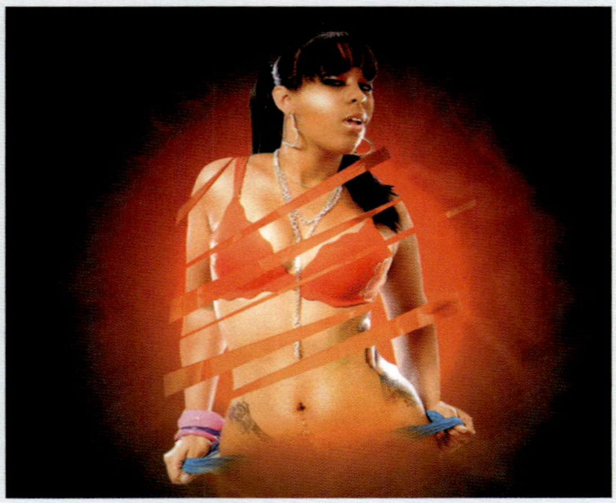

« Nous allons intégrer un effet de fumée. Créez un calque, réglez la couleur de premier plan sur Blanc et celle d'arrière-plan sur Noir. »

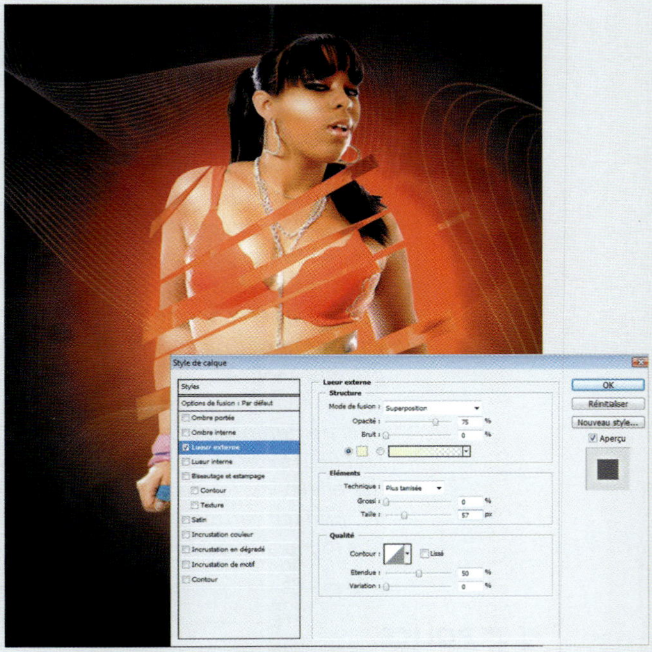

12 LIGNES

Dans cette étape, nous allons utiliser des formes de pinceaux appelées cs-flowinglines que vous pouvez trouver ici : http://qbrushes.net/photoshop-abstract-brushes/line-brushes. Créez un nouveau calque et placez ces lignes autour du corps en ayant au préalable sélectionné le blanc comme couleur de premier plan. Créez un calque en dessous du calque du modèle pour que ces lignes soient aussi derrière lui.

13 LUEUR

Revenez sur le calque du modèle, faites clic droit> Options de fusion> Lueur externe. Choisissez la couleur #FFFFBE (la couleur par défaut) et changez la Taille pour 57 pixels.

14 DU ROUGE

Créez un calque au-dessus de tous les autres. Réglez le mode de fusion sur Produit, faites clic droit> Options de fusion> Incrustation couleur, mode Superposition et utilisez la couleur #FF2400.

Formes de pinceaux et astuces

Certaines formes de pinceaux vont vous éviter de dessiner vous-même avec l'outil Plume. Google est votre meilleur ami pour cela : des milliers de formes s'y trouvent, il suffit de lancer une requête du type "star brush" si vous cherchez des formes d'étoiles et vous n'aurez plus qu'à les télécharger après vous être assuré qu'elles soient libres de droit (comme chez Brusheezy.com, ci-contre). Mes formes préférées sont les lignes ; en les mariant dans un design et en réglant ensuite les options de fusion pour plus de luminosité, le résultat est souvent efficace. La Lueur externe est un outil imparable pour donner du relief à vos formes et mieux l'intégrer à votre projet. Effacez certaines parties d'une forme est aussi une façon d'enrichir votre création.

15 POLICE

Prenez l'outil Texte avec la police Stereofidelic (http://www.dafont.com/FR/stereofidelic.font) et entrez les mots "Perfectly Lovely".

16 COULEUR DU TEXTE

Pour changer rapidement la couleur du texte, sur le calque "Texte", faites clic droit> Options de fusion> Incrustation couleur. Nous allons utiliser un orange (#E84A00) pour contraster avec le fond et respecter la charte utilisée dans ce design.

17 EFFET DE TEXTE

Nous allons appliquer un effet unique au texte. Sélectionnez l'outil Ellipse avec un orange clair et tracez une ellipse comme sur notre exemple au-dessus du texte. Le but est de donner un reflet au texte.

18 SURBRILLANCE

Avec votre ellipse placée au-dessus de votre calque de texte, maintenez la touche Alt et cliquez entre les deux calques dans le panneau Calques pour créer un Masque d'écrêtage. Seule la partie de l'ellipse qui se superpose avec le texte est alors visible.

19 THE END

Revenez sur le calque Texte et ajoutez une ombre portée pour plus de teneur. Double-cliquez sur le calque de texte à droite de son nom, cochez Ombre portée.

GMC
DISCOVER CARD
CHEVROLET
NO TURNS
JVC

TIMES SQUARE DANCER

Un petit voyage culturel à New York grâce à Photoshop…

Vous allez apprendre dans ce tutoriel à réaliser ces tracés éclairés comme des néons qui sont très à la mode en ce moment. Vous vous servirez en particulier de l'Atténuation pour donner plus de profondeur à vos images en floutant l'arrière-plan. Je vous emmène à New York. Ready ?

SUR LE CD : Vous pourrez télécharger la photo de départ sur http://officialpsds.com/whatever-PSD26599.html. Vous trouverez sur le CD différentes photos de New York pour suivre le tutoriel ainsi que le ciel nuageux.

NOTRE EXPERT
Marc Fanelli-Isla

Marc Fanelli-Isla est journaliste et traducteur pour divers magazines tels que Vous et Votre Mac, Men's Health et Web Design. C'est la musique et la volonté de maîtriser le processus de création artistique de la production à la promotion qui l'ont mené au Webdesign. Il crée en 2009 Gardelino.com qui réunit les meilleurs talents du Web dans le but de proposer des services de Webdesign/Multimédia/Marketing 3.0 aux particuliers et aux entreprises.

GARDELINO.COM
WEBDESIGN-MULTIMEDIA-MARKETING 3.0

01 NOIR

Créez un nouveau fichier de 600 x 800 pixels avec du noir (#000000) comme couleur d'Arrière-plan et cliquez sur OK. Voici le résultat...

« Jouez avec le masque et les couleurs blanche et noire pour effacer ou faire apparaître les nuages . »

02 DES NUAGES

Trouvez une image de nuages que vous aimez (ou utilisez celle du CD) et importez-la dans votre zone de travail en la glissant avec l'outil Déplacement. À l'aide de l'outil Main et en faisant Édition> Transformation> Homothétie (ou Ctrl/Cmd+T avec la touche Maj enfoncée), redimensionnez l'image pour bien l'intégrer sans perdre en qualité.

03 LUMIÈRE CRUE

Créez un masque sur le calque "Nuages", prenez l'outil Pinceau, une forme douce en mode Lumière crue avec la couleur noire comme couleur de premier plan qui va vous servir à effacer les parties dont vous n'avez pas besoin, c'est-à-dire tout ce qui est trop sombre. Ne gardez que le blanc des nuages et revenez sur ce calque après l'étape 4 en jouant avec le masque et les couleurs blanche et noire pour effacer ou faire apparaître les nuages que vous souhaitez.

04 NEW YORK

Importez la photo d'une ville ou d'un endroit que vous voulez comme arrière-plan dans un nouveau calque. Nous avons mis à votre disposition sur le CD des photos de New York libres de droits. Pour ajuster l'image à la zone de travail, refaites l'étape 2. Déplacez le calque en dessous du calque "Nuages" pour que l'on voie les nuages.

05 FLOU GAUSSIEN

Sur le calque "New York", faites Filtre> Atténuation> Flou gaussien et réglez le rayon à 1,2 pour rendre l'arrière flou. Cela va donner de la profondeur à l'image entière.

06 PLUS DE NUAGES

L'image manque de nuages, surtout au premier plan. Alors allez en chercher d'autres sur sxc.hu et refaites les étapes 2 et 3. Assurez-vous de placer ces calques au-dessus du calque "New York".

07 UN DANSEUR

Maintenant, nous allons chercher un danseur pour animer cette ville. La meilleure adresse pour des images de personnages est www.officialpsds.com. En effet, ce site propose des modèles déjà détourés. Téléchargez l'image, dézippez-la et importez-la dans votre zone de travail au-dessus de tous les calques.

08 TRACÉ

Créez un nouveau calque. Utilisez l'outil Plume et dessinez des courbes comme dans notre exemple : placez un premier point en bas à gauche, puis un deuxième plus haut à droite et, sans relâcher, tirez vers le haut. Relâchez puis placez le point suivant plus haut à gauche, etc.

09 PINCEAU

Cliquez sur l'outil Pinceau et choisissez une Forme de 3 pixels. Réglez-la pour définir l'épaisseur de la ligne que vous souhaitez. Réglez la couleur sur du blanc (#FFFFFF). Revenez sur l'outil Plume, faites clic droit> Contour du tracé> Forme et cochez Simuler la pression. Validez. Cliquez ensuite sur la touche Suppr pour effacer le Tracé et ne laisser voir que le trait créé par le Pinceau le long du tracé.

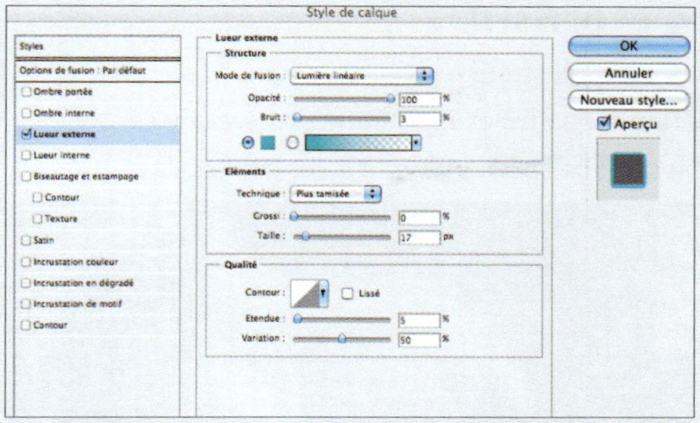

10 LUEUR EXTERNE

Faites un clic droit sur le calque contenant cette courbe blanche et, dans Options de fusion, cochez Lueur externe. Utilisez les réglages suivants : Mode fusion : Lumière linéaire, Opacité : 100 %, Bruit : 3 %, Couleur : bleu/cyan, Technique : Plus tamisée, Grossi : 0 %, Taille 17 px, Etendue : 5 %, Variation : 50 %. Voici le résultat à ce stade.

11 GOMME

Ajoutez un masque au calque contenant la lueur et peignez en noir dessus pour masquer les zones de cette courbe qui passent derrière le personnage, comme sur notre exemple. Vous pourriez le faire à la Gomme, mais grâce au masque vous pourrez toujours revenir dessus si vous souhaitez finalement déplacer la lueur.

12 FORMES

Cherchez des formes de pinceaux en forme de rayons de lumière sur le Market Place d'Adobe dans la partie Download. Créez un nouveau calque et sélectionnez l'outil Pinceau. Dans le panneau Formes, cliquez sur la flèche en haut à droite et choisissez Charger des formes. Appliquez-les à certains endroits de la lueur. Puis refaites l'étape 11 pour créer l'effet de néon avec une couleur différente; #D000FF par exemple.

13 NUAGE FLOU

Retournez sur les calques de nuages et adoucissez-les avec un Flou gaussien d'un Rayon réglé à 1,1 (Filtre> Atténuation> Flou gaussien).

14 BRUME

Toujours sur ces calques de nuages, effacez certaines parties des nuages avec l'outil Gomme et une Opacité à 20 % pour qu'il y ait des zones transparentes. Vous pouvez là encore utiliser un masque si vous n'êtes pas sûr de vous.

15 DENSITÉ

Sélectionnez l'outil Densité + avec une Dureté de 61 % et appliquez-le à certains endroits des nuages pour assombrir ces zones.

16 FUSIONNER

Vous pouvez maintenant fusionner vos calques (mais gardez une copie non fusionnée pour d'éventuelles modifications ultérieures). Changez les couleurs de premier plan et d'arrière-plan : #04175A pour le premier plan, pris dans le ciel bleu foncé à la Pipette et #462319, le marron de la rue, pour l'arrière-plan.

17 DÉGRADÉ

Ajoutez un calque de remplissage Dégradé en cliquant sur l'icône en bas du panneau Calques ou en passant par le menu Calque> Nouveau calque de remplissage> Dégradé. Utilisez Premier plan vers transparent et cochez Inverser.

18 LUMIÈRE TAMISÉE

Changez le mode de fusion de ce calque sur Lumière tamisée et réglez l'Opacité à 50 % pour mieux intégrer la couleur bleue.

19 BROWN

Répétez les étapes 17 et 18 avec la couleur d'arrière-plan (marron) pour ajouter le dégradé avec le marron vers le bas cette fois (ne pas cocher Inverser).

20 FINAL

Vous pouvez à présent ajouter du texte en blanc sur le haut de l'image si vous le jugez nécessaire..

IMAGES DYNAMIQUES

Apprenez à donner du mouvement et à jouer avec les effets de lumière.

Utilisez Photoshop pour donner du dynamisme et du mouvement à vos images ! Photoshop est un outil génial lorsqu'on est dans le monde de la création graphique. Dans ce tutoriel, vous apprendrez quelques techniques pour jouer avec les effets de lumière et à utiliser les modes de fusion pour donner de l'éclat à vos images. Vous verrez comment manier les masques de fusion en les combinant avec un détourage à la Plume. Vous utiliserez également les couches afin de récupérer une partie d'image. Cette technique, une fois comprise, vous fera bien souvent gagner un temps précieux. Ayez l'esprit créatif, n'hésitez pas à adapter les étapes décrites ci-après selon vos goûts personnels.

Sur le CD : L'image utilisée provient du site stockxpert.com (n° 10345802), la texture est téléchargeable gratuitement sur http://tinyurl.com/crackles0004. Remerciements à Ron Deviney pour les formes de pinceaux sur le CD.

NOTRE EXPERT
Loïc Leser

Loïc Leser est un étudiant de 22 ans qui réside dans le Brabant wallon en Belgique. Il a commencé à étudier les arts graphiques à l'âge de 14 ans et il est actuellement en dernière année pour l'obtention d'un master en Webdesign & multimédia. Retrouvez ses créations sur www.loicleser.be et sur www.behance.net/loicleser.

01 COMMENCEMENT

Pour commencer, procurez-vous l'image n° 10345802 sur www.stockxpert.com puis ouvrez-la dans Photoshop. Dupliquez une fois le calque d'arrière-plan et appliquez-lui un Flou radial de 100 % via le menu Filtre> Atténuation> Flou radial en réglant le mode sur Zoom. Maintenant, dans les modes de fusion en haut du panneau Calques, sélectionnez le mode Lumière crue.

02 SALIR LE FOND

Créez un nouveau calque. Appuyez une fois sur la touche D pour vous assurer que les couleurs de premier plan et d'arrière-plan sont bien par défaut sur noir et blanc. Appliquez le filtre Filtre> Rendu >Nuages. Ce filtre crée une texture de type nuages qui se sert des couleurs d'arrière-plan et de premier plan comme bases. Définissez le mode de fusion du calque sur Incrustation et réglez l'Opacité du calque sur 70 %.

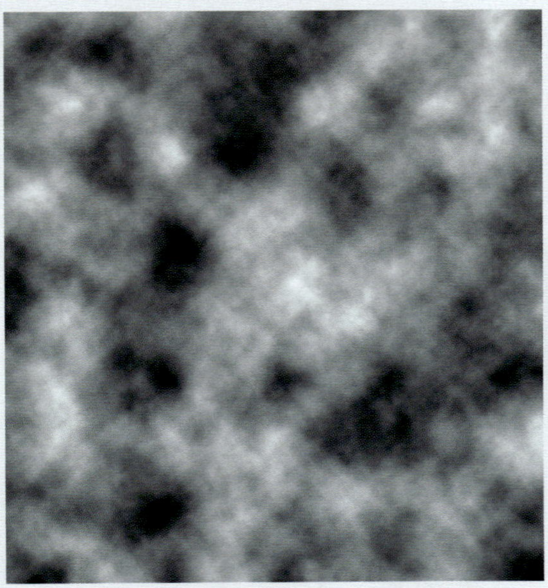

03 DÉTOURAGE

Dans les prochaines étapes de ce tutoriel, nous aurons besoin de travailler aussi bien en dessous qu'au-dessus du personnage. Comme nous voulons garder l'arrière-plan de l'image, nous devons avoir le personnage seul sur un calque. Pour cela, dupliquez une nouvelle fois l'image de départ et placez le calque au-dessus des autres. Avec l'outil Plume, détourez la femme le plus précisément possible. Pour les cheveux, vous pouvez utiliser un large pinceau pour gommer les contours.

Plume et masques de fusion

Lors d'un détourage, il est important de travailler avec les masques de fusion pour garder l'image de départ intacte et pouvoir revenir dessus plus tard. À l'aide de l'outil Plume, détourez votre image en utilisant l'option Calques de forme (en haut dans les paramètres de la Plume) et réglez l'Opacité du calque à 0 %. Une fois le détourage terminé, faites Ctrl/Cmd+clic sur la seconde vignette du calque pour récupérer la sélection. Cliquez sur le calque à détourer et appliquez-lui un masque de fusion..

04 DISPERSION

Une fois que votre détourage est terminé, dupliquez le calque puis allez dans Filtre> Déformation> Dispersion. Entrez une Échelle horizontale et verticale de 80 puis cliquez sur OK. Sélectionnez l'image dispersion01.psd fournie sur le CD. Votre image est maintenant déformée. Replacez-la correctement par rapport au personnage initial. Créez un masque de fusion afin de gommer les parties qui ne vous intéressent pas.

05 UTILISER LES FORMES

Sur le CD, vous trouverez un ensemble de formes de pinceaux. Dans Photoshop, sélectionnez l'outil Pinceau. Faites un clic droit dans l'image. Cliquez sur la flèche en haut à droite et sélectionnez Charger des formes pour importer les formes du CD. Prenez le blanc comme une couleur de premier plan. Placez quelques formes en dessous du personnage en essayant de donner l'impression d'une éclaboussure. Pensez à ne pas trop utiliser la même forme et à faire varier sa taille. Travaillez les détails avec de petits pinceaux.

06 JOUER AVEC LES PLANS

Le fait d'avoir au préalable détouré notre image nous permet ici de pouvoir placer des éléments en dessous et au-dessus du personnage. Créez un nouveau calque au-dessus du personnage et ajoutez quelques coups de pinceau devant lui. Essayez de reproduire une éclaboussure à côté du personnage en vous basant sur le résultat final. Pour cela, choisissez des formes allongées et ajoutez des détails avec des formes plus petites.

07 LE TRACÉ

Avant de créer votre tracé, prenez l'outil Pinceau et choisissez une forme de 7 pixels et d'une dureté de 40 %. Cette forme nous permettra plus tard d'ajouter un contour à notre tracé. Créez un nouveau calque. Prenez l'outil Plume, vérifiez que vous êtes bien sur Tracés dans les paramètres en haut de la fenêtre de Photoshop puis faites une courbe qui part de l'éclaboussure créée à l'étape précédente et qui remonte vers le haut.

08 DONNER UN CONTOUR À VOTRE TRACÉ

Vérifiez que votre couleur de premier plan est bien le blanc. Faites un clic droit sur la courbe que vous venez de créer avec l'outil Plume et, dans les options, sélectionnez Contour du tracé. Dans les options proposées, choisissez Forme afin qu'il prenne le dernier pinceau utilisé – c'est-à-dire celui que nous avons sélectionné avant de créer notre tracé – et cochez la case Simuler la pression. Cliquez deux fois sur la touche Supprimer afin d'effacer le tracé.

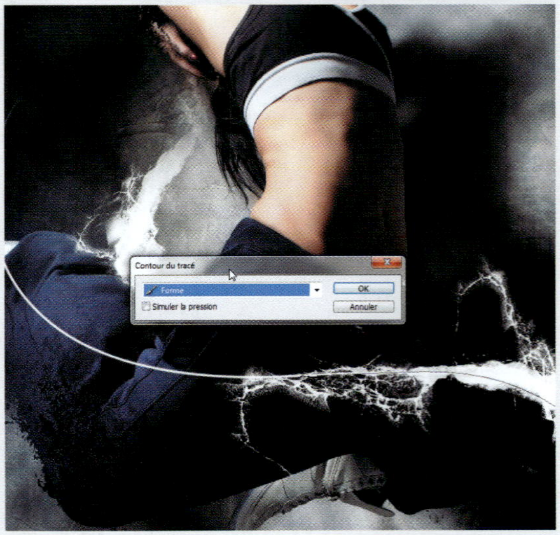

09 PETITS ÉCLATS DE LUMIÈRE

Créez un nouveau calque au-dessus du tracé que vous venez de créer. Avec l'outil Pinceau, sélectionnez une forme de 60 pixels et de 0 % de dureté. Créez un premier éclat sur le tracé. Dupliquez le calque en déplaçant votre image directement sur la surface de travail tout en maintenant la touche Alt enfoncée et faites un Ctrl/Cmd+T pour transformer le calque. Donnez une Échelle horizontale et verticale de 80 % et déplacez le calque vers la droite du tracé. Répétez l'opération deux fois de manière à avoir des éclats de plus en plus petits.

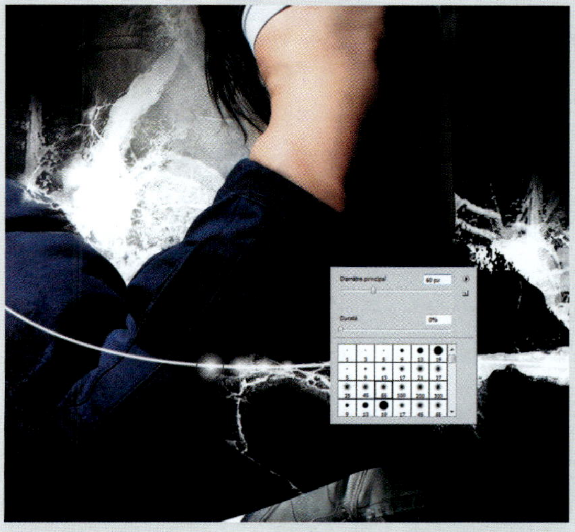

10 CRÉER DES FORMES

Nous allons créer une nouvelle forme que nous dupliquerons ensuite afin de créer quelques éclats de lumière un peu partout sur notre image. Pour cela, créez un nouveau calque et, avec une grande forme de 0 % de dureté, cliquez une fois n'importe où sur votre image. Avec l'outil Rectangle de sélection, supprimez la moitié de la forme. Faites Ctrl/Cmd+D pour désélectionner. Faites Ctrl/Cmd+T tout en maintenant la touche Maj enfoncée pour transformer le calque et lui donner une rotation de 45°.

11 DONNER DE L'ÉCLAT À L'IMAGE

Placez la forme que nous venons de créer un peu partout sur votre image. Vous pouvez regarder le résultat final pour les emplacements. Mettez certains calques en dessous du personnage et d'autres au-dessus. Pensez à faire varier la taille et l'orientation des calques tout en respectant une orientation de 45° afin que les effets se croisent. Vous pouvez de temps en temps placer deux calques l'un à côté de l'autre pour donner une impression de relief.

12 DONNER DU MOUVEMENT AU PERSONNAGE

À l'aide de la même forme, placez quelques calques au-dessus du personnage. Donnez-leur une orientation de - 45°. Pour que le personnage reste bien visible et que les éclats de lumière soient plus intenses, placez les calques en mode Incrustation. Au-dessus des vêtements, il est préférable de changer la couleur du calque en le passant en noir. Pour cela, double-cliquez sur le calque en question, cochez Incrustation de couleur et sélectionnez le noir. Il sera peut-être nécessaire de réduire légèrement l'opacité du calque.

13 L'OUTIL RECTANGLE

Créez un nouveau calque en dessous des formes et du personnage. Utilisez l'outil Rectangle (touche U), après avoir vérifié que la case Pixels de remplissage en haut à gauche est cochée, pour créer une forme rectangulaire. Appuyez sur Ctrl/Cmd+T et donnez une orientation de - 45° à votre forme. Dupliquez le calque trois fois, déplacez les rectangles à plusieurs endroits de l'image puis aplatissez les calques en les sélectionnant et en appuyant sur Ctrl/Cmd+E.

14 REMPLIR LA FORME

Sélectionnez le calque avec les rectangles que nous venons de créer. Cliquez une fois sur sa vignette en maintenant la touche Ctrl/Cmd enfoncée. Cela nous permet d'avoir une sélection de notre forme. Créez un nouveau calque vierge et supprimez le calque des rectangles. Sélectionnez une large forme avec 0 % de dureté et cliquez une fois au centre de l'image. Gommez les extrémités des rectangles qui sont encore visibles..

15 CREUSER LE BRAS

Avec l'outil Lasso polygonal, créez une forme géométrique à l'extrémité du bras. Copiez/collez-la sur un nouveau calque que vous pouvez cacher pour le moment en cliquant sur l'œil à côté du calque. Créez un nouveau calque et remplissez la sélection que vous avez faite avec du noir. Placez ce calque en mode Incrustation. Dupliquez le calque et faites Ctrl/Cmd+T en réglant une Échelle de 90 %. Double-cliquez sur ce calque et remplissez-le avec un brun foncé.

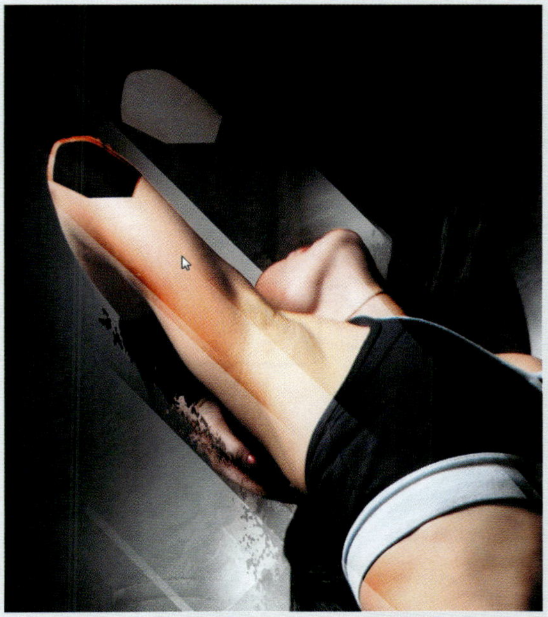

16 SÉPARER LE COUDE

Faites réapparaître le calque que aviez masqué et déplacez-le légèrement en haut à gauche pour le séparer du reste du bras. Nous avons maintenant une première séparation du bras comme si l'extrémité avait été détachée du reste du corps. Répétez les mêmes étapes sur le coude afin qu'il soit également détaché du reste du bras.

17 FAIRE UN MASQUE

Utilisez l'outil Plume pour faire une sélection de la tête du personnage. Ne prenez que le visage. Pour faire le détourage, vérifiez que vous avez bien sélectionné l'option Calques de forme dans les paramètres de l'outil Plume. Une fois le détourage terminé, faites Ctrl/Cmd+clic sur la seconde vignette du calque afin de récupérer la sélection que vous avez faite. Vous pouvez maintenant supprimer le calque de forme.

18 AJOUTER DES OMBRES SOUS LE VISAGE

Pour donner l'impression d'un masque sur le visage, nous allons lui ajouter un peu d'ombrage par-dessous pour donner l'impression qu'il a été posé sur le personnage. Créez un nouveau calque et appuyez sur Ctrl/Cmd+Maj+I pour inverser la sélection. Utilisez une forme pas trop grande avec 50 % de netteté pour placer les ombrages en dessous du visage. Le fait d'avoir inversé la sélection nous permet de travailler en dessous de celui-ci.

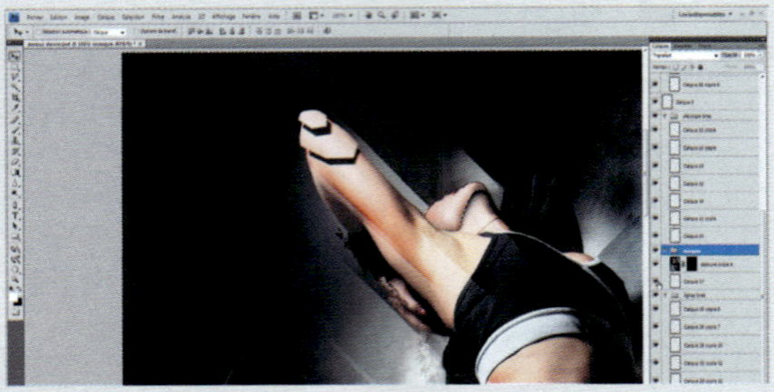

« Avec la Plume, travaillez sur le masque de fusion pour supprimer les parties du calque dont vous n'avez pas besoin. »

19 DÉTOURER AVEC LES COUCHES

Ouvrez l'image Crackles0004_1_L.jpg téléchargeable sur http://tinyurl.com/crackles0004. Passez-la en noir et blanc via Image> Réglages> Noir et blanc. Puis allez dans Image> Réglages> Courbes et faites une courbe en forme de S en essayant de rendre tous les gris de l'image blancs et de renforcer les noirs. Ensuite, allez dans Fenêtre> Couches et faites Ctrl/Cmd+clic sur la couche RVB. Appuyez sur Ctrl/Cmd+I pour intervertir la sélection et Ctrl/Cmd+C pour la copier. Retournez dans votre fichier de compo et faites Ctrl/Cmd+V pour la coller. Double-cliquez sur le calque et remplissez-le de noir.

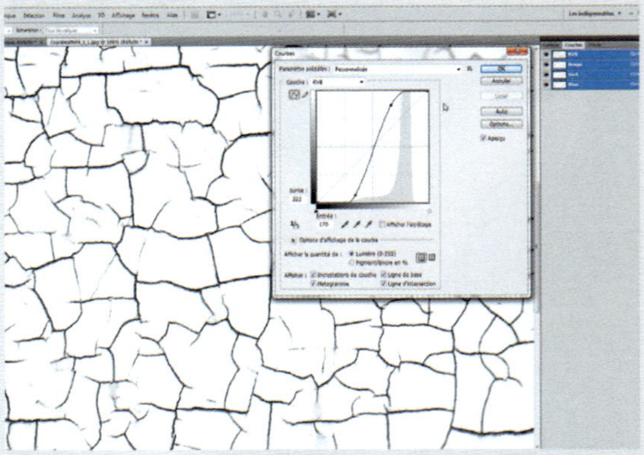

20 AJOUTER DES CRAQUELURES

Nous avons maintenant un calque contenant les craquelures pour le ventre de notre personnage. Faites Ctrl/Cmd+T pour le transformer et le placer là où vous le voulez par rapport au ventre. Faites Ctrl/Cmd+clic sur le calque contenant votre personnage détouré pour en récupérer la sélection. Vérifiez bien que le calque contenant les craquelures est sélectionné. Appuyez sur masque de fusion en bas de la fenêtre Calques. Avec la Plume, travaillez sur le masque de fusion pour supprimer les parties du calque dont vous n'avez pas besoin.

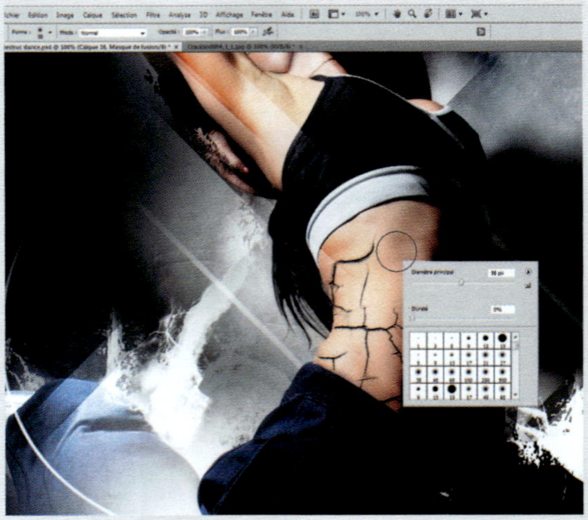

« Utilisez un pinceau large avec une netteté de 0 % pour remplir avec du blanc les zones que vous voulez faire ressortir. »

21 AJOUTER DES EFFETS

Nous allons utiliser un nouvel effet sympa qui donnera encore un peu plus de mouvement à notre image. Sur un nouveau calque, créez trois rectangles allongés les uns à côté des autres et, avec Ctrl/Cmd+T, réglez l'orientation à - 45°. Reprenez l'image de départ qui doit être sur le premier calque de votre fichier. Placez le calque au-dessus des trois rectangles. Faites Ctrl/Cmd+clic sur le calque contenant les trois lignes puis masquez-le. Appuyez sur Ctrl/Cmd+Maj+I, sélectionnez le calque contenant l'image de départ et supprimez la sélection. Maintenant, déplacez légèrement l'image.

22 DONNER DE L'INTENSITÉ À L'IMAGE

Pour donner un peu plus d'intensité à notre image et faire ressortir les effets de lumière que nous lui avons donnés, nous allons créer un nouveau calque au-dessus de tous les autres. Mettez ce calque en mode Incrustation. Utilisez un pinceau large avec une netteté de 0 % pour remplir avec du blanc les zones que vous voulez faire ressortir. Attention à ne pas en abuser afin de ne pas trop saturer l'image. Vous pouvez donner au calque une opacité de 50 %.

23 DONNER DU STYLE À VOS TEXTES

Créez un texte en utilisant une police Sans serif, par exemple un Arial Black. Utilisez une taille de 70 points et, avec Ctrl/Cmd+T, orientez votre texte à 45°. Faites Ctrl/Cmd+clic sur le calque de texte puis supprimez-le. Créez un nouveau calque et, avec un pinceau large, remplissez le fond du texte. Cela permet de lui donner un aspect plus translucide que si vous l'aviez rempli entièrement de blanc. Pour que le texte s'intègre mieux à l'image, ajoutez les mêmes effets que ceux qui ont été utilisés sur l'image.

RACCOURCIS CLAVIER LES PLUS

Les outils

Déplacement	V
Rectangle de sélection	M
Ellipse de selection	M
Rectangle de sélection 1 rangée	M
Rectangle de sélection 1 colonne	M
Lasso	L
Lasso polygonal	L
Lasso magnétique	L
Baguette magique	W
Sélection rapide	W
Recadrage	C
Tranches	C
Sélection de tranche	C
Pipette	I
Échantillonnage de couleur	I
Règle	I
Annotation	I
Comptage	I
Correcteur tons directs	J
Correcteur	J
Pièce	J
Œil rouge	J
Pinceau	B

Crayon	B
Remplacement couleur	B
Tampon duplication	S
Tampon de motif	S
Forme d'historique	Y
Forme d'historique artistique	Y
Gomme	E
Gomme d'arrière-plan	E
Gomme magique	E
Pot de peinture	G
Dégradé	G
Goutte d'eau	
Netteté	
Doigt	
Densité +	O
Éponge	O
Densité -	O
Plume Libre	P
Ajout point d'ancrage	P
Suppression point d'ancrage	P
Convertion de point	P
Plume	P
Texte	T
Masque texte vertical	T

Masque texte horizontal	T
Texte vertical	T
Sélection de tracé	A
Sélection directe	A
Rectancle	U
Rectangle arrondi	U
Ellipse	U
Polygone	U
Trait	U
Forme personnalisée	U
Orbite 3D	N
Vue d'enroulement 3D	N
Vue Panoramique 3D	N
Vue de déplacement 3D	N
Zoom 3D	N
Rotation 3D	K
Enroulement 3D	K
Panoramique 3D	K
Coulissement 3D	K
Mise à l'échelle 3D	K
Main	H
Rotation de l'affichage	R
Zoom	Z
Mode masque	Q
Mode standard	Q

Pour passer d'un outil à l'autre dans la même catégorie, utilisez la touch Maj + le raccourci de l'outil.

COURANTS DE PHOTOSHOP

Raccourcis des fonctions

Nouveau	Ctrl/Cmd+N
Ouvrir	Ctrl/Cmd+O (ou double clic sur le fond gris)
Enregistrer	Ctrl/Cmd+S
Enregistrer sous	Ctrl/Cmd+Maj+S
Enregistrer pour le web	Ctrl/Cmd+Maj+Alt+S
Imprimer	Ctrl/Cmd+P
Fermer	Ctrl/Cmd+W
Fermer tout	Ctrl/Cmd+Maj+W
Quitter	Ctrl/Cmd+Q

Annuler	Ctrl/Cmd+Z
Annulations multiples	Ctrl/Cmd+Alt+Z
Couper	Ctrl/Cmd+X
Copier	Ctrl/Cmd+C
Copier avec fusion	Ctrl/Cmd+Maj+C
Coller	Ctrl/Cmd+V
Coller dedans	Ctrl/Cmd+Maj+V
Remplir	Maj+F5
Transformation	Ctrl/Cmd+T

Niveaux	Ctrl/Cmd+L
Courbes	Ctrl/Cmd+M
Teinte/Saturation	Ctrl/Cmd+U
Balance des couleurs	Ctrl/Cmd+B
Inverser	Ctrl/Cmd+I

Nouveau calque	Ctrl/Cmd+Maj+N
Fusionner les calques	Ctrl/Cmd+E
Associer les calques	Ctrl/Cmd+G
Dissocier les calques	Ctrl/Cmd+Maj+G
Dupliquer le calque	Ctrl/Cmd+]

Tout sélectionner	Ctrl/Cmd+A
Désélectionner	Ctrl/Cmd+D
Inverser la sélection	Ctrl/Cmd+Maj+I
Sélectionner tous les calques	Ctrl/Cmd+Alt+A

Filtre précédent	Ctrl/Cmd+F

Taille réelle des pixels	Ctrl/Cmd+Maj+0
Taille écran	Ctrl/Cmd+0
Afficher les règles	Ctrl/Cmd+R
Zoomer	Ctrl/Cmd++
Dézoomer	Ctrl/Cmd+-

Aide	F1

Les raccourcis sont paramétrables dans Édition> Raccourcis clavier.

L'ARTISTE
Michael Mugnier

Michaël Mugnier, aka emka3000, est un jeune artiste de 26 ans qui exerce ses talents sur Lyon, en freelance depuis un an après avoir travaillé en agence. Il est spécialisé dans les illustrations dont les domaines sont le sport et la musique. http://www.emka3000.com.

Les calques

Les calques de Photoshop fonctionnent comme des vrais calques. Ce que vous voyez dans le panneau des calques en vertical, c'est comme regarder les épaisseurs que vous auriez posées sur un dessin. L'arrière-plan est votre feuille de base ou votre photo. Puis les calques s'empilent. Celui qui est en haut du panneau est celui qui est tout en haut de la pile. Vous pouvez les déplacer juste en cliquant dessus et en les glissant. Vous pouvez en ajouter et en supprimer grâce aux options en bas du panneau. Vous pouvez les renommer en double-cliquant sur leur nom et les colorer dans le menu d'options du panneau. Ici, vous pouvez également changer leur taille pour plus de visibilité, mais aussi choisir que le calque n'affiche que l'élément qu'il contient.

L'ARTISTE

Mr.Xerty aka Brice Chaplet

Brice officie depuis trois ans en freelance (:NO MASTA Prod:). Il s'est spécialisé au départ dans la réalisation de flyers, affiches et couvertures pour différents labels indépendants et organisateurs de soirées. Il a plus récemment élargi sa clientèle au monde de la presse. Il travaille également pour Wagram Music sur la création de coffrets CD... Son travail est influencé par la vie urbaine, la culture underground et le vintage design. Il aime jouer avec les photos, les textures et les formes vectorielles pour ensuite mixer le tout dans un ensemble dynamique et coloré. Il en résulte un monde surréaliste et fou, aux paysages urbains déjantés où des hommes à têtes d'écran, côtoient de somptueuses créatures... www.nomastaprod.com

L'outil Plume

L'outil Plume fait souvent peur aux personnes qui veulent s'initier à Photoshop ou aux autres logiciels qui en sont dotés. Pourtant, après compréhension de son fonctionnement, ce n'est qu'un jeu d'enfant. Pour bien comprendre, l'outil Plume fonctionne avec le principe des poignées.
Les poignées que vous voyez apparaître en cliquant/glissant à la suite d'un point supplémentaire représentent la direction de la tangente de la courbe, le point d'inflexion étant celui que vous avez posé au préalable. Cependant, lorsque vous ne voulez pas que votre prochain point ait déjà une direction prédéfinie avec cette tangente, vous pouvez supprimer la poignée en maintenant la touche Alt puis en cliquant sur le point que vous venez de poser. Ainsi, vous pouvez repartir dans une nouvelle direction.

Une fois votre tracé terminé, vous pouvez le mémoriser en double-cliquant dessus dans le panneau Tracés puis en le nommant. Vous pouvez aussi créer une sélection à partir de ce tracé en faisant un clic droit dessus et en sélectionnant Définir une sélection.

N'oubliez pas que, même une fois terminé, votre tracé reste éditable à l'aide des outils vectoriels. Vous pouvez même le sélectionner avec l'outil Sélection de tracé, le copier et le coller.

Les masques

Les masques de Photoshop fonctionnent comme des pochoirs. Lorsque vous ajoutez un masque à un calque en cliquant sur l'icône en bas du panneau Calques, une nouvelle vignette s'ajoute à droite de celle du calque. Vous pouvez cliquer une fois sur cette vignette pour l'activer et peindre sur ce masque puis recliquer sur la vignette du calque pour l'éditer à son tour.

Vérifiez toujours que vous êtes sur la bonne vignette avant de peindre. Une fois sur celle du masque, si vous peignez en noir vous allez masquer ce qui se trouve sur le calque, mais ce n'est qu'une illusion, le calque reste intact. Avec du blanc, vous faites réapparaître le contenu du calque. Preuve en est le raccourci Maj+clic sur la vignette du masque qui le rend inactif jusqu'à ce que vous recliquiez dessus avec ce même raccourci.

Une fois votre masque peint, vous pouvez à tout moment le transformer en sélection en faisant un Ctrl/Cmd+clic sur sa vignette. Notez qu'en plus de peindre dessus vous pouvez utiliser d'autres outils comme le Pot de peinture, les dégradés, etc. toujours en niveaux de gris. Et même le raccourci Ctrl/Cmd+T qui permet de redimensionner le contenu du masque. Enfin, vous pouvez cliquer sur la chaîne entre le calque et le masque pour les désolidariser.

L'ARTISTE

David Delin

aka 28162, est un jeune graphiste autodidacte. Passionné par l'art numérique, il est issu d'une culture urbaine et allie modernité et élégance dans ses illustrations avec une pointe de poésie. Exerçant en freelance, il cherche néanmoins à intégrer une agence afin d'exploiter ses compétences. Visitez son folio sur www.behance.net/28162. Il est aussi présent dans le collectif AREPIK.

INDEX

U

DISPONIBLES DANS LA COLLECTION

SAVOIR TOUT FAIRE AVEC PHOTOSHOP

Tutoriels - VOLUME 1
Collectif

Montage et effets spéciaux
par Julien Debove

Retouche photo
par Hervé Cafournet

Effet de texte
Collectif

Dessin et peinture numérique
Collectif

Webdesign
Collectif

Science-fiction
Collectif

Tutoriels - VOLUME 2
Collectif

SAVOIR TOUT FAIRE POUR LE WEB

Avec les CSS
Julien Debove

SAVOIR TOUT FAIRE AVEC WINDOWS 7

Tutoriels
par Pierre Caillault

HORS SÉRIE

Les 500 meilleures applications pour votre iPhone
VOLUME 1
Collectif

SAVOIR TOUT FAIRE AVEC OFFICE 2010

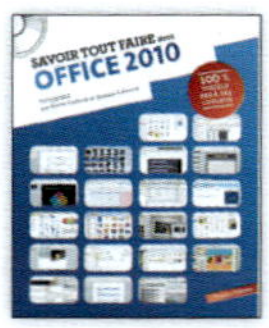

Tutoriels
par Pierre Caillault

Cet ouvrage a été composé en Archer et The sans
et imprimé chez BETA, en Espagne.
Fabrication CD QOL en Belgique

ISBN 978-2-36145-000-7

ISSN 1775-5670

Dépôt légal mars 2010